Educação Básica, financiamento e autonomia regional

Educação Básica, financiamento e autonomia regional

Pernambuco, São Paulo e Rio Grande do Sul, 1850-1930

Vinícius Müller

alameda

Grafia atualizada segundo o Acordo Ortográfico da Língua Portuguesa de 1990, que entrou em vigor no Brasil em 2009.

Edição: Haroldo Ceravolo Sereza
Editor assistente: Danielly de Jesus Telles
Projeto gráfico, diagramação e capa: Luara Ruegenberg
Assistente acadêmica: Bruna Marques
Revisão: Juarez Antunes
Imagens da capa: *Die Dorfschule von 1848*, pintura de 1896
Albert Anker [Public domain], via Wikimedia Commons

CIP-BRASIL. CATALOGAÇÃO-NA-FONTE
SINDICATO NACIONAL DOS EDITORES DE LIVROS, RJ

M923e

Müller, Vinícius
Educação básica, financiamento e autonomia regional : Pernambuco, São Paulo e Rio Grande do Sul (1850-1930) / Vinicius Müller . - 1. ed. - São Paulo : Alameda, 2017.
il. ; 21 cm.

Apêndice
Inclui bibliografia
ISBN 9788579395239

1. Educação - Brasil - História. 2. Educação - Brasil. I. Título.

17-46422 CDD: 370.981
CDU: 37(81)

ALAMEDA CASA EDITORIAL
Rua 13 de Maio, 353 – Bela Vista
CEP 01327-000 – São Paulo, SP
Tel. (11) 3012-2403
www.alamedaeditorial.com.br

Sumário

Lista de iconografias

Tabelas

QUADROS

GRÁFICOS

Prefácio

Houve nos últimos anos uma reinterpretação importante das causas do atraso relativo do desenvolvimento brasileiro, quando se compara a países novos como os E.U.A. e o Canadá, ou mesmo a países europeus. Até recentemente a ideia dominante era de que o Brasil ficou para trás no desenvolvimento por causa da especialização produtiva em mercadorias primárias e a industrialização tardia. Esses dois fenômenos teriam levado a perda de excedente por causa do funcionamento dos mercados internacionais e ao baixo crescimento da produtividade no país. A principal versão dessa hipótese foi sistematizada por Celso Furtado em seu livro clássico sobre *Formação Econômica do Brasil*.[1]

A mudança nas ideias dominantes também atingiu a interpretação das causas das desigualdades entre regiões no país. A lógica para explicar atrasos nesse contexto era semelhante à utilizada para entender o subdesenvolvimento nacional. As regiões que ficaram para trás foram as que mantiveram por mais tempo a especialização produtiva em mercadorias primárias, que sofreram maior deterioração nos seus termos de troca nas relações externas e que se industrializaram mais tardiamente. No caso específico, o Nordeste e o Norte seriam as principais regiões que ficaram para trás no desenvolvimento brasileiro.

Recentemente visões alternativas a essas passaram a ter papel mais importante entre os estudiosos dos dois assuntos. Defasagens na formação educacional de nossa população passaram a ser vistas como as principais causas do nosso atraso relativo e das desigualdades regionais no país. Essas ideias foram desenvolvidas para o caso concreto do Brasil a partir de abordagens teóricas recentes na análise do desenvolvimento e crescimento econômicos. As contribuições da Nova Teoria do Crescimento Econômico, impulsionadas a partir de trabalho seminal de Robert Lucas Jr. (1988) geraram essa ênfase em capital humano como o principal determinante do desenvolvimento de um país ou região.

A teoria econômica passou a separar as causas aparentes e fundamentais do desenvolvimento econômico.[2] Enquanto as primeiras revelam-se compondo o desenvolvimento e são na verdade parte dele, as segundas determinam o comportamento das primeiras causas e são elas que definem os caminhos do desenvolvimento de um país. Nessa perspectiva, a formação educacional seria uma causa aparente do desenvolvimento. Quanto mais forte ela for, maior será o crescimento de longo prazo de um país

1 Furtado (1959)

2 Ver por exemplo Acemoglu e Robinson (2012).

ou região. O ritmo medíocre de sua evolução no Brasil ao longo da história seria a causa aparente de nosso atraso relativo.

Como causa fundamental do desenvolvimento, contudo, tem sido comum entre estudiosos enfatizar a existência de um arcabouço institucional que leva a acumulação de capital humano. Ou seja, a velocidade de acumulação desse fator de produção decorre dos arranjos institucionais prevalecentes em um determinado país ou região. Nesse contexto, o Brasil teve arranjos institucionais que levaram ao baixo nível de formação educacional da população, como a centralização de recursos no Governo central ou federal e a alocação da responsabilidade pela educação básica para os governos estaduais (provinciais em alguns períodos da história) ou municipais, como argumentado por uns e bem discutido no presente livro.

Recentemente em livro sobre o assunto, argumento que os conflitos entre classes sociais e sua forma específica na história do Brasil seria a causa fundamental do atraso econômico relativo do país, sendo o arcabouço institucional apenas decorrente deles.[3] Esse último representaria apenas uma consolidação provisória de avanços de classes sociais nos conflitos que permanentemente se desenrolam em nossa sociedade. A baixa força social dos segmentos que compõem a maioria da população brasileira para obter uma política adequada de ensino público de qualidade teria sido a causa principal do atraso relativo do Brasil em relação a outros países e de algumas regiões em relação ao Sul e ao Sudeste.

A transformação dessas ideias em uma interpretação concreta para o desenvolvimento relativo brasileiro e as disparidades regionais dentro do país ainda é algo em elaboração e refinamento. Livros escritos por Barros (2011 e 2016) trazem interpretações das desigualdades regionais e do atraso relativo do Brasil em relação ao conjunto de países desenvolvidos, respectivamente. Essas contribuições tentam exatamente aplicar os desenvolvimentos teóricos feitos para um país qualquer para o caso concreto do Brasil. Nesses estudos ambos os trabalhos identificam o capital humano como a fonte aparente de explicação dos atrasos relativos, sejam eles regionais ou do Brasil como país. No que diz respeito às causas fundamentais, os conflitos de classes e a natureza específica deles no Brasil são apresentados como os determinantes de nosso atraso relativo e das desigualdades regionais no país.

Apesar da força teórica dessas visões e da transformação de uma visão teórica em hipóteses concretas, elas ainda estão em processo de gestação. Ainda precisam mostrar que a interpretação teórica adaptada a uma realidade concreta é capaz de explicar bem os fatos

3 Barros (2016).

conhecidos e ainda em processo de revelação a partir de investigações empíricas. Esse livro tem um papel importante nesse processo de pesquisa empírica e revelação da compatibilidade da teoria com a realidade. Ele traz avanços importantes na demonstração de que há boa aderência da teoria e sua versão concreta para o Brasil com os fatos históricos.

Uma conclusão adicional desses trabalhos é que tanto as desigualdades regionais como o atraso relativo do Brasil foram gestados principalmente no século XIX e início do século XX. Período em que os países desenvolvidos promoveram a educação de sua população e o Sul e o Sudeste do Brasil marcharam para uma formação social em que as populações dessas regiões tinham maior disponibilidade de capital humano do que o Nordeste. O presente livro traz detalhes sobre a evolução da educação exatamente nesse período e compara um estado do Sul (Rio Grande do Sul) a um do Nordeste (Pernambuco) e outro do Sudeste (São Paulo).

Duas são as possíveis fontes de maior formação educacional das populações do Sul e Sudeste quando se compara a do Nordeste. A primeira é a existência de imigração de mão de obra mais qualificada do que a média brasileira da época para as regiões que se tornaram mais desenvolvidas. A segunda é a existência de maior investimento em educação nas regiões que se tornaram mais prósperas. Barros (2011) enfatiza o papel das imigrações nas desigualdades regionais brasileiras, mas sugere que aparentemente também houve maior investimento em educação nas regiões brasileiras que se tornaram mais desenvolvidas. Essa grande obra de Vinícius De Bragança Müller e Oliveira apresenta exatamente uma análise detalhada dos investimentos em educação no século XIX e início do século XX como a causa das disparidades regionais no Brasil. Ou seja, ele enfatiza o papel dos investimentos públicos em educação básica na geração das desigualdades regionais no país.

Mas essa obra foi bem mais além do que simplesmente comparar os investimentos em educação nos três estados. Ela faz uma boa análise do arcabouço institucional formado ao longo do século XIX e início do século XX para a promoção da educação no Brasil, obviamente com ênfase especial nos estados analisados, mas também nas relações entre estados ou províncias e o governo central. Além disso, ela avalia o contexto em que as concepções ideológicas sobre educação se formaram na Europa e nas Américas, além de no Brasil, é claro. Ou seja, apesar de ter a análise regional como seu principal foco, ela também estendeu seu alcance para a comparação das ideias e das instituições em nível nacional e internacional.

Semelhante a Barros (2016), o presente livro argumenta também que o arcabouço institucional em si não é suficiente para explicar a eficácia das políticas públicas locais na promoção da educação da população. Particularmente enfatiza que um mesmo arcabouço pode gerar níveis de esforço diferentes, podendo haver níveis diferenciados de eficiência quando se vai da estrutura das políticas para a sua efetiva implementação. A análise comparada entre estados, seguida nesse livro, é um instrumento particularmente poderoso para evidenciar esse fato. Com isso, ele contribui também para elucidar o papel relativo das instituições e dos conflitos sociais para o desenvolvimento regional no Brasil.

Ou seja, esse livro de Vinícius é uma grande contribuição na construção dessas reinterpretações de nosso atraso relativo e das desigualdades regionais em nosso país. Além desse seu papel ele ainda é de fácil leitura e consegue prender a atenção do leitor com uma apresentação agradável dos temas tratados. Estou certo de que todos que se dedicarem a sua leitura não se arrependerão.

Alexandre Rands Barros

Professor do Departamento de Economia da UFPE e autor de *Desigualdades Regionais no Brasil: Natureza, Causas, origens e soluções*

Referências

ACEMOGLU, D. and J. Robinson, *Why Nations Fail*. New York: Crown Publishers, 2012.

BARROS, A., *Desigualdades Regionais no Brasil*. Rio de Janeiro: Elsevier, 2011.

BARROS, A., *The Roots of Brazil's Relative Economic Backwardness*. Nova York: Elsevier, 2016.

FURTADO, C., *Formação Econômica do Brasil*. Rio de Janeiro: Fundo de Cultura, 1959.

LUCAS, R., "On the Mechanics of Economic Development". *Journal of Monetary Economics*, 22(1): 3-42, 1988.

Apresentação

Tema presente no debate internacional com grande destaque desde os anos 1970, a educação como problema nacional alcançou contornos bem intensos no Brasil contemporâneo. Apesar de caminhar no sentido da universalização do acesso ao ensino fundamental nas últimas décadas, não há muita dúvida de que a qualidade da educação permanece como um problema crônico no país, como atestam os resultados de avaliações internacionais como o Programa Internacional de Avaliação de Alunos - PISA. Para o debate econômico nacional, inclusive, considerando o capital humano como um dos limites do país na possibilidade de competir internacionalmente, a educação tornou-se quase um axioma no caminho para superar os desafios do desenvolvimento econômico brasileiro.

A tese de Vinícius De Bragança Müller e Oliveira, *Educação básica, financiamento e autonomia regional: Pernambuco, São Paulo e Rio Grande do Sul, 1850-1930*, iniciada ainda em 2009, defendida no Programa de Pós-Graduação de História Econômica da FFLCH/USP em 2014 e agora publicada pela Alameda Editorial, é certamente uma valiosa contribuição para os interessados na compreensão da trajetória e dos desafios da educação brasileira. De imediato, vale dizer, a tese revela que a condição de atraso educacional que nos encontramos hoje não pode ser creditada à omissão ou, pelo menos, ao desconhecimento da importância do ensino para os homens públicos e os burocratas dedicados ao objeto durante o Segundo Reinado e a Primeira República.

Atribuição dos governos Provinciais e Estaduais, o financiamento da educação básica devia ser calculado a partir das rendas regionais e da repartição dessas rendas com outras despesas alocadas aos governos regionais, tais como o funcionalismo público, obras públicas, segurança etc. Nesse sentido, ainda que a qualidade da educação primária brasileira possa ser questionada no seu conjunto em comparação com outras experiências nacionais, quando levando em conta a elevada taxa de analfabetismo mesmo em comparação com algumas experiências latino-americanas, é possível dizer que cada Província/Estado brasileiro vivenciou dilemas particulares na construção de seu sistema educacional. Foi nessa direção que a tese de Vinícius buscou acompanhar a evolução das rendas e das despesas de três regiões brasileiras que, percorrendo trajetórias econômicas e sociais muito distintas durante os anos de 1850 e 1930, poderiam revelar resultados interessantes sobre as prioridades financeiras dos grupos políticos regionais.

A educação dependia, desta forma, da própria estrutura econômica regional, esta responsável por maiores ou menores rendas para as localidades: o governo paulista durante a Primeira República, por exemplo, ao se valer das crescentes rendas de exportação, com parte da nova estrutura fiscal da Constituição Federativa de 1891 e do auge exportador de café, multiplicou seus rendimentos e, consequentemente, os recursos voltados para a educação. É nesse contexto que o médico e educador Antônio Caetano de Campos pôde empreender uma relevante reforma educacional em São Paulo, que tornar-se-ia modelo para reformas em outros Estados.

Em contraposição, o governo de Pernambuco, num cenário de crise da economia açucareira, enfrentaria maiores dificuldades na gestão do financiamento de seu sistema educacional. Todavia, aqui vale o segundo importante argumento do trabalho de Vinícius. A educação dependia, por outro lado, também das decisões e prioridades derivadas dos projetos políticos locais. As rendas regionais, fossem estas pequenas ou grandes – e o que a evidência da pesquisa apresenta é que as rendas regionais não eram desprezíveis –, deviam ser divididas com outras despesas que eram atribuições regionais.

A partir de então, somente a economia política poderia explicar as escolhas das elites provinciais/estaduais. O Rio Grande do Sul, por exemplo, que teria a taxa de analfabetismo mais baixa das três experiências, foi a região em que o governo mais priorizou, relativamente, a educação em todo o período do estudo, mesmo não dispondo de receitas tão elevadas quanto àquelas de São Paulo durante a Primeira República. Pernambuco, por outro lado, o funcionalismo público foi a esponja que absorveu parcela significativa dos recursos do governo: vale o ilustrativo caso explorado pelo autor, em que os custos com pessoal do Judiciário pernambucano, entre as duas primeiras décadas do século XX – os recursos alocados para o pagamento de salários de juízes, desembargadores e promotores no Estado –, somavam gastos muito maiores de que todos os gastos com a educação primária.

Essa contribuição de Vinícius Müller é consistente com sua leitura sobre a estrutura financeira do Império, que outrora foi tema de dissertação de mestrado, *Centralização e descentralização: mudanças institucionais e seus impactos na economia da província de São Paulo (1835-1850)*. Questionando a literatura tradicional, apesar da centralização política e econômica, as Províncias possuíam condições de decidir sobre a alocação de uma parcela de recursos não desprezíveis. E, assim, ao reconhecer a existência de alguma autonomia provincial para aplicação de seus recursos em itens sob sua responsabilidade, a trajetória dos investimentos voltados a setores como a educação primária podiam assumir experiências regionais com colorações bastante próprias.

Nesse sentido, *Educação básica, financiamento e autonomia regional* revela, por meio do minucioso resgate histórico, como os desafios voltados para o incremento da educação brasileira estão em pauta há mais de um século e meio no país. Ademais, conforme a pesquisa sobre as trajetórias regionais indica, os melhores resultados sobre a educação básica não foram consequência de projetos grandiosos e teatrais, mas sim da indispensável e contínua priorização do financiamento do sistema educacional por parte do Estado.

Alexandre Macchione Saes
Professor da Faculdade de Economia da USP

Introdução

Nos estudos e pesquisas envolvendo a História e a Historiografia brasileira há um intenso debate sobre a formação do Brasil nos momentos imediatamente posteriores à independência e, principalmente, após a abdicação de D. Pedro I em 1831. Esse debate se estabeleceu após décadas de predomínio da tese que defende que, após uma pequena experiência na qual predominaram tendências descentralistas, o Império manteve o controle político, administrativo e fiscal sobre o território nacional de tal maneira que às províncias que o constituíam pouca autonomia foi franqueada. Esse curto período de descentralização teria começado ainda na década de 1830, precisamente em 1832, com a aprovação do Código Criminal; e teria seu ponto principal na aprovação do Ato Adicional à Constituição, em 1834, que legou às províncias o direito a terem suas próprias Assembleias Legislativas e, portanto, legislarem sobre temas de seus interesses específicos, inclusive aqueles relacionados à criação e cobrança de impostos.

Esse processo de ampliação da autonomia das províncias teria sido rapidamente abortado em privilégios de seu contrário, ou seja, de um intenso processo de centralização do poder em mãos do governo Imperial. Isso porque o 'avanço liberal', como ficou conhecido o período de vigência das medidas de tendências descentralistas (e majoritariamente defendida por aqueles que formariam, logo depois, o Partido Liberal), teria colocado a unidade territorial à prova, como supostamente atestavam as inúmeras revoltas separatistas que à época ocorreram. De fato, entre 1835 e 1848, inúmeros movimentos cujas bandeiras tocavam na questão da ruptura territorial eclodiram pelo país afora: do norte ao sul, do Pará ao Rio Grande do Sul, por motivos e com intensidade variados, movimentos separatistas anunciavam o tamanho da dificuldade em manter unido um país com dimensões geográficas continentais e que, durante o período da colonização portuguesa, pouco viu as relações entre suas diversas e distantes regiões aflorar. Mais grave do que isso, a manutenção da unidade havia sido uma das justificativas dadas por parcela significativa da elite brasileira para o apoio que ofereceu à instalação da Monarquia. A lógica era simples: a Monarquia garantiria a unidade territorial do novo país que surgia, construída sobre todo o território que antes era a colônia lusa na América. Ao contrário, a República dividiria o território em vários pequenos países, assim como ocorreu com os países que se formavam sob os restos do Império Espanhol no continente. Por isso, qualquer ameaça à unidade territorial era vista como sendo uma ameaça à própria Monarquia. Por isso também que as medidas que defendiam maior autonomia às províncias foram vistas – e muitas, de fato eram – como republicanas. As revoltas separatistas das décadas de 1830 e 40 confirmavam, portanto, as opiniões daqueles que viam na descentralização liberal as ameaças à unidade territorial, o estímulo aos movimentos separatistas e o avanço dos ideais republicanos.

Por isso, a solução teria sido a radical centralização, que começou ainda em fins da década de 1830, durante o período regencial (1831-1840), por meio da Reforma do Código criminal e, principalmente, pela Interpretação ao Ato Adicional de 1834, que retirava das províncias uma série de responsabilidades e direitos que haviam caracterizado a ampliação de suas autonomias. A centralização, ou o 'regresso conservador', pois apoiado por aqueles que majoritariamente formariam o Partido Conservador, foi levada a cabo durante toda a década de 1840, com o poder já em mãos do Imperador D. Pedro II, que ascendeu ao trono em 1840 por meio do Golpe da Maioridade.[1]

A centralização, portanto, teria salvado o país da fragmentação. Contudo, por sua vez, teria também deixado as províncias em situação de extrema fragilidade, principalmente econômica. Os maiores e melhores impostos, ou seja, a maior parte do bolo fiscal foi deixada sob a responsabilidade do Império, tornando a situação financeira das províncias muito comprometida e, mais do que isso, dependente dos repasses que recebiam do poder central. E essa consequência da centralização teria sido responsável por duas outras de extrema relevância.

Uma delas é a de que, a partir da excessiva centralização, os serviços públicos que ficaram sob a responsabilidade provincial estavam fadados a serem pouco oferecidos, sejam em quantidade ou em qualidade. A relação, segundo alguns autores, pode ser vista como inversa, ou seja, alguns serviços foram deixados sob a responsabilidade provincial justamente por serem considerados menos relevantes para o país.

A outra é de que, dada a situação precária das províncias frente ao gigantismo do Império, a trajetória de desenvolvimento delas teria sido definida pelo governo central. Em outras palavras, as províncias eram tão pobres que o desenvolvimento que apresentaram dependeu de como o governo central se comportava em relação a cada uma delas: aquelas que mais recursos recebiam do Império teriam conseguido melhores resultados em seu desenvolvimento do que aquelas que pouco foram beneficiadas

1 O debate entre aqueles que avaliam o arranjo monárquico como sendo altamente centralizado e aqueles que relativizam tal centralização, assim como a percepção de autores contemporâneos sobre o funcionamento do Império e suas relações com as províncias, será amplamente tratado no capítulo 3. De qualquer forma, ele pode ser, grosso modo, resumido pelas obras de José Murilo de Carvalho, de um lado, e Miriam Dolhnikoff, de outro, respectivamente. Ver Carvalho, José Murilo de. *A construção da ordem/Teatro de sombras*. Rio de Janeiro: Ed. UFRJ/RelumeDumará, 1996; e Dolhnikoff, Miriam. *O Pacto Imperial. Origens do federalismo no Brasil*. São Paulo: Ed. Globo, 2005.

pelos repasses e investimentos do governo central. A chave para o entendimento das desigualdades entre as regiões brasileiras seria, então, o comportamento do governo central em relação à distribuição de suas despesas, assim como à composição de suas receitas pelo território nacional, e não o comportamento de cada província, pois afinal, aquilo que estava sob a responsabilidade provincial era pouco importante ao desenvolvimento, assim como elas poucos recursos tinham para assumir compromissos mais relevantes ao próprio desenvolvimento.

Dessa forma, a trajetória decadente durante a segunda metade do século XIX de regiões como Pernambuco, por exemplo, teria sido motivada, dentre outras coisas, pelo comportamento desequilibrado do Império que muito mais retirava proporcionalmente, por meio de impostos que estavam sob seu controle, da província do Norte do que para ela repassava. Mais grave ainda é que o contrário seria verdadeiro, ou seja, províncias que apresentaram trajetórias ascendentes durante o período do II Reinado (1840-1889) teriam sido justamente aquelas que pouco contribuíram para as receitas do Império se comparadas às despesas do governo central efetivadas em suas regiões. Estas seriam majoritariamente as províncias do centro-sul, o que explicaria, ao menos parcialmente, a desigualdade vista desde então entre a situação econômica do Sul e Sudeste e a do Norte e Nordeste.[2]

Historicamente, essa diferença teria se aprofundado a partir de 1870, quando as mesmas regiões que foram beneficiadas pelo Império passaram a reivindicar maior autonomia, culminando na Proclamação da República em 1889 e na adoção do federalismo em 1891.

Por outro lado, há uma historiografia que entende o processo de formação das estruturas políticas, administrativas e econômicas do país de maneira radicalmente distinta. O processo de descentralização da década de 1830 não teria sido, segundo esta historiografia, abortado de modo tão definido pelo 'regresso conservador'; ao contrário, o processo de centralização não retirou das províncias os elementos que caracterizaram a descentralização de 1834, sendo significativa e majoritariamente na reorganização do poder Judiciário, esse sim, centralizado em fins da década de 1830.

Desse modo, a autonomia das províncias não teria sido tão diminuta assim, possibilitando que elas tivessem algum 'espaço' para decidir questões relevantes para suas demandas locais. Este arranjo, centralizado, mas atribuindo algum grau de autonomia às

2 A hipótese sobre o tratamento desigual dispensado pelo Império e que favoreceria as províncias do Sul em detrimento às do Norte é definida por Melo, Evaldo Cabral de. *O Norte agrário e o Império: 1871-1889*. Rio de Janeiro: Topbooks, 1999, especialmente cap. 6 (A questão dos impostos provinciais).

províncias que dava a cada uma delas a possibilidade de resolverem seus problemas locais de modo relativamente independente do governo central, sugere outras interpretações diferentes daquelas que apontaram a excessiva centralização imperial como característica central da formação do país. Se deixada às províncias alguma autonomia no tratamento que cada uma delas dedicou às questões que estavam sob sua responsabilidade, então como cada uma as tratou pode indicar comportamentos diferentes entre elas, de modo que nos ajude a entender suas trajetórias de desenvolvimento para além da análise sobre a formação das receitas imperiais e, sobretudo, para além do comportamento do governo central quanto à distribuição que fazia de suas despesas pelas províncias.

Essa organização, que tangenciava o modelo federalista, teria sido então, responsável por um ajuste entre o Império e as províncias quanto aquilo que seria responsabilidade de um e outro, assim como o quanto o governo central interferiria nos assuntos provinciais e, pelo avesso, o quanto os temas provinciais seriam nacionalizados. Assim sendo, não obstante ser possível afirmar que nesta divisão entre centro e províncias, o Império tinha, de fato, algumas vantagens inequívocas (como, por exemplo, a maior fatia sobre os impostos arrecadados sobre exportações, o mais rentável do país), não parece razoável, por outro lado, tratar a relativa autonomia provincial como insignificante a ponto de não reconhecermos nela, ou na maneira como as províncias a usaram, elemento importante para entendermos as diferenças entre elas.

A própria dinâmica do processo histórico ajuda a entender os motivos que fizeram com que, no decorrer do Império brasileiro, muitos reivindicassem a ampliação da autonomia das províncias, assim como outros reivindicavam uma ainda maior centralização. Esse debate, presente durante toda a segunda metade do século XIX, mostra apenas que variados projetos para a administração do país foram apresentados a depender, especialmente, do momento e das preferências daqueles que os defendiam. Portanto, as reivindicações por maior autonomia feitas durante a vigência da Monarquia no Brasil puderam estar relacionadas tanto às pressões das elites locais em busca de assegurar maiores recursos às suas regiões como também às disputas políticas e partidárias do período. Assim também, a defesa do federalismo a partir do início da década de 1870 pôde estar relacionada muito mais ao desejo de aprofundar a autonomia das províncias do que criá-las; muito mais à ampliação de um sentimento contrário à Monarquia do que com uma tentativa de obter alguma autonomia; e por fim, muito mais pelo reconhecimento de que as regiões que melhor usaram a autonomia que o arranjo monárquico lhes deu foram aquelas que maior desenvolvimento apresentavam no final do Império. Ou seja, a bandeira do federalismo não era por 'alguma autonomia' e sim por 'mais autonomia'.

Sendo assim, torna-se relevante olhar para o que cabia às províncias e como cada uma tratou suas responsabilidades. Tais diferenças, se existiam, podem sinalizar para as particularidades regionais e para as diversas trajetórias que tiveram as regiões brasileiras. Em suma, as diferenças regionais podem não ser apenas resultantes do modo como o governo central tratou cada uma das províncias, mas sim como cada uma delas tratou o que estava sob sua responsabilidade.

Nesse caso, a educação primária aparece com destaque, por ao menos três motivos: porque esteve sempre, desde a Constituição de 1824, sob a responsabilidade das províncias; porque era vista à época como fundamental para a construção e desenvolvimento dos países e teve, em muitos deles, seu momento de fundação formal; e porque é vista, em retrospectiva, como um dos pilares que fizeram com que alguns países e/ou regiões apresentassem em prazos mais alongados resultados melhores em seus processos de desenvolvimento econômico.[3]

De fato, a educação primária é um item privilegiado para a identificação das diferenças entre as províncias brasileiras na maneira como tratavam os itens do serviço público que estavam sob sua responsabilidade. Item central nas despesas provinciais e depois da Proclamação da República, nas estaduais, apresentou variações quanto aos resultados que obteve em cada uma delas. Por outro lado, amplamente reconhecida como fundamental ao desenvolvimento econômico e social, a instrução primária era tema de debate em inúmeros países do mundo assim como foi no Brasil no século XIX, inclusive sob a influência do que acontecia em outros países. Esse debate sobre a relação entre desenvolvimento e educação esteve presente tanto durante o século XIX, no momento em que os países construíam seus respectivos sistemas nacionais de educação e, portanto, muitas vezes justificam tal medida em parte porque defendiam que o desenvolvimento econômico dependia do avanço e da universalização da instrução básica, como também no século XX, não só porque tal relação foi confirmada, como também sinalizava para o relativo atraso educacional de países em desenvolvimento como um dos principais motivos do próprio atraso econômico.[4]

---

3 A questão educacional, ou seja, a relevância vista na universalização da instrução básica, assim como a montagem dos sistemas nacionais de educação estiveram entre os principais debates em variados países durante o século XIX, tanto na Europa quando na América (inclusive América Latina). Essa será parte da discussão apresentada no cap. 1.

4 Há uma extensa bibliografia que relaciona desenvolvimento econômico e educação. Durante o século XIX, período no qual os países construíram e ampliaram seus sistemas educacionais, essa relação era apresentada como motivo pelo qual justificava-se a preocupação com a expansão da instrução básica. Já no século XX, principalmente entre norte-americanos, houve um resgate de tal ideia de modo a confirmar que a trajetória de desenvolvimento econômico e social dos países

Portanto, um dos temas mais debatidos e valorizados em inúmeros países esteve no Brasil, durante o século XIX, sob a responsabilidade das províncias e, após a Proclamação da República, em mão dos estados. O que o tornava, confirmando, um dos itens mais relevantes para a proposta que temos de comparar as regiões brasileiras, o modo como cada uma tratou aquilo que estava sob sua responsabilidade e, principalmente, como trataram aqueles que era visto como sendo, inclusive no Brasil, um dos, e talvez o mais importante serviço público voltado ao desenvolvimento dos países.

Para tanto o trabalho está dividido, além da introdução e da conclusão, em quatro partes: a primeira tenta reproduzir o debate e as experiências relacionadas à criação e expansão de sistemas educacionais em vários países, incluindo os europeus, os EUA, os latino-americanos e o Brasil. Busca-se, com ela, dar a dimensão da relevância da questão educacional no período, além de marcar algumas características das experiências internacionais, mostrando o quanto este item esteve em pauta durante o século XIX. A segunda, especificamente sobre o Brasil, retoma o debate sobre os projetos de organização política, administrativa e econômica do país durante a Monarquia, especialmente aquele que versa sobre a descentralização e a centralização Imperial. Neste caso, como a educação primária estava sob a responsabilidade provincial, o debate ganha significado maior para a terceira parte, na qual são apresentadas as receitas e despesas de três províncias, São Paulo, Pernambuco e Rio Grande do Sul, destacando o comportamento de cada uma delas em relação aos gastos em instrução pública – e, por consequência o lugar em que colocavam a questão educacional em suas regiões

---

estivera vinculada ao avanço educacional. Algumas dessas perspectivas serão tratadas no capítulo 1. Para outras, ver Easterlin, R. *Why isn't the whole world developed? The Journal of Economic History.* Vol. 41, nº 01, 1981. Engerman, S. & Sokoloff. *History Lessons: Institutions, Factor endowments and paths of development in the New World.* Em *Journal of economic perspectives*, vol.14, nº 3, 2000. Hanashek, E. & Woessmann, L. *The role of school improvement in economic development. Working Paper* 12832, 2007. Lindert, Peter. *Growing public: social spending and economic growth since eighteenth century.* Cambridge University Press, 2004. Mincer, J. *Human capital and economic growth.* NBER, working paper nº 803, 1981. Mitch, D. *Education and economic growth in historical perspective.* EH. *Net Encyclopedia,* Whaples R. (org.), 2005. Ozturk, I. The role of education in economic development. A theoretical perspective. *Jornal of Rural Development and Administration,* Volume XXXIII, nº 1, Winter 2001. Psacharopoulos, G. *The contribution of education to economic growth: international comparisons.* Em Kendrick, John W. (ed.) *International comparisons of productivity and causes of slowdown.* American Enterprise Institute/Ballinger, 1984. Shultz, T. W. *Investment in human capital.* Em *The American Economic Review,* vol. LI, March 1961. Stevens, P. & Weale, M. *Education and economic growth.* Em Johnes & Johnes (orgs.) *International handbook of economics of education.* Northhampton: Edward Elgar Publishing, 2004. Vinovskis, M. *The role of education in the economic transformation of nineteenth century America.* Columbia University Institute on Education and The Economy, 1989.

–, além de apresentar alguns dados sobre a expansão educacional nas províncias. A análise dos dados relativos às receitas e despesas provinciais possibilita revelar particularidades de cada uma, de modo que as diferenças na maneira como usavam a autonomia que lhes era dada se explicita, seja na questão educacional em particular, seja na maneira que hierarquizavam suas prioridades, em geral. E, por fim, a quarta parte apresenta um debate sobre as mudanças e permanências provocadas pela Proclamação da República e pela adoção do federalismo, principalmente na maneira pela qual os estados se comportaram em relação aos gastos com educação primária. Ou seja, possibilita que comparemos o que de fato mudou com a adoção da república federalista no comportamento das três regiões aqui estudadas no que respeita o papel que a educação primária ocupava em cada uma delas.

No final, a conclusão. Pretende-se com isso, buscar complementos que nos mostrem o lugar ocupado pela questão educacional nas regiões brasileiras no século XIX e início do século XX, apontando para conclusões alternativas inseridas no debate sobre as origens e persistência das diferenças entre as regiões brasileiras. A maneira como cada uma tratou a educação pode ser um indicativo destas diferenças.

1. A formação dos sistemas nacionais de educação no século XIX: debates, motivações e resultados

Ao longo do século XIX a educação em sua versão formal, a escolarização, esteve envolvida em um processo de universalização de sua abrangência, ocupando um espaço cada vez maior nos projetos de organização e desenvolvimento do Estados Nacionais. A formação, organização e financiamento de um sistema educacional, assim como o estabelecimento de legislações, métodos e modelos escolares tornaram-se pautas indispensáveis e insistentemente presentes em sociedades diversas do mundo ocidental, incluindo nessa divisão o continente europeu, a Américo do Norte e a América Latina. Em outras palavras, a organização e o funcionamento de um sistema educacional primário, voltado à universalização do ensino básico, passaram a ser parte institucional do Estado, ganhando estrutura jurídica e administrativa para manter seu funcionamento e ampliação.

Esse fenômeno, como dito, foi característico de boa parte do mundo ocidental, mesmo que seus fundamentos, modelos e resultados tenham sido diversificados. E essa diversidade, tanto na abrangência e velocidade com que se ampliou, como nos modelos de financiamento que viabilizaram a construção de sistemas educacionais, apresenta em geral, uma relação positiva entre, de um lado, países que vivenciaram processos de industrialização e que maiores e melhores resultados obtiveram na escolarização primária, e, de outro, os países novos (América Latina) e os relativamente atrasados na modernização da estrutura produtiva e que apresentaram resultados piores na ampliação de seus sistemas escolares. Ou seja, países com maior desenvolvimento econômico no século XIX organizaram melhores – ou mais abrangentes – sistemas escolares, atendendo grande parte de suas populações em seus bancos escolares enquanto países com menor desenvolvimento obtiveram resultados mais tímidos nos processos de escolarização de suas respectivas populações.

Estas diferenças, no entanto, não representam um maior ou menor reconhecimento da relevância da educação e da escolarização para as trajetórias dos países; ao contrário, a educação e sua versão formal – a escolarização – passaram a ser um valor, defendido como condição para a prosperidade econômica, formação moral, obediência às leis e harmonia social. Desta forma, as diferenças na formação, ampliação e universalização da escolarização no século XIX estiveram menos relacionadas ao plano das justificativas do que ao da execução. O papel da educação e da escolarização podia estar em debate, mas sua relevância não. O que se discutia era como viabilizá-las. A associação entre progresso material e social e educação escolar não era questionada, mas sim qual modelo pedagógico deveria ser adotado. Da mesma forma, os resultados da universalização escolar eram discutidos - progresso econômico ou cívico - mas, não a necessidade de obtenção de fontes para o financiamento do sistema educacional;

Portanto, o século XIX foi o século da escolarização. Países, como Inglaterra, Alemanha, França e EUA, na passagem para o século XX, já tinham seus sistemas de instrução pública universalizados.

1.1 A Experiência Europeia

Há inúmeras maneiras de percebermos as origens e os motivos para esse processo de montagem dos sistemas educacionais ter acontecido. Entre elas, a relação estabelecida entre o desenvolvimento educacional e a consolidação dos Estados Nacionais, e entre a instrução, formação e o desenvolvimento econômico.

Para o primeiro caso, muitas foram as manifestações favoráveis à relação entre escolarização e organização social. Em geral dois itens compunham essa relação: a educação como fator de construção de uma identidade nacional que estivesse acima das diferenças religiosas e sociais e a educação como facilitador para o cumprimento das leis, principalmente pelos grupos sociais menos privilegiados. Na verdade, os dois itens se entrelaçam, na medida em que essa construção de uma identidade nacional que estivesse acima das diferenças religiosas e sociais tinha como passo fundamental para sua consolidação a adequação de grupos menos privilegiados aos ditames da lei e das regras informais consideradas civilizadas. Exemplo disso é a insistência entre os autores ligados ao utilitarismo britânico em apontar a superioridade da educação voltada aos grupos populares ante o combate posterior à criminalidade. Em outras palavras, seria menos custoso, econômica e socialmente, escolarizar a população e, dessa forma, integrá-las às regras sociais e formais do país, do que construir prisões e aparatos policiais para combater sua baixa adequação às leis. Essa função exercida pela educação aparece sendo defendida como uma forma de garantir a coesão social pela instrução de partes da população que seriam, em princípio, resistentes às regras sociais e às leis, como também, e por isso mesmo, uma forma de construir a unidade nacional, fortalecendo o patriotismo, os calores éticos e a obediência à lei. Em uma passagem, Bentham, importante autor ligado à escola utilitária britânica, estimou que os custos para educar a população inglesa seriam menores, em termos econômicos e sociais, do que construir prisões. Quando assim posicionou-se, Bentham estava transformando a questão educacional em questão de Estado, mesmo que isso pareça surpreendente à tradição liberal britânica.[1] Portanto, ao ver na educação uma forma de incluir os grupos populares aos códigos dominantes da sociedade, o autor britânico está colocando-a como uma parte do Estado nacional tão relevante quanto a própria lei e as forças policiais e burocráticas do país. Por isso, não só o Estado deveria assumir a responsabilidade de universalizar a educação formal por meio da escolarização da população, como também financiá-la. Neste caso, o financiamento público da educação passaria pela criação de impostos voltados ao estabelecimento, expansão e manutenção de um sistema escolar nacional.[2]

A surpresa nisso está no fato de o sistema nacional e público de instrução básica ter sido defendido pelos autores da economia clássica. Os mesmos autores que entraram para a História do Pensamento Econômico como defensores da não interferência e participação estatal no funcionamento da economia, o que sinaliza a atribuição que davam à educação além de questões meramente econômicas, confirmando-se, assim, que a educação escolar era vista por eles como uma questão pública, estatal e institucional.

Outra maneira de identificar o processo de formação dos sistemas nacionais de instrução pública é por meio da consolidação dos Estados em oposição a outras instituições, como, por exemplo, as religiosas.[3] A formação de um sistema educacional não só sociabilizaria partes da população e as subordinaria às regras informais e formais do país, como essa integração seria feita a partir de valores laicos e, portanto, não religiosos. Ou seja, a formação e ampliação do sistema de instrução nacional que atendesse a toda a população e que fosse científico e laico fortalecia o poder do Estado e suas regras frente à ética religiosa. Isto também reforçava a função do sistema das diferenças sociais, econômicas e religiosas. Do modo que defendia Adam Smith, ainda no século XVIII, a educação escolar era o caminho para a superação das superstições por parte da população ignorante e crédula. Só assim elas superariam sua ignorância e entenderiam

1 Ver West, E. G. *The role of education in nineteenth-century doctrines of political economy*. Em: British Journal os Educational Studies, Vol. 12, nº 2 (maio de 1964). Disponível em: http://www.jstor.org/stable/3119086 p. 161 e 162.

2 Ver West, *Op. cit.* No texto, o autor identifica os autores considerados clássicos, entre eles Adam Smith e Thomas Malthus, e entre os utilitaristas, tal como Jeremy Bentham, como defensores da oferta pública de educação na Inglaterra nos séculos XVIII e XIX, mesmo que isso, segundo West, pareça contrário à defesa que faziam do princípio do 'laissez faire'.

3 Ver Bubberley, Ellwood P. *The history of education practice and progress considered as a phase of the development and spread of western civilization*. Cambridge University Press, 1920 (1ª edicção), cap.XXIV, págs.612-652. Ver também Soysal, Yasemin N. & Strang, David. *Construction of the first mass education system in neneteenth century Europe*. Em: Sociology of education. Vol. 62 (outubro de 1989), p. 277-288.

(e obedecer-lhes-iam) as leis do país. Em breve passagem, Adam Smith comenta sobre a vantagem que o Estado tinha em educar os grupos sociais menos privilegiados:

> O Estado, entretanto, tem incontáveis resultados por educá-los. Quanto mais eles são instruídos, menos eles estão propícios aos enganos do entusiasmo e da superstição, os quais nas nações ignorantes frequentemente ocasionam as piores desordens.[4]

Também a influência do pensamento iluminista e fisiocrata francês é nítida: a organização do sistema educacional estaria sob a responsabilidade do Estado e seria, por isso, laica. Como disse Turgot:

> Eu me arrisco a dizer que se esse programa (educação estatal e universal) for adotado, seus objetivos serão reconhecidos em menos de uma década, e a inteligência, bom comportamento e ilustração dos indivíduos, voltados a si mesmos e ao seu país, os colocará acima de outras nações modernas. Nesse tempo, as crianças que hoje têm 10 anos se transformarão em jovens treinados às suas funções pelo Estado; patriotas e respeitadores da lei, não pelo medo, mas pelo entendimento racional da justiça, e prontos a ajudar seus concidadãos quando necessário.[5]

A organização de um sistema nacional de instrução pública e universal, portanto, era vista como a construção de uma instituição estatal que ajudaria na consolidação do poder do Estado por meio da socialização de grupos menos privilegiados e pela influência que exerceria para que os indivíduos obedecessem às leis nacionais e não às regras específicas de seus grupos ou filiações religiosas.

Para tanto, duas questões caracterizaram esse processo: a implantação de um modelo de obrigatoriedade escolar e de modelo de financiamento do sistema escolar. A primeira delas foi relativamente comum entre países europeus durante o século XIX, já que muitos criaram legislações que obrigavam as famílias a manterem seus filhos em idade adequada nos bancos escolares. O caso pioneiro foi o da Prússia, que desde 1763 tinha uma legislação que tratava a instrução primária como sendo compulsória às

4 Smith, Adam. *The Wealth of Nations.*Oxford Press, 1993 (texto original de 1776), p. 436.

5 Trecho retirado de Toqueville, Alexis de. *The Old Regime and the French Revolution.* Part. III, cap. III. Citado por West, *Op. cit.*, p. 162.

crianças em idade escolar.[6] O caso prussiano é exemplar também porque foi o pioneiro na transformação de seu sistema escolar em laico e a serviço do Estado.

Desde o século XVIII, sob a influência do Iluminismo autoritário do Imperador Frederico, a Prússia adotou uma série de medidas que diminuíam a presença da Igreja no controle sobre a educação escolar e que instituíram a escolarização compulsória. E após 1807, quando a Prússia foi derrotada pelo exército napoleônico, o processo de estatização da educação escolar foi potencializado, já que a instrução foi vista como um mecanismo de reconstrução dos valores da combalida sociedade prussiana. Um exemplo da estatização foi a criação do Departamento da Instrução Pública, em 1807, reforçando a laicização das escolas. Este novo Estado prussiano que viria a surgir da derrota contra a França, ao nacionalizar e laicizar a instrução, o faz sob a influência de duas tendências do século XIX, quais sejam, a transformação da educação em um mecanismo de organização social e a criação de uma consciência nacional e cívica que facilitaria a obediência às leis pelos indivíduos. Essa política de universalização da instrução prussiana, copiada pelos outros reinos germânicos, esteve entre os elementos que ajudariam a unificação e formação do Estado Alemão em 1871. Ou seja, o modelo educacional prussiano, universal, estatal, compulsório e voltado à reconstrução e consolidação dos valores prussianos na primeira metade do século XIX foi uma das mais importantes instituições que contribuíram para o processo de formação do Estado Nacional alemão.[7]

Outros países europeus também tiveram suas estratégias para a universalização da educação primária amparadas, entre outros, no estabelecimento da educação compulsória. Além da Prússia, a Inglaterra também viveu no século XIX seu processo de criação de um sistema nacional de instrução pública. Também como o exemplo prussiano, o caso britânico apresentou a universalização da educação primária e a compulsoriedade como características de seu sistema educacional, não obstante o relativo atraso que teve devido a uma antiga resistência por parte da elite em aceitar que o sistema educacional fosse controlado pelo Estado. Tal resistência, oriunda dos grupos religiosos contrários à laicização da educação, dos grupos burgueses, ciosos sobre uma possível diminuição da

6 Ver Soysal & Strang, *Op. cit.*, p. 278.

7 Ver Cubberley, Elwood P. *Op. cit.*, XXII, p. 552-587. Ver especialmente a citação que o autor faz referente à atuação e aos escritos de Fichte, filósofo prussiano do início do século XIX e defensor da criação de um sistema público de educação como vetor da recuperação moral da Prússia após a derrota para a França em 1804, p. 567 e 568. Para o caso alemão e o desenvolvimento de seu sistema educacional, ver também Lamberti, Marjorie. *State, society & the elementar school in imperial Germany*. Oxford University Press, 1989, especialmente cap. 1 (The school system before 1870) p. 13-39.

diferença que a instrução mantinha entre seus filhos e a classe operária, foi rompida em 1880, quando aprovada a lei que tornava compulsória a instrução básica.

A lei de 1880 na Inglaterra inscreve-se nos debates que, desde 1830, o Parlamento estabelecia acerca da questão do papel do Estado na construção e administração de um sistema escolar nacional. Desde então uma série de medidas voltadas à criação e organização de uma burocracia responsável pela educação foram aprovadas, tal como em 1833 e 1856. No primeiro caso foi aprovada uma lei que garantia que o Estado distribuiria às sociedades educacionais – grupos privados, em geral formados por voluntários, que ofereciam educação básica à população – recursos públicos; e no segundo, a criação do Departamento de Estado da Educação, órgão público responsável pela elaboração da lei conhecida como Código Escolar, finalmente aprovada em 1861. Ou seja, mesmo com a tradicional resistência britânica em ampliar o poder do Estado ante a sociedade, o sistema nacional de instrução na Inglaterra legou ao poder público o financiamento de boa parte desse sistema, além do poder sobre o funcionamento das escolas e a obrigatoriedade da população em matricular e manter seus filhos nas escolas primárias. Houve, portanto, uma institucionalização da instrução, que passou a fazer parte das preocupações do Estado britânico, mesmo que a oferta escolar não fosse diretamente controlada por ele.[8] As vantagens desse processo de ampliação da participação do Estado na criação e manutenção do sistema nacional de educação inglês foram apontadas por autores reconhecidamente contrários à intervenção estatal. Marshall, por exemplo, escreveu no final do século XIX que:

> (...) Nenhuma mudança seria mais conducente a um rápido aumento da riqueza nacional como uma melhoria das escolas (...) Podemos concluir portanto, que não se pode medir as vantagens de consagrar fundos públicos e particulares para a educação do povo apenas pelos seus frutos diretos.[9]

Da mesma forma, o importante escritor Charles Dickens, defendeu durante a década de 1830 a criação de um sistema escolar nacional, público e compulsório, que transformasse a oferta de instrução em um direito e não mais em uma caridade. Este

---

8 Ver Cubberley, Ellwood. *Op. cit.*, cap. XXIV, especialmente entre as p. 633 e 646.

9 Ver Marshall, Alfred. *Princípio de Economia*. Volume I. São Paulo: Ed. Nova Cultural. Coleção Os Economistas, 1996. (texto original publicado em 1890), p. 183.

debate aponta mais uma vez para a institucionalização da educação e da escolarização na Inglaterra durante o século XIX.[10]

Já no caso francês é interessante notar que, mesmo sendo um país majoritariamente católico, apresentava, em 1870, significativos resultados ao alcance da escolarização, mais altos do que Inglaterra e Alemanha, mesmo que a compulsoriedade tenha sido introduzida apenas em 1882. Nesse caso, os resultados do processo revolucionário do final do século XVIII ajudam a esclarecer a trajetória que o país viveu em relação à construção de seu sistema escolar durante o século XIX. De fato, a forte presença de um elemento anti-clerical, por um lado, e constitucional (ou anti-absolutista) por outro, fez da Revolução Francesa um marco no debate sobre a construção de um sistema educacional que fosse laico, público e que garantisse a oferta de educação primária de modo universal no país. Já na Constituição de 1791, feita em meio ao processo revolucionário, havia uma indicação de que seria criado um sistema público, laico e universal de educação básica.[11]

Após o período mais turbulento de seu processo revolucionário, a França, já sob o governo de Napoleão Bonaparte, aprovou uma lei voltada à organização da instrução pública, em 1802. Essa lei, mesmo pouco voltada ao ensino primário, criou uma diretoria da Instrução Pública, confiada ao professor e cientista Count de Fourcroy. Todavia, foi em 1833, já sob o governo do rei Luís Felipe, que uma lei voltada à organização e financiamento da educação básica foi aprovada. No texto da lei de 1833 estava prevista a transferência de recursos do governo francês ao financiamento das escolas de instrução primária nos municípios, assim como obrigava que cada um deles garantisse a oferta de educação básica a todos os seus habitantes em idade escolar.

A trajetória da educação básica na França, mesmo que amplamente influenciada pelos ideais presentes na Revolução Francesa e pelos pensadores que caracterizaram o debate intelectual do período, manteve a presença do Catolicismo e da Igreja Católica como uma das responsáveis pela oferta de educação básica. Mesmo que o Estado francês, após a Revolução e principalmente após a lei de 1833, tenha assumido parte da responsabilidade, inclusive do financiamento, sobre a oferta de instrução primária no país, a presença de escolas controladas pela Igreja permaneceu relevante até, ao menos, 1882.[12] Nesse ano, já sob o governo da 3ª República, foi criada uma lei que oficializava

10 Ver Cubberley, Ellwood. *Op. cit.*,p. 635 e 636.

11 Ver Cubberley, Ellwood. *Op. cit.*, p. 548-603.

12 Para a presença e a relevância da Igreja Católica na ampliação da escolarização na França durante o século XIX ver: Grew, Raymond & Harrigan, Patrick. *The catholic contribution to universal scho-*

o ensino laico e garantia a universalidade da educação pública oferecida pelo Estado. Também foi pela lei de 1882 que a compulsoriedade escolar, ou seja, a obrigatoriedade de que as famílias matriculassem e mantivessem seus membros em idade escolar nas escolas primárias foi instalada no país. Contudo, a hipótese de que em países majoritariamente católicos e cuja influência e/ou controle da Igreja Católica sobre a educação básica, pública e laica foi comprometida e teria dificultado a ampliação da alfabetização e o alcance da escolarização, não parece ser válida para o caso francês. A presença de um ideal, desde a Revolução de fins do século XVIII, que caracterizava a educação como um direito universal parece ter sido fundamental para a ampliação da escolarização do país no século XIX muito mais do que o fato de boa parte da oferta educacional ter sido garantida pela Igreja Católica. Apenas em 1882 a instrução básica e pública foi, por lei, deixada sob o controle do Estado, o que não significou nem que durante todo o século XIX o estado francês foi omisso em relação à instrução primária e muito menos que o país não alcançou números relativamente altos relacionados à escolarização de sua população; ao contrário, a tensão entre a oferta de educação básica exclusivamente controlada pelo poder público ou também por grupos privados, como a exclusividade controlada pelo poder público ou também por grupos privados, como a Igreja Católica parece ter sito determinante no sucesso da ampliação da escolaridade francesa. A presença de um ideal que dava à educação o status de direito universal e os recursos destinados à construção, ampliação e manutenção de um sistema escolar, sim.[13]

Identificando, então, a criação de sistemas nacionais de instrução e a compulsoriedade como alguns dos elementos que fizeram parte da trajetória de institucionalização da educação, percebe-se que esse foi um processo comum a vários países europeus do século XIX.

A tabela 1 revela quais os países e as respectivas datas nas quais foram aprovadas a obrigatoriedade da educação primária. Nota-se o quão comum foi no século XIX a adoção pelos países europeus. Por outro lado, mostra também que os resultados, medi-

---

oling in France, 1850-1906. The Journal of Modern History, vol. 57, nº 2, (jun. 1985), p. 211-247.

13 Grew, Raymond; Harrigan, Patrick & Whitney, James.*The availability of schooling in nineteenth-century France.* The Journal of Interdisciplinary History, vol. 14, nº 1, (Summer, 1983), p. 25-63. Ver também Cubberley, Elwood.*The History of Education.* Especialmente as páginas 510-513 e 589, nas quais o autor comenta sobre as obras de pensadores franceses como Diderot, Tayllerand e Rolland e como não só trataram a questão educacional, mas principalmente como suas ideias tornaram-se essenciais para a compreensão acerca da construção e do funcionamento do sistema escolar na França.

dos pelo alcance da escolarização, não foram uniformes e nem guardaram relação com a precocidade da adoção dessa medida.

Tabela 1. Obrigatoriedade escolar e alcance da escolarização, países selecionados

País	Ano de introdução da obrigatoriedade escolar	Alcance da escolarização sobre a população (% da população) em 1870
Prússia	1763	67
Dinamarca	1814	58
Grécia	1834	20
Espanha	1838	42
Suécia	1842	71
Portugal	1844	13
Áustria	1864	40
Suíça	1874	74
Itália	1877	29
França	1882	75
Reino Unido	1880	49
Irlanda	1892	38
Holanda	1900	59
Bélgica	1914	62

Fonte: Soysal & Strang (1989)

Os números relacionados ao alcance da escolarização são de 1870, o que, para muitos países, significa que são de um período anterior à adoção da obrigatoriedade. Para outros, podem ser vistos como resultantes da obrigatoriedade ou, ao menos, como parte do processo de institucionalização da educação primária a partir da montagem de sistemas nacionais de instrução. Alguns casos destacam-se como ilustração dessa diferença entre o alcance que os países obtiveram em seus processos de escolarização. O caso de Portugal, por exemplo, que instalou a obrigatoriedade do ensino primário em 1844 e, em 1870, tinha apenas 13% de sua população alcançada por ela; já a Suécia, que implantou a obrigatoriedade dois anos antes e, em 1870, tinha 71% de sua população contemplada pela escolarização primária. Os números confirmam, portanto, a heterogeneidade dos resultados alcançados pelos países europeus no desenvolvimento de seus sistemas nacionais de educação.

De qualquer forma, essas informações confirmam que o processo de criação e expansão da escolarização primária foi um fenômeno comum e com amplo alcance em países europeus diversos, como Grécia e Portugal, Itália e Inglaterra, França e Suécia, entre outros. As diferenças entre os resultados do alcance da escolarização e das taxas de alfabetização são amplas o suficiente para impedirem qualquer estabelecimento de relação entre a precocidade na instalação da obrigatoriedade da educação e o alcance da escolaridade e a efetiva alfabetização da população, por um lado; por outro, apontam para a possibilidade de que outros fatores foram determinantes para o surgimento dessas diferenças, dentre os quais estão a relação entre o sucesso do sistema nacional de educação – medido pelo seu alcance relativo à população – e características religiosas dos países, assim como a organização política do país e sua capacidade de criar, legitimar e garantir o cumprimento de leis relacionadas à educação, como a própria lei de obrigatoriedade.

Na verdade, as duas hipóteses se aproximam, na medida em que nos países cuja estrutura religiosa dominante era católica, a relação entre o Estado e a Igreja eram, muitas vezes, marcadas pela oposição quanto à legitimidade que cada um enxergava no outro para controlar o sistema educacional. Em termos diversos, nesses países a formação de um sistema educacional nacional e controlado pelo Estado era visto pela Igreja Católica como uma ameaça ao próprio controle, tradicional, que exercia sobre a instrução. Neste caso, o Estado apresentava maiores resistências em subsidiar escolas não públicas, já que muitas delas eram controladas pela instituição religiosa, assim como enfrentava a resistência da Igreja Católica, contrária à tentativa estatal de organizar e gerenciar um sistema nacional, universal e laico de instrução básica. Assim a capacidade burocrática necessária ao Estado para garantir a implantação e o funcionamento do sistema educacional era maior, o que tornava sua tarefa mais difícil. Em casos contrários, onde os protestantes representavam a maioria e/ou a religiosidade dominante, as relações entre o Estado e as lideranças religiosas eram mais próximas e menos concorrentes, facilitando a implantação de um sistema nacional de educação. França e Alemanha seriam, respectivamente, exemplos dessa diferença.[14]

---

14 Ver Soysal & Strang, *Op. cit.* P. 278. Os autores identificam nas relações entre o Estado e as instituições religiosas fatores de maior ou menor facilidade para a implantação de sistemas nacionais de educação. Ainda segundo os autores, o Estado Francês sofreu resistência por parte da Igreja Católica na formação do sistema nacional de educação, enquanto que na Prússia, as lideranças religiosas protestantes, pelo próprio modelo descentralizado que o Protestantismo tem, não só resistiram menos, como também colaboraram na formação do sistema nacional de educação. Contudo, o alcance da escolarização na França aponta para uma conclusão diferente, já que o número apresentado, relativo ao alcance da escolarização, é o mais alto entre os países citados. Porém, o caso francês e os números referentes ao alcance da escolarização no país revelam que a

Por outro lado, a Inglaterra, mesmo sob um protestantismo representado, em última estância, pelo Estado, enfrentou resistências para implantar seu sistema nacional de educação, contrariando, inclusive, a hipótese que aproxima o melhor desenvolvimento do sistema educacional de países de tradição protestante. No caso britânico, porém a dificuldade do Estado em criar e desenvolver um sistema nacional de educação deveu-se mais à tradição liberal do que protestante do país: a interferência estatal era vista como contrária aos interesses dos indivíduos, e, portanto, maléfica à sociedade.

O caso britânico também possibilita o debate sobre o financiamento da criação e manutenção do sistema nacional público de educação financiado pelo Estado e o financiamento público para escolas privadas; a responsabilidade do governo central e das esferas regionais sobre o sistema; a criação e/ou vinculação de taxas específicas voltadas ao financiamento da educação.[15]

Nos dois primeiros casos, os exemplos da Prússia (Alemanha após 1871) e da Grã-Bretanha são pertinentes, já que a dificuldade do Estado britânico em criar um sistema unificado e controlado exclusivamente por ele esteve ligado justamente à resistência feita por grupos variados e descentralizados que já mantinham algum controle sobre a educação em suas regiões e/ou comunidades. Isso, como já afirmado, estimulou a criação de um sistema educacional híbrido no qual o financiamento mesmo sendo estatal e voltado às escolas públicas, também contemplava escolas privadas e/ou controladas por grupos que não estavam sob a administração do Estado. E, mesmo que, a centralização da responsabilidade sobre a educação tenha sido ampliada, o governo britânico nunca estabeleceu um controle tão efetivo sobre as lideranças locais, como ocorreu na França, em relação à administração da instrução. A própria estrutura da educação britânica anterior à formação do sistema nacional – aqui visto a partir da criação de mecanismos burocráticos e institucionais voltados à administração da educação – caracterizada pela existência de uma ampla gama de escolas mantidas por grupos religiosos, dificultou tal centralização e, como tais grupos e suas lideranças tendem a ser mais influentes sobre os governos de suas localidades, a autonomia dos governos regionais também se fez mais visível no sistema britânico. No caso prussiano/alemão, a formação do sistema nacional de educação foi controlada e financiada pelo Estado em sua representação central, voltada – como foi – à consolidação da nação durante o século XIX. Já a vinculação de orçamento público

hipótese de Soysal & Strang é, para esse caso, duvidosa. A França, mesmo sendo majoritariamente católica, apresentava, em 1870, como visto, um dos mais altos índices de escolarização entre os países europeus.

15 Ver Cubberley, Ellwood, *Op. cit.*, cap. XXIV, p. 645.

à educação, mesmo que tenha existido em vários países, tem no caso norte-americano, como será visto adiante, seu melhor exemplo.

A construção do sistema nacional de educação entre países europeus respondeu também a uma questão econômica. Além da construção de uma unidade nacional, formada por cidadãos observadores das leis e ciosos de seus respectivos governos, educar a população por meio da escolarização foi visto como um mecanismo para ampliação da capacidade produtiva do país. Essa relação entre educação e ampliação da capacidade produtiva – e consequentemente da riqueza – inverte parte da ideia que a educação serviria para que o Estado ampliasse seu poder sobre a população, já que defende a educação formal como meio para o indivíduo qualificar-se para o trabalho. Claro que tal qualificação produziria indivíduos mais produtivos e, consequentemente, a ampliação da riqueza da nação servindo, em última instância, ao desenvolvimento nacional.

Nesse sentido, a relação entre educação e desenvolvimento econômico foi destacada por outros importantes autores do século XIX, como Stuart Mill e Alfred Marshall. Ambos defenderam a educação como fator de incremento do trabalhador que, dessa forma, produziria mais e garantiria ampliação da produtividade e da riqueza. Em determinada passagem, Mill afirma que:

> Uma coisa ainda não bem compreendida e reconhecida é o valor econômico da difusão geral de cultura e da instrução entre a população. O número de pessoas preparadas para dirigir e supervisionar qualquer empresa industrial, ou mesmo para executar qualquer processo praticamente irredutível à memória ou rotina, está quase sempre muito aquém da demanda, como o evidencia a enorme diferença entre os salários pagos a tais pessoas e os salários pagos à mão de obra comum.[16]

Na mesma linha, Marshall, em fins do século XIX afirmava que:

> (...) Nenhuma mudança seria mais conducente a um rápido aumento da riqueza nacional como uma melhoria das escolas (...) Podemos concluir, portanto que não se pode medir as vantagens de consagrar fundos públicos e particulares para a educação do povo apenas pelos seus frutos diretos.[17]

16 Ver Mill, J. S. *Princípios de Economia Política*. São Paulo: Nova cultural, 1986 (Texto originalmente publicado em 1848), p. 109.

17 Ver Marshall, A. *Op. cit.* p. 183.

Nos dois casos, a relação entre a educação e o desenvolvimento econômico fica evidente. No caso de Marshall, a questão é ampliada, já que a educação não aparece mais como algo genérico, mas como formalizada pelo modelo escolar. Mais conhecido por ser um dos principais defensores da formalização matemática na ciência econômica, Marshall dedicou parte de seus estudos tentando mostrar a relação entre a educação e o trabalho e entre ambos e a riqueza nacional. Não muito diferente de Smith e Mill, mas com maior destaque a esta relação, Marshall, afirmava que as atividades escolares deveriam ser vistas socialmente como tão importantes quanto qualquer outra atividade voltada à produção de bens materiais que a educação não poderia ser valorizada apenas pelos seus resultados mais concretos (aumento da produtividade por trabalhador, por exemplo), e sim pela contribuição que dava ao desenvolvimento econômico e também social.

Na passagem citada, Marshall destaca esta posição e diferencia-se dos outros autores citados por incluir, enfaticamente, o financiamento – privado ou público – como fator de melhoria das escolas. Assim, não só confirma a opinião sobre a relação positiva entre desenvolvimento econômico e educação, como o faz pensando em escolas, e não de maneira vaga em educação.[18] Essa passagem é reveladora quando pensamos sobre a época em que foi escrita e a comparamos com o período de Smith. Enquanto este escreveu no final do século XVIII, Marshall escreveu pouco mais de 100 anos depois. A diferença, portanto, é esclarecedora: enquanto Smith falava em educação, de maneira genérica, Marshall falava em financiamento da educação escolar, refletindo um debate de sua época e não da de Smith.

Uma última consideração feita por Marshall confirma a relação que estabelecia entre educação escolar e desenvolvimento econômico, já que em breve passagem alerta sobre o risco que os EUA representavam à liderança tecnológica e industrial britânica por contar com um sistema de escolas públicas melhor que o da Inglaterra.[19]

As considerações feitas pelos autores clássicos – e que certamente influenciavam o debate de suas respectivas épocas, principalmente na Grã-Bretanha, pátria de Smith, Mill e Marshall – acerca da importância da educação para a formação de mão de obra qualificada e, especialmente aquela feita por Marshall sobre qualidade da escola pública norte-americana e sua relação com o avanço científico do país, revela um quadro amplo sobre o debate que envolvia a educação e o desenvolvimento econômico em fins

18 Ver Marshall, A. *Op. cit.* p. 183.

19 Em uma curta passagem aponta que, em seu entendimento, o avanço tecnológico norte-americano do final do século XIX devia-se, parcialmente, aos avanços educacionais que esse país apresentava. Marshall, *Op. cit.*, p. 180.

do século XIX; ou seja, que a educação e os investimentos nela feitos para que se formalizasse em escolarização eram importantes na medida em que melhoravam a mão de obra e, portanto, a produção; assim como precipitavam o avanço tecnológico que era fator de desenvolvimento econômico da nação.

Dessa forma, três itens expostos com maior frequência por esses autores do século XIX estabelecem relações positivas entre educação e sua versão formal, a escola e desenvolvimento econômico: a educação do trabalhador faz com que ele produza melhor e, portanto, receba maiores salários, o que compensa os investimentos que fez em sua própria educação; trabalhadores mais qualificados (ou seja, educados) produzem mais riqueza ao países e não só a eles próprios; e países cujos trabalhadores são mais educados avançam tecnologicamente mais rápido do que outros onde os trabalhadores são menos educados. Estas conclusões seriam feitas após uma comparação entre itens relacionados à educação da população e ao desenvolvimento tecnológico visto em cada país, como aponta Marshall. Embora as conclusões extraídas desses autores inicialmente deem ênfase à questão da especialização por meio da educação do trabalhador individualmente, em um segundo momento apontam para uma dimensão macroeconômica relacionada aos motivos do desenvolvimento econômico de uma nação e, por fim, uma comparação entre países quanto aos seus respectivos níveis educacionais: países com maior desenvolvimento tecnológico alcançariam melhores resultados econômicos. Se sintetizadas estas últimas afirmações, chega-se a uma simples conclusão: países com mais e melhor educação escolar tendem, segundo esses autores, a obter melhores resultados no desenvolvimento econômico.

Porém, esta relação entre educação e desenvolvimento econômico foi apontada com maior ênfase de modo retrospectivo, a fim de estabelecer uma trajetória comum entre o desenvolvimento educacional (e escolar) e o econômico. Já no século XX, autores como Mitch apontaram de forma explícita tal relação: "*Entretanto, o crescimento econômico dos últimos séculos parece guardar estreita relação com a ascensão da escolarização em massa em vários países do mundo.*"[20]

Esta relação também foi apresentada por Pamuk e Zanden, que tentaram mostrá-la a partir de números que explicitam o vínculo positivo entre o desenvolvimento da educação (as taxas de alfabetização), de crescimento econômico e índices de desenvolvimento humano entre países europeus com maiores taxas de alfabetização também

20 Ver Mitch, David. *Education and economic growth in historical perspective.* Em: EH.net (http://eh.net/encyclopedia/article/mitch.education), publicado em 04/02/2010, p. 1.

foram os que obtiveram o maior aumento no Índice de Desenvolvimento Humano entre 1820 e 1870.[21]

Tabela 2. Taxas de alfabetização na Europa, 1820-1870 (capacidade de escrever o nome), em % da população, países selecionados

País	1820	1870
Inglaterra	53	76
França	38	69
Alemanha	65	80
Holanda	67	81
Suécia	75	80
Itália	22	32
Espanha	20	30
Turquia	3	6
Rússia	8	15

Fonte: Pamuk & Zanden (2009)

Os números referentes às taxas de alfabetização na Europa confirmam a discrepância entre os países já que mostram que Alemanha, Inglaterra, França, Holanda e Suécia alcançaram patamares acima de 70% de suas populações alfabetizadas em 1870 (a França, na verdade, alcançou 69%). Por outro lado, em países como Itália, Espanha, Turquia e Rússia, estes números eram consideravelmente inferiores, sendo que os dois primeiros tinham, em 1870, aproximadamente 30% de suas respectivas populações alfabetizadas, enquanto os dois últimos apresentavam números muito baixos, de 6 e 15%, respectivamente, de suas populações alfabetizadas no mesmo ano de 1870. A tabela 3 confirma que entre os países europeus nela apresentados, aqueles que tiveram os maiores números relativos à alfabetização foram os mesmos que apresentaram as maiores estimativas de crescimento econômico entre 1820 e 1913.

21 Ver Pamuk, S. & Zanden, J. L. *Standards of living 1700-1870*. CPER (Center of Political Economic Research), 2009. In: http://www.cper.org/.

Tabela 3. Estimativas do crescimento do PIB per capita em países europeus, 1820-1913(Reino Unido, 1820 = 100)

País	1820	1870	1913
Inglaterra/ Reino Unido	100	187	288
França	72	110	205
Holanda	107	132	237
Suécia	70	97	181
Itália	65	88	150
Espanha	62	71	132
Turquia	40	55	71
Rússia	40	55	84

Fonte: Pamuk & Zanden (2009)

A riqueza alcançada em 1913 pelos países que apresentavam menores taxas de alfabetização também é menor do que aquela alcançada por países cujas taxas de alfabetização eram maiores em 1870. Os casos da Turquia e Rússia são exemplares, já que, com taxas muito baixas de alfabetização em 1870, apresentaram, em 1913, PIB *per capita* menor do que tinham Inglaterra, França, Holanda, Suécia e Itália em 1870. Esta distância é ainda mais clara quando comparados os índices de desenvolvimento humano entre os países, até porque nesse índice é considerado o item alfabetização. Na tabela 4 estes índices são apresentados, sendo menor o desenvolvimento humano quanto mais perto estiver de 0 e, portanto, maior quanto mais perto de 1.

Tabela 4. Índice de Desenvolvimento Humano (0-1) em países europeus, 1820 - 1870 (expectativa de vida, alfabetização e renda)

País	1820	1870
Inglaterra	0.383	0.489
França	0.303	0.456
Alemanha	0.344	0.448
Holanda	0.380	0.473
Suécia	0.403	0.481
Itália	0.221	0.284
Espanha	0.210	0.284
Turquia	0.134	0.182
Rússia	0.182	0.196

Fonte: Pamuk & Zanden (2009)

Portanto, os números relativos ao crescimento e ao desenvolvimento econômico confirmam que os países que alcançaram mais altos patamares econômicos foram aqueles que tiveram maior alcance da escolarização e da alfabetização.

Este relacionamento entre educação formal e economia vem sendo debatido por inúmeros pesquisadores e alguns deles são enfáticos em suas proposições que relacionam educação e alfabetização ao desenvolvimento econômico. Becker, Hormung e Woessmann afirmam que as regiões germânicas, antes da unificação em 1871, que tinham maiores índices de escolaridade e alfabetização tiveram maiores facilidades em se adaptar às mudanças tecnológicas criadoras e derivadas da Revolução Industrial. É como se o nível de escolarização e alfabetização fosse a vantagem comparativa das regiões que mais rapidamente se industrializaram entre os reinos germânicos.[22]

Portanto, a formação dos sistemas educacionais em países europeus durante o século XIX não só foi comum a várias nações, como também apresentou características similares em vários deles, mesmo que os resultados – medidos pelo alcance da escolarização e pelas taxas de alfabetização – tenham sido diferentes entre eles. De qualquer forma os debates e as motivações foram similares e versavam sobre a relevância da educação escolar para a consolidação do poder do Estado ante os grupos particulares e/ou religiosos, a formação da nacionalidade, a incorporação de parcelas da população às leis do país, a ampliação da consciência cívica e, por fim, a ampliação da produtividade, dos salários e, consequentemente, do desenvolvimento econômico e social.

1.2 Américas: as diferenças entre EUA e América Latina

A criação e o desenvolvimento dos sistemas nacionais de educação no continente americano, assim como no caso europeu, também apresentaram diferenças significativas entre os vários países que compõem a região. O maior exemplo é a diferença entre a América do Norte e o restante do continente no que se refere ao alcance da escola e a alfabetização de suas respectivas populações durante o século XIX. Os EUA e o Canadá finalizaram o século com seus sistemas escolares praticamente universais, enquanto países hispano-americanos apresentavam em 1900 números muito inferiores em relação à sua capacidade de garantir o acesso de suas populações à escola e, consequentemente, de alfabetizá-las.[23] O caso mais exemplar e debatido é o dos EUA. Esse debate sobre a formação e o sucesso do sistema escolar estadunidense aponta para duas grandes abordagens:

22 Ver Becker, S., Hornung, E. & Woessmann, L. *Being the educational world leader helped Prussia catch up in the Industrial Revolution?* 2010, May, 09. In: http://voxeu.org/pág. 1.

23 Ver Engerman, S. & Sokoloff, K. *Factor Endowments, Inequality, and paths of development among new world economies.* NBER Papers, 9259, october 2002. Os autores apresentam uma tabela com

a que enxerga na formação colonial as grandes características que teriam amplificado a educação e sua formalização no século XIX, a origem do sucesso da escolarização no país.

A primeira abordagem privilegia a análise de longo prazo, apontando a relação entre os fatores iniciais da colonização, a trajetória institucional e o sistema educacional. Esta relação teria origem na colonização e, principalmente, nas condições iniciais que favorecem, nos EUA, a formação de uma sociedade mais igualitária ou com menor desigualdade social. Isto porque as condições iniciais da colonização em regiões controladas pela Estanha e Portugal ofereciam maiores vantagens na produção de produtos primários feitos em larga escala e com trabalho compulsório operado por grandes contingentes populacionais: no caso espanhol, com a presença de nativos em números expressivos; no caso português, com a intensa transposição de trabalhadores escravos da África para o Brasil. Em ambos os casos, a possibilidade econômica ligada à exploração de matérias-primas, fossem elas minerais ou agrícolas, forjou uma sociedade caracterizada por uma ampla desigualdade social e econômica entre os descendentes de europeus – proprietários da terra e/ou das minas – e os trabalhadores nativos ou africanos.

Esta diferença amparada nas condições iniciais da colonização não teria sido tão exagerada nas colônias da América do Norte. Segundo Engerman e Sokoloff, as regiões do norte do continente relativas as partes dos EUA e Canadá não ofereciam condições iniciais favoráveis à produção de matérias primas em larga escala e, portanto, prescindiam de grandes contingentes populacionais sob a forma de trabalho compulsório. O trabalho, nesse caso, teria sido feito por descendentes de europeus, em escalas menores e, por isso, ensejou uma sociedade menos desigual, com menores diferenças entre os indivíduos e, consequentemente mais homogênea, tanto social como economicamente.[24]

A alegada homogeneidade teria sido reproduzida ao longo do tempo por meio do desenvolvimento de instituições que não só a garantiram, mas também diminuíram possíveis desigualdades. Em outras palavras, sociedades muito desiguais teriam reproduzido essa situação por meio de instituições que mantiveram tais diferenças ao longo do tempo, enquanto sociedades mais equitativas, ao contrário, garantiram tal situação por meio de instituições que produziram essa condição. Entre as instituições

---

os números relacionados ao alcance da alfabetização em países americanos durante o século XIX e início do XX, aqui reproduzida como tabela 8.

24 Engerman, S. & Sokoloff, K. *History Lessons: Institutions, Factor endowments and paths of development in the New World.* Em Journal of economic perspectives, vol. 14, nº 3, 2000.

que reproduziriam a desigualdade ao longo do tempo estariam o direito à propriedade, o sufrágio e a educação.[25]

O direito à propriedade, se visto como o direito ao acesso à propriedade por um número maior de pessoas, sinaliza que, se ampliado, diminui a desigualdade social e econômica; se visto, por outro lado, como um direito que não pode ser ameaçado, inclusive pelo Estado, protege os indivíduos de medidas contrárias à sua condição de proprietário. Em ambos os casos, sociedades mais desiguais tendem a ter uma elite caracterizada pela alta concentração sobre a propriedade, que não só dificulta que outros indivíduos que não façam parte dessa elite tenham acesso à propriedade como também usam tal concentração como fator que a privilegia em relação às medidas tomadas pelo Estado.

Se as condições iniciais eram favoráveis à montagem de um modelo de produção de larga escala, com alta concentração da propriedade sobre a terra e com grandes contingentes de trabalhadores compulsórios, não só a desigualdade seria característica dessa sociedade, mas também tenderia a se reproduzir ao longo do tempo, já que a elite que concentra sob suas mãos a propriedade sobre a terra usaria tal condição para influenciar as decisões do Estado favoravelmente à manutenção de tal desigualdade. E vice-versa: sociedades que não tiveram condições iniciais favoráveis à organização de tal modelo de produção (grandes propriedades, concentradas em mãos de poucos e com extensivo uso de mão de obra compulsória) teriam a propriedade sobre a terra melhor distribuída e, portanto, reproduziriam, ao longo do tempo, a equidade que as caracteriza.

A reprodução dessa equidade na distribuição da propriedade seria garantida, ao longo do tempo, pelo desenvolvimento de instituições que impedissem que as decisões tomadas pelo governo privilegiassem um grupo em prejuízo de outro. Uma das maneiras de impedir tal situação seria ampliando o direito ao sufrágio a um maior número possível de indivíduos. Desta forma, a captura das decisões do Estado por um grupo ficaria cada vez mais difícil de acontecer, dado que a participação ampla via sufrágio estaria garantida.

Por fim, se as decisões do Estado devem ser voltadas a dificultar que um grupo capture suas estruturas, ele torna-se responsável por oferecer à população, ou a maior parte dela, serviços que possam diminuir ou eliminar possíveis diferenças. Neste caso, a educação seria um fator que garantiria a reprodução da igualdade entre os indivíduos desde que fosse oferecida ao maior número possível de pessoas. Além disso, deveria ser

25 Engerman & Sokoloff. *Op. cit.*, p. 227-228.

ofertada em sua formalidade escolar pelo Estado. Ou seja: sociedades mais homogêneas – e menos desiguais, segundo os autores – apresentam em suas trajetórias históricas uma melhor distribuição da propriedade entre os indivíduos no acesso aos serviços oferecidos pelo Estado, entre eles a educação e sua versão formal, a escola.

Esta conclusão permite que nos concentremos no segundo ponto, ou seja, na criação, durante o século XIX, de um sistema nacional de educação nos EUA.

A segunda abordagem, ao localizar as origens do sucesso do sistema escolar estadunidense em mudanças feitas durante o século XIX, privilegia a análise da formação do sistema nacional de educação a partir de três itens: a criação de uma consciência acerca da importância da educação escolar, a formação de um sistema controlado pelo Estado e não por grupos particulares e/ou religiosos e, principalmente, a formação de um sistema educacional público e gratuito que fosse financiado por impostos voltados a esse fim.[26]

No primeiro item (a formação de uma consciência sobre a importância da educação escolar), as dificuldades econômicas enfrentadas pelo país logo após o término da Guerra de Independência (1775-1781), associadas à relativa dispersão e autonomia dos então recém-criados Estados e municípios, dificultaram o direcionamento das preocupações da população à demanda por educação. Ao contrário, as atenções voltaram-se à recuperação econômica imediata, tanto quanto à restauração do comércio internacional pelo governo, abalado pelos confrontos do fim do século XVIII. Esta situação só melhoraria após o segundo conflito entre norte-americanos e britânicos, entre 1812 e 1814, quando a vitória dos EUA não só fortaleceu a União como também resultou em uma nova situação de empolgação e de disposição financeira para construção de um sistema educacional.

Neste período, a educação primária ficou de modo disperso sob a responsabilidade de grupos religiosos, associações escolares privadas e ações individuais. Portanto, os anos imediatamente posteriores ao conflito foram caracterizados pela construção de um modelo escolar que retirasse a responsabilidade sobre a educação dos grupos privados e/ou religiosos e a transferisse para o Estado. Concomitantemente, a estabilidade que o país vivenciou após o conflito de 1812-14 fez com que não só a economia se organizasse, mas também a procura por educação aumentasse.[27]

---

26 Ver Cubberley, Ellwood, *Op. cit.*, cap. XXVI, p. 676-710.

27 A estabilidade vivida pelos EUA após a Guerra contra os britânicos entre 1812-15 (conhecida como Segunda Guerra de Independência) coincidiu com a ampliação dos debates acerca da organização do sistema de educação pública no país. Ver: Cubberley, Ellwood, *Op. cit.*, p. 655-656.

Dessa forma, as escolas sob a responsabilidade dos grupos religiosos não mais suportaram a procura por instrução pela população. Esta transição, que contempla o segundo item elencado (a formação de um sistema público e não controlado por grupos privados e/ou religiosos), foi caracterizada pelo surgimento e/ou crescimento de inúmeras associações educacionais, assim como por movimentos favoráveis à construção de um sistema público de educação primária. Estes movimentos muitas vezes já revelavam duas novidades da sociedade norte-americana: a ampliação do sufrágio e a formação de uma nova classe manifestasse suas reivindicações por meio do voto, assim como por meio de suas organizações sindicais.

Em geral, essas reivindicações apontavam como sendo de responsabilidade do poder público a oferta de educação gratuita para a população. Em um manifesto, publicado em 1832 por uma associação de trabalhadores, ao desenvolvimento de uma sociedade mais igualitária.[28]

Nesse novo contexto, o controle estatal sobre a oferta de educação primária ganhou destaque nas reivindicações sociais, assim como o seu caráter gratuito e público. E, neste caso, a capacidade de financiamento da educação pelo poder público transformou-se em um dos itens mais importantes no debate estabelecido nesse período. A instalação de um sistema que garantia o recebimento pelos municípios de recursos estaduais que seriam responsáveis pelo financiamento da educação, assim como a autorização para que os próprios municípios criassem impostos vinculados ao financiamento da educação, foram vistos como momentos essenciais para a criação de um sistema educacional público e gratuito nos EUA.

Além da criação de um sistema fiscal que vinculasse o recolhimento de impostos ao financiamento da educação, a organização de um sistema educacional gratuito e controlado pelo Estado foi motivo para a estabilização do sistema de educação nos EUA. Neste caso, a atuação de Horace Mann, considerado o 'pai fundador' do sistema educacional norte-americano, foi fundamental na medida em que o senador pelo estado de Massachusetts foi o mentor da campanha pela criação de um conselho estadual da educação, órgão que teria o controle sobre a instrução oferecida pelas localidades, em itens como currículo e funcionamento das escolas. O conselho não só foi criado, como Mann foi nomeado diretor, cargo em que ficou entre 1837, ano em que o conselho foi criado, e 1848.

O modelo defendido por Mann inaugurou em seu estado o controle estatal sobre a educação. Além disso, em conjunto com as leis que vinculavam receitas fiscais à

28 Ver Cubberley, Ellwood, *Op. cit.*, p. 672.

criação e manutenção do sistema público de educação e com a influência que o modelo de Mann exerceu sobre outros estados - que também fizeram seus conselhos replicando o modelo de Massachusetts - é considerado a pedra fundamental do sistema nacional de educação nos EUA.[29]

O federalismo adotado pelo país possibilitou que cada estado erguesse, em datas diferentes, seu respectivo modelo de taxação voltado ao financiamento da educação escolar básica. Por isso, os conselhos estaduais controlavam o currículo e a qualidade do sistema educacional, sendo os municípios os responsáveis pela criação de taxas e financiamento da maior parte dos recursos voltados à educação.[30]

A gratuidade do ensino oferecido pelos estados também revela a descentralização do sistema: cada estado assumiu por completo a oferta de instrução em datas diferentes, o que significa que cada um aboliu o sistema de pagamento pela educação em momento diverso.

29 Ver Cubberley, Ellwood, *Op. cit.*, p. 689-702. Existem inúmeros trabalhos sobre a atuação de Horace Mann na construção do sistema estadunidense de educação pública no século XIX. Entre eles, Hinsdale, Burke Aaron. *Horace Mann and the common school revival in the United States.* C. Scribner's sons, 1898. Especialmente o capítulo IV, no qual o autor descreve e analisa a atuação de Mann na Secretaria de Educação de Massachusetts. Foi durante esse período que, segundo o autor, Mann lançou suas principais ideias acerca da construção do sistema público e gratuito de educação.

30 Ver Cubberley, Elwood, *Op. cit.*, p. 686. O sistema escolar estadunidense era bastante descentralizado e, em linhas gerais, seguia um modelo híbrido no que respeita ao estabelecimento das regras e o financiamento. As regras eram, em geral, estabelecidas pelos estados, enquanto o financiamento era majoritariamente municipal. Ou seja, o estado determinava se ofereceria ou não instrução gratuita, mas os recursos que viabilizavam a oferta de escolas públicas e gratuitas à população tinham origem em taxas municipais. Entre 1890 e 1930, 80% dos recursos voltados à educação básica nos EUA tinham origem nos municípios, enquanto apenas 20% nos estados. Foi só a partir de 1930 que os estados ampliaram progressivamente sua participação nos gastos em educação primária e secundária, enquanto os municípios diminuíram. Em meados da década de 1970, os estados e municípios participavam equitativamente das despesas voltadas à educação básica, com 45% aproximadamente para cada um. O governo federal contribuía com aproximadamente 10%. Esses dados estão apresentados em National Center for Education Statistics.*120 years of American Education: a Statistical Portrait,* p. 32. Disponível em: http://nces.ed.gov/pubs93/93442.pdf.

Tabela 5. Ano inicial de oferta de educação, em estados norte-americanos, sem cobrança de taxa

1834	Pensilvânia	1867	New York
1852	Indiana	1868	Connectcut
1853	Ohio	1868	RhodeIsland
1855	Illinois	1869	Michigan
1864	Vermont	1871	New Jersey

Fonte: Cubberley, Ellwood (1920)

O fato é que, a partir de 1860, havia um sistema nacional de educação nos EUA, sistema esse que, controlado pelos Estados, era mantido por taxas criadas especialmente para esse fim, além de ser público e gratuito. Ao menos os estados do norte e nordeste dos EUA já tinham seus sistemas funcionando, da educação primária à universidade, em meados do século XIX. Os números relativos ao alcance da escolarização e à alfabetização no país revelam o sucesso do sistema adotado.

Tabela 6. Alcance da escolarização primária e secundária nos EUA, 1850 - 1930

População	1850	1860	1870	1880	1890	1900	1910	1920	1930
5-17 anos, em mil	8.662	11.253	11.683	15.066	18.473	21.573	24.011	27.571	31.414
(%) atendida	47,2	50,6	57	65,5	68,9	71,9	74,2	78,3	81,7

Fonte: National Center for Education Statistics. 120 years of American Education: a Statistical Portrait, p. 34. Os números relativos à % de atendimento em 1850 e 1860 referem-se ao intervalo etário entre 5 e 19 anos, assim como o número absoluto da população (em mil) no ano de 1860.

Os números referentes à alfabetização nos EUA revelam que o país alcançou índices similares aos países europeus que mais altos níveis de escolarização apresentaram na segunda metade do século XIX. Entre a população branca dos EUA, a taxa de analfabetismo entre os maiores de 14 anos era, em 1870, de 20%, semelhante, portanto, a Alemanha, Holanda e Suécia. Nesse sentido, é interessante notar que após 1870 há um gradual, mas constante, aumento da população negra alfabetizada nos EUA. Esse fenômeno deveu-se aos resultados da Guerra Civil (1861-1865) e, principalmente, o fim da escravidão em 1863, não obstante a resistência, principalmente dos antigos estados escravistas do Sul em aprovar leis que previssem o financiamento e a oferta de educação pública à população não branca. De qualquer forma, a derrota dos estados separatistas do sul e a abolição da escravidão durante a Guerra Civil ampliou a influência das características dos estados do norte e nordeste estadunidense sobre o restante do país, justamente aqueles que desde a década de 1830 estabeleciam seus sistemas de instrução primária e pública.[31]

Tabela 7. Analfabetismo nos EUA entre pessoas com 14 anos ou mais, 1870 - 1930

	(%) de analfabetos	(%) de analfabetos, população branca	(%) de analfabetos, população não-branca
1870	20	11,5	79,9
1880	17	9,4	70
1890	13,3	7,7	56,8
1900	10,7	6,2	44,5
1910	7,7	5,0	30,5
1920	6,0	4,0	23
1930	4,3	3,0	16,4

Fonte: National Center for Education Statistics. 120 years of American Education: a Statistical Portrait, p. 21

Em suma, a construção de sistemas educacionais no século XIX, tanto na Europa quanto na América, seguiu um roteiro mínimo, comum entre os vários países,

31 Após o fim da Guerra Civil (1861-1865) cujos maiores resultados foram a derrota dos estados escravistas do sul e a abolição da escravidão iniciou-se um período conhecido como Reconstrução (1865-1977). Durante esse período houve uma aproximação política entre membros do Partido Republicano, então formado por lideranças abolicionistas, e ex-escravos alforriados que, representados por uma Agência Governamental conhecida como "The Freedmen´s Bureau", garantiu a instalação de aproximadamente mil escolas para a população negra do sul dos EUA. Além disso, a presença de deputados do Partido Republicano ligados aos 'freedmen' (antigos escravos alforriados) nas Assembleias estaduais sulistas ajudou na aprovação de inúmeras leis favoráveis à criação e expansão da oferta escolar à população negra do sul do país. Sobre isso ver: Anderson, James D. *The Education of Blacks in the South, 1860-1935*. University of North Carolina Press, 1988. Principalmente o cap.1 (Ex-slaves and the rise of universal education in the South, 1860-1880). Ver também: Butchart, Ronald E. *Schooling the Freed People: Teaching, Learning, and the Struggle for Black Freedom, 1861-1876*. University of North Carolina Press, 2010.

que tinha como característica a tentativa, por meio da educação formal, de consolidar o poder do Estado frente aos poderes particulares, especialmente os grupos religiosos – tradicionais controladores da oferta de educação escolar -, assim como garantir a incorporação da população às regras do país, ou seja, formar cidadãos capazes de entender as leis do país e obedecer a elas, além de qualificar a participação pública da população. Em maior ou menor escala, a depender do país em pauta, isso ocorreu nos exemplos dados (Prússia e Alemanha, Inglaterra, França e EUA) e em outros países no mesmo período, mesmo que a velocidade de implementação do sistema nacional de educação e os resultados tenham sido diversos.

A variação, tanto da velocidade quanto do sucesso obtido, dependeu de uma série de especificidades que vão desde as características sociais derivadas dos processos de mudança que cada um vivia, até às características de longo prazo que podem ter influenciado os resultados obtidos. Assim, os avanços do liberalismo e da democracia em fins do século XVIII, os resultados tanto sociais quanto econômicos da Revolução Industrial, o fortalecimento da Prússia e a posterior unificação Alemã, a maior ou menor presença de grupos protestantes, as dificuldades do Estado em impor suas regras sobre grupos particulares e/ou religiosos, a homogeneidade da população, a presença de fatores favoráveis à produção agrícola, os modelos de financiamento, assim como o desenvolvimento econômico influenciaram os resultados que cada país obteve na construção e manutenção de seus respectivos sistemas nacionais de educação.

Nos casos tratados como exemplos, a Prússia – e posteriormente a Alemanha – montou seu sistema nacional a partir da necessidade de imposição do poder do Estado e da validação desse poder após a derrota em 1807 para as forças napoleônicas; no caso britânico, para a consolidação do Estado Nacional, mas principalmente a partir de uma visão utilitarista que associava educação ao desenvolvimento econômico; na França, voltada à reprodução dos ideais que caracterizaram o processo revolucionário de fins do século XVIII e nos EUA para a consolidação da união após a independência e potencializada por características que carregavam desde o período colonial.

Diante de tal diversidade de trajetórias e resultados, foi comum a todos os países a construção ou ao menos a tentativa de construir seus sistemas nacionais de educação; sistemas esses que deveriam ser universais, gratuitos e controlados pelo Estado. Além disso, estes sistemas educacionais refletiriam a consciência sobre a relevância da educação para o desenvolvimento cívico, social e econômico das nações. Portanto, a educação escolar passou a ser vista, durante o século XIX, como um valor a ser defendido pela sociedade, e progressivamente, como uma necessidade e um direito social.

Este debate sobre a relevância da educação e a consequente tentativa de construção de sistemas educacionais não se restringiu aos países europeus industrializados e à América do Norte. Os resultados podem ou não terem sido influenciados pela maior ou menor industrialização dos países, mas a consciência sobre a importância da escolarização foi explicitada mesmo em países que estavam, na primeira metade do século XIX, em fase de formação logo após seus respectivos processos de independência. Em outros termos, na América Latina, assim como na América do Norte, o processo de desenvolvimento da consciência acerca da importância da educação escolar e da construção – ou ao menos tentativa – de sistemas educacionais foi percebido nos países que a compõem.

Assim como os exemplos de Alemanha, Inglaterra e EUA, na América Latina, alguns países também servem como exemplos de nações que viveram o processo de conscientização e criação de sistemas educacionais, mesmo que com algum atraso relativo. Este atraso deveu-se em grande parte aos processos de independência que ocorreram entre 1815 e 1830 e a posterior organização dos Estados Nacionais que surgiram.[32]

De qualquer modo, a questão educacional já aparecia com algum destaque em meados do século XIX em vários países latino-americanos.[33]Na Argentina, por exemplo, a Constituição de 1853 apontava como dever do Estado a oferta de educação primária gratuita e universal, mesmo que os resultados da tentativa de implantação de um sistema nacional de educação tenham sido frágeis até a década de 1870. Após a eleição de Domingos Sarmiento a presidente, em 1868, o país instituiu um sistema nacional de escolas para a formação de professores; sistema que contou com a influência de professores norte-americanos importados pelo governo argentino especialmente para esse fim. Além disso, em 1873 foi criada uma lei que regulamentava o financiamento do sistema escolar por meio de distribuição de recursos feita pelo governo nacional. Influenciado pelo

32 Ver Cubberley, Elwood, *Op. cit.* cap. XXVII. Nele, o autor apresenta, em linhas gerais, alguns discursos, políticas e experiências educacionais latino-americanas.

33 Vale destacar que a questão aqui tratada refere-se à instrução primária e, portanto, não à educação superior. Nesse caso, é conhecida a preocupação da Espanha, durante o período que manteve boa parte do continente americano sob seu controle imperial, em estabelecer instituições de Ensino Superior em suas colônias americanas voltadas à educação da elite local como forma de manutenção da fidelidade e de controle sobre essa elite. Para a questão das Universidades da América Hispânica e de suas funções no Império Espanhol ver Holanda, Sérgio Buarque de. Raízes do Brasil. São Paulo: Cia. das Letras, 1995 (1ª edição de 1936), cap. 4 (O Semeador e o Ladrilhador), pág. 98.

modelo norte-americano, o presidente Sarmiento era um fervoroso defensor do sistema escolar e profundo conhecedor do modelo que se instalara com sucesso nos EUA.[34]

Também no Chile, a questão educacional teve destaque durante o século XIX. Ao lado do caso da Argentina, a experiência chilena é considerada a mais bem sucedida entre os latino-americanos no que concerne ao desenvolvimento educacional no século XIX. Segundo Soifer, a partir do governo de Manuel Bulnes (1841 – 1851), a escolarização chilena vivenciou um rápido crescimento de sua capacidade de atendimento, representada pela ampliação do número de alunos, professores e escolas com taxas acima das relativas ao crescimento populacional.[35]Concomitantemente, ainda segundo Soifer, o Estado chileno organizou uma burocracia voltada à promoção e fiscalização do sistema educacional, incluindo a formação de professores. Esta burocracia, caracterizada pela combinação entre o poder nacional e os provinciais, foi de central importância no avanço da educação chilena que, em fins do século XIX, teria alcançado números suficientemente amplos para caracterizá-lo como sendo um caso de relativo sucesso na América Latina.[36]

Ao contrário de Chile e Argentina, outros países não foram bem-sucedidos na construção de seus respectivos sistemas nacionais de educação, mesmo se comparados aos vizinhos mais próximos. O caso colombiano pode ser tomado como um exem-

34 Ver Cubberley, Elwood, *Op. cit.*, p. 717-718. O autor revela que Sarmiento, antes de tornar-se presidente da Argentina, esteve nos EUA para, entre outros, conhecer o sistema educacional do país. Lá, aproximou-se de Horace Mann, com quem manteve relacionamento pessoal e em quem se inspirou para montar o sistema educacional argentino durante sua presidência (1868-1874). As propostas de implantação do sistema educacional na Argentina durante o século XIX são tratadas por dois trabalhos de história comparada entre o país platino e o Brasil. São eles: Souza, E. F e Campos, N. *História comparada: Uma possibilidade de escrita da história da educação brasileira e argentina.* Em: Imagens da Educação, v.1, nº 3, p. 21-30, 2011. Em: *www.periodicos.uem.br/ojs/index.php/ImagensEduc/article/.../7964*; e Ascolani, Adrián e Vidal, Diana Gonçalves (orgs.). *Reformas educativas no Brasil e na Argentina - ensaios de História Comparada da Educação (1820-2000).* São Paulo: Cortez, 2009.

35 Ver Soifer, Hillel David. The *sources of infrastructural power. Evidence from nineteenth- century chilean education.* Em: Latin American research review, vol. 44, nº 2, p. 158-180. 2009, Latin American Studies Association. Disponível em: lasa.international.pitt.edu/larr/prot/.../soifer_44-2.pdf.

36 Ver Soifer, *Op. cit.*, p, 166-168. Os números apresentados por Soifer mostram que em 1853, aproximadamente 30 mil indivíduos chilenos estavam matriculados em escolas primárias no país, enquanto que em 1903, esse número alcançou aproximadamente 170.000 matrículas. A população total chilena em 1850 era de 1,3 milhão de pessoas, e em 1900, de 2,9 milhões. Ou seja, enquanto a população pouco mais que dobrou, o alcance do sistema escolar multiplicou-se por 5,5 aproximadamente. Sobre a população chilena ver: Brea, Jorge. *Population Dynamics in Latin America.* Em: Population Bulletin, vol. 58, nº 1, março de 2003, p. 7. Publicado por Population Reference Bureau. Disponível em: http://www.prb.org/Source/58.1PopulDynamicsLatinAmer.pdf.

plo de fracasso por motivos relacionados às dificuldades em garantir a oferta escolar em um ambiente de baixa capacidade econômica. Por outro lado todos os itens que compunham o debate sobre a escolarização em países europeus manifestaram-se na Colômbia: a separação entre educação e grupos religiosos, a nacionalização do sistema educacional como ferramenta para a ampliação do poder estatal, a educação voltada à formação de consciência cívica e ampliação do alcance da lei, a relação entre educação e desenvolvimento econômico, assim como a formação de uma burocracia pública voltada à construção e fiscalização do sistema educacional, combinada entre o poder central e o das localidades, e responsável pelo gerenciamento da oferta de educação primária, pública e gratuita. Todos estes itens apresentaram-se nos debates e nas políticas implantadas na Colômbia durante o século XIX.[37]

O fracasso, segundo Ramirez e Salazar, esteve ligado às dificuldades em ampliar o acesso da população à educação escolar em uma sociedade econômica e socialmente muito desigual e às amplas diferenças regionais, o que dificultava a homogeneidade nas ações, financiamentos e, consequentemente, nos resultados educacionais.[38]

Questões similares surgiram em outros vários países latino-americanos, tais como Peru e Uruguai.[39] E mesmo que os resultados obtidos por cada um tenham sido diferentes, a presença da questão educacional esteve em todos eles, caracterizando-a como um tema comum às nações que, durante o século XIX se organizavam e/ou se consolidavam.

37 Ver: Ramirez, Maria Teresa e Salazar, Irene. The *emergence of education in the republic of Colombia in the nineteenth century: where did we go wrong?* Texto não publicado. Disponível em: www.international.ucla.edu/.../ramirezsalazar.pdf

38 As autoras destacam a fragilidade dos mecanismos de financiamento da educação básica na Colômbia durante o século XIX como um dos motivos do fracasso na implantação de um sistema escolar no país, ao lado da estrutura social marcada pela desigualdade e pela escassez de imigrantes. Essa discussão sobre os recursos voltados à educação, assim como sua origem, será relevante para quando apresentarmos o caso brasileiro. Ramirez e Salazar, *Op. cit.* págs. 6-8.

39 Para os casos peruano e uruguaio, ver Cubberley, Elwood, *Op. cit.*, cap. XXVII, págs. 317-318. Alguns resultados da escolarização nos países do continente americano são apresentados por Engerman & Sokoloff. *Economic development in the Americas since 1500: endowments and institutions.* Cambridge University Press, 2002. Cap. 5 (The evolution of schooling – com Elisa Mariscal), págs.121-167.

Tabela 8. Índices de alfabetização em alguns países americanos em anos selecionados

País	Ano	Idade	Alfabetização (% da população)
Argentina	1869	6+	23.8
	1895	6+	45.6
	1900	10+	52
	1925	10+	73
Brasil	1872	7+	15.8
	1890	7+	14.8
	1900	7+	25.6
	1920	10+	30
Chile	1865	7+	18
	1885	7+	30.3
	1900	10+	43
México	1900	10+	54
Uruguai	1900	10+	54
	1925	10+	70
Canadá	1861	Toda população	82.5
EUA	1870	10+	80
	1890	10+	82.7
	1910	10+	92.3

Fonte: Engerman & Sokoloff, 2002.

Portanto, as experiências latino-americanas na construção e expansão de sistemas nacionais de instrução primária, se comparadas às vividas pelos norte-americanos, podem ser tratadas como fracassadas, mesmo com os relativos sucessos de Chile e Argentina. Em comum, os países latino-americanos tinham um histórico de desigualdade e uma dificuldade em dirimir tal desigualdade por meio da ampliação do acesso da população aos direitos que, no século XIX, eram tratados como parte da formação e consolidação dos Estados Nacionais, entre eles a educação básica. A falta de financiamento adequado parece ter sido, em inúmeros casos, um dos motivos mais relevantes para tal fracasso. No caso brasileiro e no debate que trata a história da educação no Brasil, a questão do financiamento também é, como veremos, um dos itens mais comentados.

1.3 Algumas características da educação brasileira no século XIX

Assim como ocorria na Europa, nos EUA e na América hispânica, a questão educacional também foi pauta relevante das discussões que ocorriam no Brasil durante o século XIX. Essa relevância pode ser vista, grosso modo, por meio dos mesmos itens que compuseram a discussão em outros países.

Dessa forma, é possível entender a questão educacional no Brasil do século XIX pela formalidade da lei; pelo debate que revela a criação de uma consciência acerca da importância da educação e da escolarização para a construção do Estado Nacional, assim como para o desenvolvimento econômico; pelas manifestações de algumas lideranças do período; pela formação de uma burocracia voltada à implantação e manutenção de um sistema educacional e modelos pedagógicos; pelos gastos públicos voltados à educação e pelos números que revelam o alcance e os resultados educacionais, como a oferta de escolas públicas, número de alunos matriculados e taxas de alfabetização.

A discussão sobre a necessidade de construção de um sistema educacional e escolar no Brasil apareceu, formalmente, logo após a independência, durante o breve funcionamento da Assembleia Constituinte de 1823.

Nessa Assembleia, convocada pelo imperador D. Pedro ainda em 1822 e cuja responsabilidade maior era a escrita da Constituição brasileira, a questão educacional apareceu inúmeras vezes vinculada à construção da nação e, inspirada por ideais liberais de então, como um direito dos cidadãos e um dever do Estado. Na Fala do Trono, que inaugurou os trabalhos da Constituinte, o imperador D. Pedro já apontava que "todas essas coisas (do ensino) devem merecer-vos suma consideração".[40]

Durante a vigência dessa Assembleia, foram criadas comissões responsáveis pela elaboração de projetos que viriam a ser transformados nos itens da Constituição; entre elas, a Comissão de Instrução Pública, responsável pelas propostas que seriam feitas relativas à educação, e que apresentou dois projetos de lei: Tratado de Educação para a Mocidade e Criação de Universidades. Inspiradas pelas ideias de José Bonifácio acerca da necessidade da instrução popular para a construção de um regime constitucional, e pela defesa de uma educação popular como dever do Estado feita por Martin Francisco Ribeiro D´Andrada Machado, estas ideias foram debatidas pela Assembleia

40 Ver Moacyr, Primitivo. *A Instrução e o Império: subsídios para a história da educação no Brasil*. São Paulo: Ed. Nacional, 1936. v.3, p. 31.

e, independentemente de terem sido bem-sucedidas ou não, identificam a presença da questão educacional nos primórdios da construção do Estado Nacional brasileiro.[41]

Esse debate instalado na Assembleia acerca da questão educacional culminou na elaboração de três artigos que compunham o projeto constitucional: artigo 250, que afirmava que "Haverá no Império escola primária em cada termo, ginásios em cada comarca e universidades nos mais apropriados locais."; artigo 251, que determinava a responsabilidade do governo nacional sobre a instituição de leis e decretos acerca do número e da constituição de estabelecimentos úteis à educação; e o artigo 252, que instituía a liberdade de ensino por meio da afirmação de que "é livre a cada cidadão abrir aulas para o ensino público, contanto que responda pelos abusos". Ainda segundo o projeto constitucional apresentado em 1823, em seu artigo 254, o Estado ofereceria uma educação voltada à catequese e civilização dos índios, assim como educação religiosa e voltada ao desenvolvimento de habilidades industriais aos negros emancipados.[42]

De fato, o projeto de Constituição apresentado pela Assembleia de 1823 não foi promulgado, já que ela foi dissolvida pelo Imperador em novembro do mesmo ano, após desentendimentos entre ele e os constituintes.[43] A Constituição outorgada em 1824, escrita por um conselho cujos membros foram escolhidos pelo próprio Imperador, ainda que não fosse tão transparente a respeito da educação como um direito do cidadão e um dever do Estado, manteve tais perspectivas em seu texto. Em seu artigo 179, confirmava que a instrução primária seria gratuita para todos os cidadãos e que os colégios e universidades ensinariam os elementos das ciências, belas letras e artes.[44]A gratuidade do ensino primário oferecido pelo Estado era pouco comum no período e, não obstan-

41 Os debates, assim como as propostas relativas à questão educacional, feitos durante a vigência da Assembleia Constituinte de 1823, são expostos e analisados em Ferronato, Cristiano de Jesus. *Construindo uma nova ordem: o debate educacional na Assembleia Constituinte de 1823.* (dissertação de Mestrado, UFPB, 2006). O capítulo 3, em especial (Assembleia Geral Constituinte e Legislativa do Império do Brasil: a Instrução e o nascimento do novo Estado), apresenta as propostas feitas na Assembleia, destacando a formação da Comissão de Instrução Pública e as propostas apresentadas por Martin Francisco (p. 101-103 e 125-127, respectivamente). Ver também para o mesmo tema: Chizzotti, Antônio. *A Constituinte de 1823 e a Educação.* Fávero, Osmar (org.). *A educação nas constituições brasileiras. 1823 - 1889.* Campinas: Editores Associados, 2001.

42 Ver Peres, Tirsa Regazzini. *Educação Brasileira no Império.* Em: Palma Filho, J.C. *Pedagogia Cidadã - Cadernos de Formação - História da Educação.* 3ª ed. São Paulo: PROGRAD/UNESP/ Santa Clara Editora, 2005, p. 32.

43 Ver Peres, *Op. cit.*, p. 33.

44 Ver Peres, *Op. cit.*, p. 33-34

te ter sido frágil o resultado, apontava que a questão educacional era vista como sendo parte da construção do Estado e relevante para o desenvolvimento do país.

Assim, a questão educacional, como um item de destaque no debate e na construção do Estado brasileiro, teve alguns outros momentos de relevo. Entre 1824 - ano de outorga da Constituição - e 1834, ao menos duas mudanças importantes ocorreram com a questão educacional: a elaboração, pela Comissão de Instrução Pública da Assembleia Legislativa, de um plano integral de Instrução Pública em 1826; e, em 1827, a aprovação da lei que regulava a existência de escolas de primeiras letras em todas as cidades, vilas e locais mais populosos. Além disso, a Lei Geral de 1827 regulava também o currículo escolar, determinando entre outras questões, o uso do método de ensino mútuo (ou Lancasteriano). Esse método, usado em outros países, baseava-se no uso de monitores – alunos mais avançados – para multiplicar o ensino. Para isso ocorrer, era necessária uma estrutura muito bem definida, que deveria contar com arranjos de sala de aula para cem ou mais alunos, uso de materiais apropriados e definição dos conteúdos de modo rigoroso, a fim de serem graduados com precisão para facilitar a escolha dos monitores responsáveis.[45]

Essas mudanças, que confirmavam a educação primária como um direito dos cidadãos e um dever do Estado, apontavam para a descentralização da responsabilidade sobre a educação. Isto porque, se, por um lado, até 1834, a responsabilidade sobre o financiamento da instrução recaía sobre o governo imperial, por outro a fiscalização das escolas já estava sob a responsabilidade local desde 1824. E mesmo que o plano de 1826 não tenha sido inteiramente aprovado, a confirmação da responsabilidade do Estado em oferecer educação primária gratuita foi mantida.

A responsabilidade sobre o financiamento e oferta de instrução primária pelo Estado por meio do governo central, por um lado, mas, que não contava com amparo legal sobre a origem da receita destinada a esse fim, por outro, gerou um debate que, se ampliado, inseriu-se em um tema maior sobre a divisão de competências entre as esferas que compunham o país: o governo central, as províncias e os municípios. Para a questão educacional essa discussão significou a definição de que às províncias caberia a responsabilidade sobre a instrução primária, deixando ao governo central a responsabilidade sobre o ensino superior, além da educação básica na capital, Rio deJaneiro. Tal definição vinculava-se à aprovação, em 1834, do Ato Adicional à Constituição de 1824, reforma

45 As propostas relativas à instrução feitas entre 1824 e 1827 são apresentadas resumidamente por Peres, *Op. cit.*, p. 33-35. Para um estudo detalhado ver: Silva, Geraldo Bastos. *A ideia de uma educação brasileira e a lei de 15 de outubro de 1827*. Em: *Revista Educação*. Brasília, v.6, nº 24, p. 8-17, abril/setembro de 1977.

que redefiniu a divisão das competências entre o governo do Império e os provinciais. Com um forte apelo descentralizador, o Ato Adicional ampliou as responsabilidades provinciais, mas não as municipais, deixando não só a responsabilidade sobre a oferta de instrução primária como também sobre a fiscalização em mãos das províncias. Portanto, a partir de 1834, a construção e a manutenção de um sistema nacional de educação básica couberam às províncias. Foram elas, então, as responsáveis pela organização de uma burocracia voltada à formulação e implantação dos projetos escolares e das escolas, assim como pelo financiamento de todos os itens que compunham o sistema escolar, como prédios, matérias pedagógicas, livros e professores.[46]

Como veremos, a instrução passou a ser item dos mais relevantes na lista de despesas provinciais a partir de então.[47] Esse modelo, que deixava às províncias a responsabilidade sobre a oferta de educação primária manteve-se por todo o Império e mesmo após a proclamação da República, entre 1889 e 1930, não obstante o processo de centralização imperial operado a partir de 1837.

Além das questões relacionadas à distribuição da responsabilidade sobre a oferta e a administração da educação primária entre governo central e governos regionais (provinciais no Império, estaduais na República), há outras maneiras de identificar a relevância da educação na história brasileira. Uma delas é a presença de legislação educacional. Nesse caso, além da Lei Geral de 1827, já comentada, duas grandes reformas foram apresentadas durante o Império a fim de determinar as re-

46 É extensa a produção historiográfica sobre o Ato Adicional de 1834 e a descentralização que propôs e que resultou em redistribuição das competências e responsabilidades entre o governo Imperial e as províncias. Essa questão, assim como a bibliografia a ela relacionada, será discutida nos capítulos 2 e 3. Sobre os impactos do Ato Adicional na questão educacional ver: Castanha, André Paulo. *O Ato Adicional de 1834 e a instrução elementar no Império: descentralização ou centralização?* (tese de doutoramento) Universidade Federal de São Carlos (UFSCAR), Programa de pós-graduação em Educação. 2008. Ver especialmente Primeira Parte, capítulos 1 e 2 (p. 31-131).

47 As despesas do governo imperial com educação básica restringiram-se à manutenção da instrução primária e secundária no Município da Corte (Rio de Janeiro). José Murilo de Carvalho ao analisar as despesas imperiais conclui ser possível dividi-las cronologicamente em duas fases: a primeira teria sido majoritariamente voltada à construção do Estado por meio da criação de sua burocracia. Por isso, teria sido caracterizada por altos gastos com o que chama de despesas administrativas (Justiça, Defesa, Governo Geral e Serviço da Dívida). A segunda fase, a partir de 1850, teria sido caracterizada pela ampliação das despesas econômicas, principalmente ligadas à infraestrutura de transporte. Os gastos sociais, onde estavam incluídos os gastos com educação e cultura, saúde pública, assistência social e gastos com escravos foram pouco alterados durante o período imperial, não ultrapassando 10% do orçamento nacional. Ver Carvalho, José Murilo de. *A Construção da Ordem. O Teatro das Sombras.* Rio de Janeiro: Editora UFRJ/RelumeDumará, 1996, parte II, cap. 1 (O orçamento imperial: os limites do governo), p. 251-267.

gras de funcionamento da educação básica no país: a Reforma Couto Ferraz, de 1854, e a Reforma Leôncio de Carvalho, de 1879. Em ambas, mesmo que fossem especificamente voltadas à organização da instrução pública primária sob o controle do governo imperial, ou seja, sobre a educação básica no município da Corte, estavam previstos itens que ampliavam ao menos alguma influência do governo central sobre o que ocorria nessa matéria nas províncias.[48]

No ano de 1854, uma série de medidas voltadas à reorganização do ensino no país foi efetivada a partir de uma reforma proposta pelo Ministro Couto Ferraz. A Reforma Couto Ferraz buscava uma reorganização do ensino que pudesse uniformizá-lo no país, a fim de criar uma unidade educacional. O documento apresentado pelo então Ministro continha cinco partes, sendo duas delas – a primeira e a segunda – voltadas especialmente à educação primária. Em geral, a ênfase na educação primária voltou-se ao ensino, mas também à organização e administração, como atestam os itens referentes ao regimento de professores e diretores e à inspeção das escolas públicas e particulares. Contudo, vale ressaltar que o documento, mesmo tendo sido feito pelo governo do Império e, portanto, restrito à educação primária da Corte, serviu de modelo às províncias, cuja organização curricular da instrução primária seguiu boa parte do que era proposto pela reforma Couto Ferraz. Além disso, o próprio texto da Reforma segundo Tambara e Arriada,

> explicitamente buscava alcançar a instrução pública provincial, como se vê no parágrafo 5º do artigo 3º, que estipula como uma das incumbências do inspetor geral (da Instrução Pública do Império) coordenar os mapas e informações que os presidentes das províncias remeterem anualmente ao Governo sobre a instrução primária e secundária e apresentar um relatório circunstanciado do progresso comparativo neste ramo entre as diversas províncias e o

---

48 As duas grandes reformas que trataram do ensino primário no Império foram, de fato, além da lei Geral de 1827, a de 1857 (Couto Ferraz) e a de 1879 (Leôncio de Carvalho). No final do Império, a Câmara dos deputados encomendou a três de seus membros – Rui Barbosa, Tomas Spíndola e Ulisses Pereira Viana – uma revisão da legislação educacional e a montagem de uma proposta de reforma. Desta encomenda surgiram os Pareceres de Rui Barbosa, de 1882 e 1883. Porém, como afirma Marcílio, "Seus Pareceres (os de Rui Barbosa) nem sequer foram apreciados pela Câmara. Mas as ideias e as propostas de Rui Barbosa serviram de âncora, de fundamentação, para monitorar as reformas futuras. Nessas condições a Reforma de Leôncio de Carvalho continuou sendo válida até o fim do Império.". Ver Marcílio, Maria Luiza. *História da Escola em São Paulo e no Brasil*. São Paulo: Instituto Fernand Braudel/Imprensa Oficial do Estado de São Paulo, 2005, p. 128-137.

> Município da Corte, com todos os esclarecimentos que a tal respeito puder ministrar.[49]

Ou seja, a questão da educação pública novamente aparecia nas discussões oficiais do país não só com destaque, mas também como um item essencial à formação do Estado Nacional. Segundo Saviani, a Reforma proposta em 1854

> pelo ângulo das finalidades da escola, absorvia a noção iluminista do derramamento das luzes por todos os habitantes do país, o que trazia como corolário: obrigatoriedade aos pais, tutores, curadores ou protetores que tiverem em sua companhia meninos maiores de 7 anos de garantirem o ensino pelo menos de primeiro grau, implicando por consequência, a obrigatoriedade para as crianças de frequência às escolas.[50]

A outra grande reforma da educação ocorrida no Brasil do século XIX foi aquela proposta pelo então Ministro Leôncio de Carvalho, em 1879. Nela, decidiu-se, novamente, que o governo imperial legislaria sobre o funcionamento da instrução primária e secundária no município da Corte, já que a educação básica continuava sob a responsabilidade das províncias. E, assim como na reforma Couto Ferraz, reafirmava a obrigatoriedade ou compulsoriedade imposta às famílias em manterem seus membros nas escolas básicas. Contudo, alguns itens dessa reforma foram adiante no que tange ao avanço do governo central sobre a autonomia provincial em manter, legislar e inspecionar a instrução primária. Principalmente em relação ao último ponto, a Reforma Leôncio de Carvalho ampliava a fiscalização feita pelo governo central sobre as escolas das províncias (artigo 15).

Portanto, os itens que compuseram a experiência educacional de outros países durante o século XIX, tais como a construção e manutenção de um sistema nacional de educação, a educação como formadora de cidadãos, a universalização, compulsoriedade e o financiamento público da instrução também apareceram no Brasil, se

---

49 Tambara, Elomar e Arriada, Eduardo (orgs.). *Coletânea de Leis sobre o ensino primário e secundário no período imperial brasileiro: Lei de 1827; Reforma Couto Ferraz – 1854; Reforma Leôncio de Carvalho – 1879*. Pelotas: Ed. Seiva, 2005, p. 31.

50 Saviani, Demerval. *O legado educacional do 'breve século XIX' brasileiro*. Em: Saviani, Almeida, Souza e Valdemarin. *O legado educacional do século XIX*. Campinas: Autores Associados, 2006, cap.1, p. 20.

vistas tais questões por meio da legislação e das reformas propostas em diferentes momentos do Império brasileiro.[51]

A presença da questão educacional nos debates ocorridos no século XIX, no Brasil, pode ser vista também por outros meios. A relevância da educação como um item indispensável na construção da nação e no desenvolvimento econômico aparece em fontes diversas, desde escritos, discursos e ações de reconhecidas lideranças e na montagem de órgãos públicos voltados à organização da educação no país.

Assim como usamos os escritos para sinalizar a relevância da questão educacional em países europeus, e ações de lideranças públicas para o caso norte-americano, no Brasil do século XIX alguns exemplos podem ser comparados e usados para o mesmo fim.

Esta proposta, já feita e desenvolvida por alguns pesquisadores, possibilita que identifiquemos em representantes de destaque da intelectualidade e/ou da vida pública nacional a consciência que aparentavam ter sobre a relevância da educação para o desenvolvimento econômico e as propostas que faziam para o estabelecimento e progresso da instrução no país.[52]Do mesmo modo é possível identificar não só o que diziam e pensavam, mas também como o debate foi se transformando durante o século.

Os exemplos de autores, por ordem cronológica, são Visconde de Cairu, Bernardo Pereira de Vasconcelos, Zacarias de Góis e Vasconcelos e Rui Barbosa, escolhidos não só pela relevância que tiveram cada qual à sua época, mas também porque representam, respectivamente, momentos diferentes do século XIX: Cairu, entre 1800 e 1830; Bernardo Pereira de Vasconcelos nas década de 1830 e 40; Zacarias de

---

51 Para a Reforma Leôncio de Carvalho, ver Peres, *Op. cit.*, p. 43; Saviani, *Op. cit.*, p. 23-27.

52 Esse tipo de trabalho que associa a biografia de algumas lideranças políticas de destaque e suas atuações públicas ao debate sobre questões educacionais foi feito, entre outros, por Lazarini, A.Q., Murasse, C.M. e Silva, S.M. *A contribuição de Bernardo Pereira de Vasconcelos (1795-1850) para a história da educação brasileira.* Em: Revista HISTEDBR on-line, v. 10, p. 20-25, 2003. Campinas. Disponível em: www.histdbr.fae.unicamp.br/revis/revis10/rev10.html.
Também por Sales, Z.E.S. de. *Educação em Bernardo Pereira de Vasconcelos: plano de estudos para a província de Minas Gerais.* Texto apresentado no IV Congresso de Pesquisa e Ensino de História da Educação em Minas Gerais. Juiz de Fora, 2007.
Disponível em: www.fae.ufmg.br/portalmineiro/conteudo/externos/4cpehemg/textos/pdf/2c_1.pdf
Ver Também Murasse, C.M. *A Educação no processo de organização e consolidação do Império do Brasil: O pensamento de Bernardo Pereira de Vasconcelos (1795 - 1850) e de Zacarias de Góes e Vasconcellos (1815-1877).* Disponível em:
www.histedbr.fae.unicamp.br/acer_histedbr/seminario/seminario7/TRABALHOS/C/Celina%20Midori%20Murasse.pdf

Góis, nas década de 1850 e 60 e, por fim, Rui Barbosa, nos últimos momentos do Império e início da República.

José da Silva Lisboa, o Visconde de Cairu, considerado um dos pioneiros do estudo da Economia no Brasil, assim como reconhecido leitor de Smith, foi homem influente no debate público brasileiro no início do século XIX, quando defendeu em inúmeros escritos aquilo que considerava ser a instalação no Brasil de uma 'ordem natural' amparada pelo livre comércio e pela instalação de um governo liberal. Contemporâneo de eventos significativos para o entendimento do período, principalmente da Abertura dos Portos de 1808 e da assinatura dos tratados de 1810, Cairu acreditava estar nascendo no Brasil uma nova realidade que, para ele, era a concretização de algumas das teses de Adam Smith.[53]

Coerentemente com sua defesa dos escritos da economia política de Smith, Cairu, no pouco que escreveu sobre educação, afirmava, mas de modo vago, que a difusão da inteligência deveria ocorrer antes da instalação de fábricas, sendo que esta inteligência se associava às ciências e às artes e, portanto, às áreas características da educação liberal. E, também, que não estando as ciências e as artes desenvolvidas no Brasil, a instalação de indústrias naquele momento seria uma antecipação perniciosa do processo de industrialização em um ambiente de competição entre as produções dos variados países.

De qualquer forma e, novamente sob a influência do pensamento de Smith, Cairu timidamente atribuía esta situação da baixa adaptação do Brasil à industrialização à falta, entre outros motivos, de mão de obra educada para sustentar o modelo fabril. Assim como nos escritos de Smith, porém ainda mais vago, a educação para Cairu aparece como formadora de mão de obra, mesmo que, em seus escritos, não seja tratada de modo formal, ou seja, como proposta de escolarização da população.[54]

Esta perspectiva apresentada por Cairu mudou significativamente nas décadas de 1830 e 40. Após os debates da Constituinte de 1823, de inspiração iluminista e liberal, e da outorga da Carta Constitucional de 1824, a educação e sua versão formal e transformaram em pauta corrente de documentos oficiais e de textos e declarações de homens públicos contemporâneos. Isto principalmente porque, como vimos, a Carta de 1824 incluiu entre os deveres do nascente Estado brasileiro a oferta de instrução básica como um direito do cidadão.

---

53 Sobre a aproximação intelectual entre Smith e Cairu, ver Rocha, Antônio Penalves. *Economia e política no período Joanino*. In: Lapa, J. R. do A. e Szmrecsányi, T. *História Econômica da Independência e do Império*. São Paulo: Edusp/Imprensa Oficial/Hucitec/ABPHE, 1996.

54 Lisboa, J. da S. (Visconde de Cairu). *Observações sobre a franqueza da indústria e estabelecimento de fábricas no Brasil*. Brasília: Senado Federal, 1999 (texto original de 1810).

Dessa forma e nesse contexto, a consciência acerca da relevância da educação ganhou amplitude se vista pela atuação e pelos escritos de homens públicos em comparação às manifestações ainda vagas e presas à relação entre educação e crescimento econômico vistas nos escritos de Cairu. Neste caso, um dos destaques foi a atuação e os escritos de Bernardo Pereira de Vasconcelos. Deputado por Minas Gerais e conselheiro da mesma província, Pereira de Vasconcelos foi um dos responsáveis pela proposta de organização do ensino primário mineiro durante a década de 1820. As justificativas dadas por Pereira de Vasconcelos ao seu projeto são vistas por parte da literatura como uma inspiração da Lei Geral da Educação de 1827.

Detalhistas em relação à organização burocrático-administrativa, aos métodos de ensino, ao papel do professor - incluindo questões salariais - e à necessidade de ampliação do número de escolas de modo a garantir a oferta de instrução pública por toda a província, as propostas do deputado mineiro durante sua participação no Conselho de Minas Gerais assumiam a responsabilidade da província sobre a instrução primária antes do ato Adicional de 1834, assim como revelava a opinião que tinha sobre a necessidade de criação de um modelo escolar amplo e que atendesse à população de modo geral, incluindo neste caso, as mulheres. Pereira de Vasconcelos viria a ser, nas décadas de 1830 e 40, um dos principais homens da política nacional, reconhecido pela relevante participação no debate entre liberais e conservadores, principalmente na formação do partido Conservador. O certo é que a vida pública de Pereira de Vasconcelos é uma das mais destacadas do período, motivo que revela que o debate do qual fazia parte não era marginal e muito menos pouco conhecido no país.[55]

Já na segunda metade do XIX, particularmente nas décadas de 1850 e 60, um dos homens públicos que ganhou destaque no país ao falar de educação foi o baiano Zacarias de Góis e Vasconcelos. Presidente de três províncias (Piauí, Sergipe e Paraná), Góis e Vasconcelos, além de senador, deputado, ministro e professor na Escola de Direito de Olinda, onde também estudou, foi reconhecido pelo trabalho que fez como presidente da província do Piauí em relação à instrução e à criação de escolas primárias.[56]Porém, foi como primeiro presidente da província do Paraná que se destacou pela consciência que demonstrou ter em relação à relevância da educação para o desenvolvimento e pelas propostas acerca da organização da oferta de escola primária pela província que presidia. No primeiro relatório que fez como presidente do Paraná, em 1854, Góis e Vasconcelos apresentou um plano para a organização do ensino pri-

55 Ver Lazarini, Murasse e Silva, *Op. cit*; Murasse, *Op. cit*; e Sales, *Op. cit*.

56 Ver Murasse, *Op. cit*.

mário na província, dividindo-o em sete partes: Vencimento dos professores; Inspeção; Objeto e graus do ensino; Ensino obrigatório; Método a adotar-se nas escolas; Número de alunos essencial a existência das aulas; e Escolas do sexo feminino.[57]

Seria ainda presidente da Sociedade Propagadora das Belas Artes do Rio de Janeiro, responsável pela oferta de educação profissional aos trabalhadores da capital do país. Contudo, mais do que o perfil de Góis e Vasconcelos, ou de qualquer outro, o importante é que estes autores e/ou homens públicos representavam o debate sobre a relevância da educação, os projetos que eram propostos e aprovados sobre a organização escolar e da instrução pública, além de revelarem, se vistos como representantes de seus períodos, a trajetória que o debate teve no século XIX.

Desta forma, as manifestações de lideranças públicas destacadas possibilitam que identifiquemos a presença durante o século XIX de um debate e de uma consciência, muitas vezes seguida de ações, sobre a relevância da educação para a formação e desenvolvimento do país. Nada muito diferente, portanto, do que ocorria em outros países. Em breve passagem, retirada de um discurso feito na Câmara de deputados em 1875, o deputado Cunha Leitão assim afirmou:

> O Brasil, senhores, não tem ainda uma educação nacional (...) É na escola que se prepara a educação nacional; será pela escola que se há de conseguir a consolidação de nossa unidade política. O meio de assim erguer e reabilitar a escola é organizar a instrução do Império segundo um plano geral, e dar à escola a feição especial que o século XIX lhe tem assinalado.[58]

Ou seja, está clara nos dizeres do deputado a formalização da educação escolar como preocupação e proposta, além do papel exercido pela escola no século XIX.

Além disso, as posições dos personagens destacados mostram como eles acompanharam a trajetória vista em outros países, assim como os itens que a compunham, como a discussão sobre a oferta e financiamento da educação pelo Estado, sobre a criação de legislação específica e sobre a estrutura burocrática voltada à administração escolar.

57 Sobre a instrução na província do Paraná, ver: Castanha, A.P. e Guarnieri, M.C. da Silva. *A organização da educação no Paraná provincial. 1853 - 1889*. Em: Educere & Educare. Revista de Educação. Vol. 1, nº 2, jul/dez. 2006, p. 57 - 71. Disponível em: e-revista.unioeste.br/index.php/educereeeducare/article/view/168/110

58 Citado por Haidar, Maria de Lourdes M. *O ensino secundário no Império brasileiro*. São Paulo: Grijalbo/EDUSP, 1972, p. 45.

No último quarto do século XIX, os Pareceres de Rui Barbosa apresentados à Câmara de deputados em 1882 e 83, indicam mais um passo desta trajetória da discussão sobre educação no Brasil. Em franco debate com a Reforma Leôncio de Carvalho, os Pareceres de Rui Barbosa, especialmente aquele que tratava da educação primária, defendiam uma reorganização do ensino no Brasil de modo que a escolarização seria o fator de progresso da nação a partir de um projeto nacional de instrução pública, caracterizado por ser laico, gratuito e obrigatório.[59]

Para tanto, o Estado teria de se responsabilizar pela instrução primária além do que já havia feito, garantindo financiamento à ampliação e manutenção de um sistema de ensino nacional.[60]Também caberia ao Estado a prerrogativa de fiscalizar e reconhecer o grau escolar dos alunos e profissional dos professores, oficializando suas respectivas posições (reconhecendo a evolução dos estudantes e autorizando-os oficialmente a continuar, em nível mais elevado, sua instrução; e autorizando o exercício docente a partir de regras e títulos pré-estabelecidos e chancelados pelo Estado). Em outros termos, defendeu um sistema nacional de educação cujas regras contemplassem tantos os estudantes quanto os docentes. Rui Barbosa, para chegar a tais conclusões, fez, segundo Peres, uma exaustiva análise dos métodos, das experiências e da organização escolar de outros países e associou-a ao seu prévio e vasto conhecimento sobre as discussões pedagógicas e metodologias de ensino estrangeiras, tais como as de Spencer, Pestalozzi, Calkins e Froebel.[61]

De fato, lê-se nos Pareceres de Rui Barbosa uma vasta comparação entre os números da educação no Brasil, especialmente da capital Rio de Janeiro, e de outros países. Em pouco menos de 20 páginas, Rui Barbosa apresenta seu conhecimento sobre os números relacionados ao alcance da educação primária e, em alguns casos, de frequência escolar, de países tão distantes como EUA, Inglaterra, Suécia, Holanda, Irlanda, Argentina, Jamaica e Austrália, Portugal, Espanha, entre outros. O conhecimento de Rui Barbosa sobre temas educacionais tão amplos como currículo

---

59 Ver Mormul, Najla Mehanna e Machado, Maria Cristina Gomes. *Rui Barbosa e a Educação Brasileira: os pareceres de 1882*. Em Cadernos da História da Educação, vol. 12, nº 1 (2013). Disponível em *www.seer.ufu.br/index.php/che/article/view/22909*

60 Os pareceres de Rui Barbosa sobre a Educação Brasileira derivam de um estudo, encomendado pela Câmara dos Deputados e apresentados entre 1882 e 1883, acerca da situação da instrução nacional. Esses pareceres estão organizados em Barbosa, R. Obras *Completas. Ministério da Educação e Saúde*. Rio de Janeiro, 1947 (Texto original de 1883). Dedicamos especial atenção ao Tomo I, vol. X, que trata da instrução primária.

61 Ver Peres, *Op. cit*.

escolar, organização burocrática, montagem de um sistema nacional, filosofia e métodos de ensino, experiências internacionais e estatísticas escolares de diversos países eregiões, revela a sofisticação e a relevância do tema para o autor.

Da mesma forma, o debate que revela o lugar da questão educacional na construção do Estado brasileiro durante o século XIX aparece nos documentos feitos pela burocracia pública voltada à educação. A instrução primária estava, como visto, desde 1834 sob a responsabilidade provincial, o que ensejou a formação de órgãos públicos responsáveis pela implantação e administração do sistema educacional nas respectivas províncias. Esses órgãos produziam relatórios que indicavam não só sua existência, como também avaliavam o papel do setor educacional, suas ações e o reconhecimento de que trabalhavam, muitas vezes, sob inspiração de experiências estrangeiras. No caso do reconhecimento e da inspiração exercida pelas experiências estrangeiras, Werle exemplifica essa inspiração em políticas públicas voltadas à educação tomadas na província sul rio-grandense. No texto, a autora afirma que:

> No Rio Grande do Sul, os diretores de Instrução Pública adotavam a lógica do transplante. O panorama de nações mais desenvolvidas era o marco de referência; seu discurso, um *eco* de experiências internacionais. Estados Unidos da América, França, Inglaterra, Bélgica, dentre outros exerciam a dominância. O peso hegemônico da realidade externa pode ser identificado na exemplificação de práticas, na demonstração numérica e na utilização de argumentos baseados em experiências de outros países para legitimar decisões de políticas públicas de educação elementar.[62]

De fato, na sequência do trabalho Werle reproduz uma série de trechos de documentos oficiais da província sul rio-grandense como argumento para a sua tese de que a política de educação era um eco das experiências internacionais. Este exercício proposto pela autora é interessante por possibilitar que se identifique nos documentos oficiais que não só existia o reconhecimento da importância da educação para o país, como também a consciência sobre o que ocorria em outros países. A análise de algumas manifestações de destacados homens públicos, como fizemos, já indicava esta consciência e reconhecimento, mas a leitura dos documentos oficiais possibilita que tenhamos manifestações mais transparentes. Entre os documentos oficiais, pro-

62 Werle, Flávia Obino Corrêa. *Políticas de instrução pública no século XIX como eco de experiências internacionais*. Revista Educação (PUC-RS). Porto Alegre, vol. 31, n. 2 maio/agosto de 2008, p. 174.

duzidos pela burocracia pública, dois apresentavam frequentemente tais características: os relatórios dos presidentes provinciais e os relatórios dos órgãos responsáveis pela instrução provincial.

Em geral, os relatórios dos órgãos responsáveis pela instrução serviam de fonte para os relatórios anuais dos presidentes provinciais. Vejamos um exemplo de como a experiência internacional aparecia em documentos oficiais e como neles se manifestava a consciência em relação à relevância e o papel que cabia à educação na construção do país. Em trecho retirado do Relatório do presidente da província pernambucana, o Sr. Antônio Borges Leal Castelo Branco, apresentado em 1865, revela que:

> Não estamos habituados ao sufrágio universal, e por isso é novidade em França considerar a educação popular como uma garantia política. Mas na América (Estados Unidos), onde a democracia é soberana, compreendeu-se há muito que a educação é uma questão de vida e de morte para a república. O que ali se tem feito por ela se excede infinitamente tudo o que se há tentado no velho continente. Convencidos que a liberdade não é possível enquanto o cidadão não sabe regular por si mesmo sua vida política e civil, os americanos estabeleceram por toda a parte escolas de diferentes graus, nas quais o indivíduo mais pobre pode receber uma instrução sólida e variada. De cinco a quinze anos todo americano pode aprender a ler, escrever, contar e desenhar. Ensina-lhe geometria e geografia, noções usuais de física, de astronomia, de história natural, de psicologia e de higiene. A ginástica lhe desenvolverá o corpo; a recitação, a declamação e o canto o prepararão para a vida civil; falar-lhe-ão sem temor de moral e política; e desde a infância ele se habituará a respeitar a constituição e amar a liberdade. (...) O exemplo dos EUA mostra que em um país livre a produção agrícola e industrial é em proporção dos progressos da educação. Se melhorarmos o operário, ele melhorará por força e multiplicará suas obras; a sociedade ganhará tudo o que ganha o indivíduo.[63]

Esse trecho é exemplar na medida em que revela vários itens que fizeram parte da discussão acerca da educação no século XIX: a educação e sua relação com a cons-

63 Relatório do presidente da província de Pernambuco, sr. Antônio Borges Leal Castelo Branco, apresentado à Assembleia Legislativa provincial em 01 de março de 1865, p. 4 e 5.

trução da cidadania, com a obediência às leis e com o desenvolvimento econômico; a experiência internacional, europeia e norte-americana, a universalização da instrução primária, e, por fim, a relevância da educação na construção para a nação. O trecho citado também mostra o reconhecimento da experiência internacional em minúcias relativas ao programa e currículo do ensino norte-americano, sinalizando que não só de discursos mais genéricos ("a importância da educação"), mas também que em detalhes tal reconhecimento fundava-se. Em outra passagem, retirada do relatório da Instrução Pública pernambucana de 1884, o inspetor geral, Sr. João Barbalho Uchôa Cavalcanti, mostrando ter razoável conhecimento sobre os modelos de organização escolar dos países europeus, escreveu o seguinte:

> Países em que a frequência escolar é mista ou separada quanto aos sexos, nas escolas primárias. Baviera: não é de rigor a separação dos sexos, entretanto existem grandes números de escolas especiais de meninas; Áustria: a separação depende do número do pessoal docente e de decisão da autoridade escolar do distrito; Inglaterra: a lei nada prescreve quanto à separação dos sexos; Suécia: frequência mista.[64]

E, ainda no mesmo relatório, comentando sobre um possível modelo para a organização das escolas rurais:

> Criar uma classe de professores ambulantes que funcionarão percorrendo as partes dos distritos rurais que não se acharem no perímetro da escola fixa e quaisquer lugares onde a população se acha mais disseminada. Existem escolas ambulantes em Noruega e Dinamarca, na Espanha e em Córsega.[65]

Ou seja, o poder público pernambucano, no último quartel do século XIX, e por meio de seus representantes, parecia ter amplo conhecimento sobre a organização escolar de países europeus, à época entre os mais avançados quanto à escolarização e alfabetização. E a abrangência desse conhecimento era significativa, dado que o co-

64 Relatório anual do inspetor geral da Instrução Pública da província de Pernambuco, sr. João Barbalho Uchôa Cavalcanti, 1884.

65 Relatório anual do inspetor geral da Instrução Pública da província de Pernambuco, sr. João Barbalho Uchôa Cavalcanti, 1884.

mentário se expande em questões relacionadas ao gênero, à organização do trabalho docente e à distribuição das escolas em áreas rurais.

Outros exemplos revelam-nos que tanto a relação mais ampla sobre a importância da educação para o desenvolvimento do país como detalhes sobre o funcionamento dos sistemas educacionais de outros países eram temas recorrentes na sociedade brasileira do século XIX. Em 1865, os srs. José Cesário de Faria Alvim, Rodrigo José Ferreira Bretas e Ovidio de João Paulo de Andrade, responsáveis pela instrução pública da província mais populosa no Brasil em meados do século XIX, Minas Gerais, assim escreveram em um documento anual reproduzido no relatório do presidente da província, Sr. Pedro D`Alcântara Cerqueira Leite:

> Agente fecundo da civilização e do progresso, a instrução popular tem adquirido nos modernos tempos imensa importância, e fixado a atenção dos homens eminentes em todos os países. (...) O ensino primário é, como preceitua a constituição, absolutamente gratuito em nosso país, é uma dívida do Estado, que ele paga sem distinção ao pobre e ao rico.[66]

Novamente, o trecho revela o reconhecimento da educação como 'agente fecundo da civilização e do progresso', e da formalização da educação - a escolarização primária - gratuita, financiada pelo Estado e universal. A educação formal foi posta, portanto, como um direito dos indivíduos a ser garantido pelo Estado.

Outro exemplo, retirado dos documentos oficiais da província do Ceará: presente no relatório do presidente da província, o trecho indica a consciência sobre o papel da educação e sua relação com o desenvolvimento. Nele, o Sr. Barão de Ibiapaba, presidente da província cearense em 1874, revelou sua opinião:

> Na época que atravessamos, quando já ninguém se atreve a contestar quão essencial é a instrução à vida social, política e econômica dos povos e a seu progresso material e moral; quando essa magna questão, atraindo a atenção de profundos pensadores e dos governos de todas as nações do mundo civilizado, ocupa um lugar distinto entre as demais transcendência; seria estranho que eu viesse repetir-vos

66 Relatório do presidente da província de Minas Gerais, sr. Pedro D´Alcântara Cerqueira Leite, apresentado à Assembleia Legislativa provincial em 05/11/1865, p. 18.

> sobre este assunto, teorias que tão bens compreendeis, e tantas vezes tem sido explanadas neste recinto pelos meus ilustres antecessores.[67]

Essas manifestações oficiais sobre a relevância da educação para o desenvolvimento do país eram frequentes em variados documentos e por todo o período, assim como em várias regiões brasileiras. Além disso, o conhecimento sobre as experiências internacionais bem sucedidas também são constantes e muito detalhadas em vários aspectos, como projetos pedagógicos, legislação, financiamento e resultados promovidos pela escolarização. Alguns outros trechos revelam que também a questão sobre a compulsoriedade escolar era item importante na experiência internacional. Em um trecho de uma circular enviada pelo presidente da província sul rio-grandense, Sr. Rodrigo de Azambuja Villanova, lê-se o seguinte:

> Não basta criar escolas, dotá-las com o necessário e provê-las de bons professores; é preciso que elas sejam frequentadas, senão pelo empenho dos pais de família, pela força da lei. (...) Desdenhando do testemunho dos fatos e as lições da experiência, temos perdido um tempo precioso esperando dos pais de família um auxílio que a sua ignorância não lhes permite dar. O único meio de se remediar o mal feito é a pronta execução da lei que institui a instrução obrigatória.[68]

Ou seja, é clara a posição do presidente provincial rio-grandense que, nos anos finais do Império brasileiro, mostra-se pouco esperançoso quanto ao apoio das famílias e, por isso, defende a execução da lei de obrigatoriedade. O pedido do presidente rio-grandense parece ter sido parcialmente atendido, já que no mesmo ano de 1888 foi aprovado um Anexo que regulava a implantação da obrigatoriedade das famílias em manter seus filhos nas escolas da província. O próprio texto do Anexo revela o debate e a consciência sobre como essa mesma questão era tratada em outros países:

> Por se achar de acordo com os princípios democráticos é que os países, os mais livres, a Suíça, a Inglaterra, a Bélgica, Holanda e na

67 Relatório do presidente da província do Ceará, sr. Barão de Ibiapaba, apresentado à Assembleia Legislativa provincial em 01/07/1884, p. 14.

68 Circular enviada pelo presidente da província do Rio Grande do Sul, Sr. Rodrigo de Azambuja Villanova, e reproduzido em seu Relatório, apresentado à Assembleia Legislativa provincial em 27/01/1888. Documento anexo, p. 25 e 26.

> América os Estados Unidos, adotaram o ensino obrigatório no interesse dos próprios Estados e dos cidadãos.[69]

No mesmo período, mas em São Paulo, achamos posta semelhante discussão. Em 1885, o inspetor geral da Instrução Pública paulista, sr. Francisco de Souza Carvalho, escreveu sobre a obrigatoriedade do ensino em outros países:

> Os países adiantados em civilização e riqueza ainda não a têm praticamente como é para desejar. Os Estados Unidos gastam debalde e com liberalidade esforços, pessoas e sacrifícios de haveres. Só Cantão de Genebra, na Suíça, é o único território em que esta medida não é lei escrita, porque está intimamente ligada aos costumes. Na Prússia, primeiro país que adotou, e à que deve a sua educação tanto literária quanto militar, é admirável o rigor das penas: porém, mais admirável é seguramente a soma da luz que irradia na fronte daquele povo.[70]

As experiências de países como Inglaterra, Alemanha, Suécia, Holanda e Estados Unidos da América eram tratadas como modelos que o Brasil, ou que cada região brasileira, deveria seguir. Os exemplos citados não esgotam a diversidade temporal e geográfica, apenas ilustram a centralidade que a educação ocupava nos debates e na administração do país.

Portanto, vê-se que a questão educacional apareceu na legislação, nos escritos e ações de homens públicos, na formação da burocracia e nos documentos que a administração pública produzia; e que neles aparece como fundamental à construção e desenvolvimento do país, assim como inserida e influenciada na discussão que ocorria em outros países. A questão educacional, característica do século XIX, também teve um lugar de destaque no Brasil, assim como revelado pelas ações, pela criação de legislação específica, pelos debates e pela consciência revelada acerca do papel que cabia à educação na formação nacional. Os itens debatidos à época fossem no Brasil ou em outros países tratavam, genericamente, da relação entre desenvolvimento da educação, criação de um sistema nacional de educação e desenvolvimento do país; mas também

69 Relatório do presidente da província do Rio Grande do Sul, Sr. Rodrigo de Azambuja Villanova e reproduzido em Relatório apresentado à Assembleia Legislativa provincial em 27/01/1888. Documento anexo, p. 24 e 25.

70 Relatório anual do inspetor geral da Instrução Pública da província de São Paulo, sr. Francisco de Souza Carvalho, 1885.

entravam em detalhes sobre os modelos desse sistema educacional, como, por exemplo, que deveria ser universal, laico e público. Nesse último caso ser público significava ser oferecida pelo Estado e, por isso, dependente de financiamento público.

No Brasil, o Ato Adicional de 1834, como visto, determinou que a educação primária estava sob a responsabilidade das províncias. Portanto, toda a consciência e reconhecimento da importância da educação para a construção e desenvolvimento nacional, expressas em documentos de inúmeras e variadas fontes, seriam transformados em oferta de instrução primária pública e universal se as províncias o fizessem. Sendo assim, a discussão sobre o funcionamento da educação primária no Brasil do século XIX e a possível efetivação das propostas que eram debatidas passavam, necessariamente, pelo comportamento das províncias em relação ao tema. Dessa forma, a questão educacional passou a fazer parte de um debate mais amplo sobre a divisão de poderes entre o governo imperial e as províncias, assim como sobre a autonomia que as províncias tinham para efetivar seus projetos e cumprir com suas responsabilidades.

Após a proclamação da República em 1889 e a adoção do federalismo pela Constituição de 1891, a divisão entre governo central e regionais – no caso, estaduais – relativa à responsabilidade sobre a educação básica permaneceu sob os mesmos moldes daquela vista durante o Império. Ou seja, a responsabilidade sobre a educação primária e secundária continuava sob a administração estadual, mesmo que as medidas tomadas pelo governo central, que em princípio atendiam apenas à capital, Rio de Janeiro, influenciassem aquelas tomadas pelos estados. Cabia, por sua vez, ao governo central, a oferta e administração sobre as escolas de educação básica – primária e secundária – na capital do país, assim como sobre o ensino superior por todo o território nacional.

Dessa forma, as definições acerca da divisão de competências entre os governos central e regionais que ocorreram durante o Império permaneceram as mesmas após a implantação da República, ao menos até 1930, especialmente no caso da oferta e administração da educação. Por isso, o debate sobre a divisão de responsabilidades entre o Império e as províncias durante o período Monárquico (cap. 2) identifica o escopo jurídico e administrativo no qual as províncias, responsáveis pela educação básica, atuaram durante o período (cap. 3), assim como os estados atuaram em relação à instrução pública entre 1889 e 1930 (cap. 4).

2. Centralização e descentralização na formação do Brasil Monárquico

2.1 A Questão Política

Entre os vários itens que compunham os debates que surgiram logo após a independência do Brasil, estava aquele que colocava em pauta a organização política e administrativa do país que acabara de ser criado. O país que, na terceira década do século XIX, formava-se após o processo que culminou no rompimento dos laços que o mantinham ligados à sua antiga metrópole, Portugal, apresentou duas grandes particularidades que o distingue de seus vizinhos mais imediatos de língua espanhola: a construção de um território que mantinha, com poucas exceções, a mesma configuração que tinha quando era uma colônia portuguesa nos anos imediatamente anteriores; e a adoção de um sistema monárquico que, diferentemente de seus vizinhos – todos eles republicanos – apontava para a manutenção de um viés mais europeu e menos americano, àquela altura representada pela experiência dos Estados Unidos da América.

Esta particularidade brasileira, um país monárquico e territorialmente unificado, é vista pela historiografia por inúmeras abordagens diferentes. Em geral elas apontam para uma relação de dependência entre as duas características que seriam complementares, ou seja, que só houve a unidade territorial porque a Monarquia foi instalada. A experiência republicana dos países que então se formavam sob o desmembramento do Império Espanhol na América Latina seria a comprovação de que o modelo republicano servia, nessa parte do mundo, como fator de desunião.[1]No caso brasileiro, a instalação da Monarquia deveu-se, segundo a historiografia, a três fatores: a não ocorrência de um conflito – armado ou não – entre a colônia e a metrópole; a instalação da Corte no Rio de Janeiro em 1808; e uma opção política adotada pela elite 'brasileira'

1 As duas maiores diferenças entre os países derivados do fim do Império espanhol na América e da ruptura entre Portugal e suas colônias americanas – a unidade construída pela ex-colônia lusa, o Brasil, vs. a desintegração territorial vivenciada pelos países oriundos do Império Espanhol; e a adoção do modelo monárquico pelo Brasil vs. o modelo republicano adotado pelos hispano-americanos – , são apresentados por José Murilo de Carvalho logo na Introdução de sua tese de doutoramento, publicada sob o título *A Construção da Ordem: A elite política imperial; Teatro de Sombras: A política imperial*. Ver especialmente p. 11-13.

em oposição às pretensões recolonizadoras que apareciam em Portugal desde as movimentações de 1820.[2]

No primeiro fator, a inexistência de um conflito entre a colônia e Portugal derivou-se de interesses coincidentes entre parte da elite colonial, ciosa em manter a institucionalidade em oposição ao risco de revoltas populares, e partes da elite lusa, agarradas ao que restava de um projeto colonial que desmoronava frente às mudanças decorridas tanto, no médio prazo, das transformações decorridas da Revolução Industrial Inglesa, quanto, no curto prazo, daquelas transcorridas após as Guerras Napoleônicas e a invasão francesa em Portugal.

Em alguma medida, os interesses voltados à manutenção de uma ordem que reproduzisse parcialmente a estrutura lusitana, eram decorrentes, de fato, de interesses comuns entre parte da elite portuguesa e a partes da elite brasileira, enraizados após a transferência da Corte para o Rio de Janeiro, em 1808. E tais interesses só não foram suficientes para manter a união entre o Brasil e Portugal em forma de Reino Unido porque uma parcela da elite lusitana pressionou, por meio do que ficou conhecido como Revolução Liberal do Porto, pela retomada dos laços coloniais amparados em monopólios sobre o comércio colonial.

Portanto, a continuidade do acordo que mantinha Brasil e Portugal sob o mesmo Reino Unido só não logrou sucesso por mais tempo porque foi questionado por parte da própria elite metropolitana. No Brasil o enraizamento de interesses comuns entre a elite local, notadamente a do centro sul que orbitava a nova sede da Corte, o Rio de Janeiro, e parte da elite lusa, fazia com que a manutenção, mesmo que sob um estatuto diverso, da união entre a antiga colônia e sua metrópole fosse não só interessante, mas também desejável.[3]

---

2 Ver Dias. Maria Odila Leite da Silva. *A Interiorização da metrópole e outros estudos.* São Paulo: Ed. Alameda, 2009, segunda edição. O primeiro capítulo 'A interiorização da metrópole' foi publicado pela primeira vez como um capítulo do livro de Mota. Carlos Guilherme de (org.) *1822 – Dimensões.* São Paulo: Ed. Perspectiva, 1972. Nele, a autora defende a tese de que a transferência da Corte para a colônia em 1808 enraizou o Estado luso no centro-sul , especialmente no Rio de Janeiro, o que teria não só apaziguado algumas das tensões entre regiões brasileiras, mas também impedido um conflito maior entre a elite brasileira e parte da elite lusa que se dedicava aos projetos recolonizadores (o que significava, basicamente, a retomada do monopólio comercial perdido em 1808), assim como um possível conflito revolucionário que questionasse a estrutura social, principalmente a escravidão.

3 Em um breve trecho, Maria Odila da Silva Leite resume essa hipótese: "A vinda da Corte com o enraizamento do Estado português no Centro-sul daria início à transformação da colônia em metrópole interiorizada. Seria esta a única solução aceitável para as classes dominantes em meio à insegurança que lhes inspirava as contradições da sociedade colonial, agravadas pelas agitações

Contudo, pelo insucesso do projeto do Reino Unido[4], a preocupação passou a ser a formalização da independência de modo a não permitir que o território da colônia portuguesa na América se desmembrasse em vários países menores, risco esse que se originava, segundo debate da época e de boa parte da historiografia, na possibilidade de revoltas populares e/ou escravas; na falta de identidade nacional; em ruídos que porventura existiam entre as elites do centro-sul e do Norte; e pela força de lideranças locais que poderiam se arvorar como suficientes para a organização de movimentos favoráveis à separação.[5]

---

do constitucionalismo português..." (p. 19) Ainda sobre essa convergência de interesses entre parte da elite colonial e a Corte, a autora afirma que um estudo mais aprofundado sobre as relações e interesse comuns entre comerciantes brasileiros, a elite rural e a Corte (ou a elite administrativa sediada desde 1808 no Rio de Janeiro) abrirá caminho para o entendimento do 'processo moderado de nossa emancipação política" (p. 23). Para a aproximação entre a os comerciantes brasileiros, os interesses agrários e escravistas e a administração lusa presente no Rio de Janeiro a partir de 1808 ver também Neves, Lúcia M. Bastos P. *Estado e Política na independência*. Grinberg, Keila e Salles, Ricardo (orgs.). *O Brasil Imperial*. Volume I (1808-1831), p. 109-110.

4 Sobre a formação e o fracasso do Reino Unido de Portugal, Brasil e Algarves, ver Neves, Lúcia M. Bastos P. *Op. cit.*, p. 113-123. Nelas, a autora confirma a hipótese de que a formação do Reino Unido atendia às duplas necessidades vividas pelo Império Português, que identifica como sendo europeias, de um lado, e americanas, de outro. Em suma, a visão europeia atendia ao interesse português, mesmo em situação naquele momento pouco vantajosa, em manter sua colônia americana sob o controle da Corte lusa; por outro, incorporava a visão de parte significativa da elite (identificada pela autora como 'ilustrada') que defendia, ao mesmo tempo, a manutenção da posição privilegiada que a colônia obtivera quando da transferência da Corte para o Rio de Janeiro e a abertura dos portos em 1808, sem, necessariamente, romper politicamente com a antiga metrópole. O fracasso do Reino Unido, por sua vez, derivou-se, ainda segundo a autora, do movimento português conhecido como vintismo (ou o movimento que culminou na Revolução Liberal do Porto, de 1820) que tentava retomar a condição de proeminência lusa na relação com sua colônia americana, sobretudo pela recomposição de privilégios comerciais que, na prática, significaria a retomada do monopólio português sobre o Brasil. Essa tentativa foi rechaçada pela elite brasileira cuja reação foi a abertura do processo de ruptura política e administrativa com Portugal, ou seja, a independência brasileira.

5 Em relação às resistências ao poder da Corte, fosse ela ainda sob D. João entre 1808 e 1821, ou já em mãos de D. Pedro como regente (1821-22) ou como Imperador (1822-31), o caso exemplar é o pernambucano. A região esteve neste período por duas vezes em processo separatista: em 1817, quando promoveu o processo conhecido como Revolução Pernambucana. Nele, parte da população (e boa parte da elite) de Pernambuco – e de regiões que ficavam em sua hinterland – identificava na progressiva ampliação do poder da Corte sobre as outras regiões (principalmente o atual Nordeste), a manutenção do poder português. Dessa forma, o movimento separatista e republicano, mostrava a dificuldade da formação desse poder central, no Rio de Janeiro, que manteria a unidade entre o Brasil e Portugal. No segundo caso, a região foi palco de um novo movimento rebelde - a Confederação do Equador, de 1824 - dessa vez contra o poder central após a

A consolidação da unidade, portanto, dependia da capacidade de superação destes possíveis obstáculos. A adoção da Monarquia foi uma importante medida nesse sentido, já que garantia a continuidade institucional que dava ao Rio de Janeiro, sede da Corte até 1821, a capacidade de liderar esse processo sobre as particularidades locais, assim como dirimir os possíveis ruídos entre as elites regionais. Além da questão institucional havia também uma questão simbólica, concentrada na figura do Imperador, que também seria necessária para enfrentar os possíveis conflitos entre elites, mas principalmente o 'perigo' de uma revolta popular e/ou de escravos.[6]

As palavras de Maria Odila indicam sua percepção sobre o papel da Monarquia na construção da unidade territorial, de modo a superar as disputas e fragilidades das lideranças regionais. Além disso, em outra passagem, estende tal percepção aos perigos – assim percebidos pelas elites dominantes do período - representados pelas agudas diferenças sociais e pelas possíveis revoltas de escravos; assim como identifica no futuro Imperador, então príncipe regente, a força capaz de superar tais perigos. Vejamos:

> Podem-se vislumbrar, dentro dos padrões da época, o carisma que teria a imagem de um príncipe regente e a força com que atraía a massa de povos mestiços e desempregados, incapazes de se afirmarem, sem meios de expressão política, tomados de desconten-

---

Independência; portanto, contrário ao poder do Rio de Janeiro como capital do Brasil e contrário ao poder do Imperador, considerado autoritário pelos rebeldes. Também republicano e separatista, o movimento de 1824 foi duramente combatido pelo imperador, assim como seu antecessor foi pelo regente D. João. Essa persistência de um sentimento contrário ao poder central (que viria a se manifestar novamente em 1848 na chamada Revolução Praieira) em Pernambuco é um dos motivos que fez com que Evaldo Cabral de Melo afirmasse que "a fundação do Império é ainda hoje uma história contada exclusivamente do ponto de vista do Rio de Janeiro" (Cabral de Melo, Evaldo. *A outra independência: O federalismo pernambucano de 1817 a 1824*. São Paulo: Ed. 34, 2006, p. 11.) Sobre a questão pernambucana ver também: Mota, Carlos Guilherme da. *Nordeste 1817*. São Paulo: Ed. Perspectiva, 1972.

6 Sobre a questão da unidade e da superação das possíveis disputas regionais, assim afirma Maria Odila: "Consumada a separação política, que aceitaram, mas que de início não quiseram, não pareciam brilhantes para os homens da geração da independência as perspectivas da colônia para transformar-se em nação e sobretudo em uma nação moderna com base no princípio liberal do regime constitucionalista. Os políticos da época eram bem conscientes da insegurança das tensões internas, sociais, raciais, da fragmentação, dos regionalismos, da falta de unidade que não dera margem ao aparecimento de uma consciência nacional capaz de dar força a um movimento revolucionário disposto a reconstruir a sociedade. Não faltavam manifestações exaltadas de nativismo e pressões bem definidas de interesses localistas. (...) A dispersão e fragmentação do poder, somada à fraqueza e instabilidade das classes dominantes, requeria a imagem de um Estado forte que a nova Corte parecia oferecer." (p. 17-18).

> mento, que em sua insatisfação, por demais presos ao condicionamento paternalista do meio em que surgiram, revoltavam-se contra monopolizadores do comércio e contra atravessadores de gêneros alimentícios. Porém, a Corte e o poder real fascinavam-nos como uma verdadeira atração messiânica; era a esperança de socorro de um bom pai que vem curar as feridas dos filhos.[7]

A opção monárquica, então, seria o resultado de uma série de interesses que convergiam naquele momento e que explicitavam uma visão de parte da elite brasileira sobre o processo que liderava, o da Independência do Brasil. Esses interesses seriam o desejo de manter os laços com Portugal, fosse pela fracassada tentativa de sobrevivência do Reino Unido entre Brasil Portugal e Algarves, fosse pela manutenção de um modelo, o monárquico, que faria a transição pacífica entre o Império Português e preservaria institucionalmente um modelo visto à época como favorável à manutenção da ordem. Essa ordem seria garantida pelo poder simbólico da Monarquia – principalmente o do monarca – e a relativa legitimidade que tinha ante a população; seja pela tradição portuguesa, seja pela presença da Corte no Rio de Janeiro desde 1808.

Por tudo isso, a Monarquia seria mais eficiente em manter a unidade territorial, ao conseguir com maior facilidade diminuir os conflitos entre elites regionais e entre elas e o governo central, além de evitar conflitos sociais, principalmente os que pudessem estar relacionados ao que chamavam de 'perigo de haitianização'.[8]O modo como a elite brasileira via a experiência republicana dos países vizinhos de língua espanhola e como essa experiência resultava no desmembramento territorial e na consequente formação de pequenos países, apenas confirmava a hipótese de muitos que associavam república à democracia e à anarquia.

Sobre esta relação feita por parte da elite brasileira, principalmente aquela que orbitava em torno do Rio de Janeiro, entre república, democracia e anarquia (não no sentido político e ideológico, mas sim como incivilidade e perda do controle social), o mais destacado defensor foi José Bonifácio. Acerca disso, Dolhnikoff afirma:

> Nos dois anos em que esteve à frente dos principais acontecimentos políticos, Bonifácio teve papel fundamental na articulação da in-

7 Ver: Dias, Maria Odila Leite da Silva, *Op. cit.* p. 27

8 "Haitianização" era um termo usado para identificar o risco de uma revolta escravista, assim como havia ocorrido no Haiti, antiga colônia francesa que obteve a independência após 10 anos de revolução comandada por um movimento popular de escravos e alforriados. Ver: Neves, Lucia M. Bastos P. *Estado e política na independência*, p. 128 e 131.

> dependência, da construção de um Estado nacional e da conquista de um império brasílico. Juntamente com a elite do centro-sul, que gravitava em torno da nova corte do Rio de Janeiro, empenhou-se na manutenção da unidade territorial de toda a América lusitana, sob a direção do governo de D. Pedro, impedindo que se repetisse aqui a fragmentação em diversos países independentes, como ocorrera com a América espanhola. Também contribui para que a alternativa republicana, considerada vocação natural das Américas, fosse afastada em favor de uma Monarquia constitucional, o único regime, no seu entender, que oferecia condições para realizar as reformas necessárias para se alcançar a civilização. Unidade, centralização e monarquia, em plena América fervilhante de ideias federalistas e republicanas: estas foram conquistas da elite que se afirmava com a independência, no interior da qual Bonifácio desempenhou um efêmero, mas importante papel de liderança.[9]

E, em outra obra, confirma Dolhnikoff:

> A burocracia ilustrada (i. e. à qual pertencia Bonifácio) e liberais de diversos matizes nutriam profunda desconfiança da massa de negros e mulatos, além do repúdio às invenções democráticas. Uniam-se na defesa da monarquia constitucional e do controle exclusivo da arena política.[10]

A definição da independência e da Monarquia como forma do governo em 1822 confirmava essa opção. Contudo, a consolidação do novo Estado sob o modelo monárquico e territorialmente unificado enfrentaria, nos anos imediatamente posteriores à independência, os conflitos que, ao fim, o definiria pelas décadas seguintes. A manutenção dos interesses identificados como portugueses, suas estreitas relações com a Corte de D. Pedro, associada ao consequente levante contra a possibilidade de uma tentativa de reunificação entre os dois tronos – Brasil e Portugal – criou uma animosidade entre o imperador e parte da elite brasileira, na altura organizada sob o Partido Brasileiro. Esta animosidade esteve ligada, antes mesmo da discussão sobre o risco de reunificação

9 Dolhnikoff, Miriam (org.). *José Bonifácio de Andrada e Silva. Projetos para o Brasil.* São Paulo: Cia. das Letras/Publifolha, 2000 (coleção: Grandes nomes do pensamento brasileiro), p. 6.

10 Dohlnikoff, Miriam. *O Pacto Imperial: origens do federalismo no Brasil.* São Paulo: Ed. Globo, 2005, p. 35.

luso-brasileira, à organização dos poderes Executivo, Legislativo e Judiciário no país a aos trabalhos da Constituinte de 1823 e à outorga da Carta Constitucional de 1824.

Logo após a independência, em 1823 foi reunida uma Assembleia constituinte que deveria escrever a Carta do país que se criava. A Assembleia tinha como uma dentre suas principais pautas a organização de uma Monarquia Constitucional, tendo a divisão dos poderes consagrada pelas monarquias europeias sob a influência do pensamento iluminista como projeto principal. Tal divisão, vista como originada nas tentativas de limitar a atuação do Rei (identificado com a estrutura do Antigo Regime), propunha a divisão entre os três poderes (Executivo, Legislativo e Judiciário) de modo que não só se equilibrassem, mas, sobretudo, se complementassem, garantindo a interdependência entre eles e, principalmente, limitando o poder do Monarca apenas ao poder Executivo.

Entretanto, a Constituição que era escrita pela Assembleia nem mesmo chegou a ficar pronta. No mesmo ano, 1823, as discussões que a Assembleia travou com o Imperador culminaram no seu fechamento e na centralização do poder de modo que, coube a D. Pedro e a um conselho indicado por ele a escrita de uma Constituição, essa sim, outorgada em 1824.[11]

A Constituição outorgada em 1824, que viria a ser a única Constituição do Império Brasileiro, apresentava como um de seus mais marcantes itens a criação do Poder Moderador, um quarto poder que, exercido pelo mesmo titular do Poder Executivo, estaria acima dos outros três, de modo a conferir equilíbrio e resolver conflitos em situações de impasse. Inspirado por seu correlato, presente na Constituição britânica, o Poder Moderador era visto de modo ambíguo pelos contemporâneos, já que representava para alguns uma tendência liberal, conforme tradição britânica e iluminista; assim como para outros a possibilidade de centralização em mãos do Imperador, que teria sob seu comando não só o Poder Executivo, mas também o Moderador, que estaria acima dos outros três.

11 Sobre a Constituição de 1824 e a adoção e funcionamento do Poder Moderador ver : Lustosa, Isabel. *D. Pedro I*. São Paulo: Cia das Letras, 2007, p. 175. Sobre o I Reinado e as divergências entre os grupos políticos e o Imperador, principalmente no que tange à oposição que à época se fazia entre aqueles que acusavam o Imperador de ser excessivamente centralizador e D. Pedro I ver: Ribeiro, Gladys Sabina Ribeiro e Pereira, Vantuil. O *Primeiro Reinado em revisão*. Em: Grinberg, Keila e Salles, Ricardo. *O Brasil Imperial*, p. 137-174. José Murilo de Carvalho enxerga a Constituição de 1824 como menos centralizadora do que apontavam seus detratores. Por isso aproxima-a de suas inspirações iluministas e identifica o Poder Moderador no Liberalismo britânico. Para isso ver: Carvalho, José Murilo de. *A Monarquia Brasileira*. Rio de Janeiro: Ao Livro Técnico, 1993.

Sendo assim, o debate sobre a organização política e administrativa do Império brasileiro versava, durante o breve período do I Reinado (1822-31) fundamentalmente sobre a centralização do poder em mãos do Imperador sob o funcionamento do Poder Moderador.

Este debate arrefeceu quando da abdicação de Pedro I, em 07 de abril de 1831. Nesses nove anos de I Reinado, as quatro questões - ou seja, a centralização do poder em mãos do Imperador; a aproximação vista como duvidosa entre o Imperador e os interesses portugueses; a possibilidade de uma reunificação entre Brasil e Portugal; e os problemas financeiros - isolaram D. Pedro I e culminaram na abdicação em 1831. Por outro lado, a legitimidade que atribuíam ao Imperador e o uso dessa legitimidade em nome da manutenção da unidade territorial confirmaram-se. Mesmo que momentaneamente, as disputas entre elites regionais, entre elites regionais e governo central e a possibilidade de uma revolta popular e/ou escrava também foram controladas pelo imperador.

O fim do reinado de D. Pedro I, portanto, representou a possibilidade de acabar com as tendências centralizadoras nas quais muitos enxergavam traços absolutistas e, principalmente, organizar um governo brasileiro, ou seja, sem tantas interfaces com os interesses portugueses, vistos à época como fatores favoráveis a uma reunificação entre Brasil e Portugal. Ao mesmo tempo, a saída repentina do Imperador, deixando o trono a seu filho de apenas cinco anos de idade, trouxe à tona as questões mais sensíveis que estavam sob sua responsabilidade: a centralização do poder e sua relação com a manutenção da unidade e, secundariamente, a legitimidade do Imperador como a fiança necessária para a manutenção da ordem.[12]

12 Para um breve quadro sobre a turbulência política gerada pela abdicação de Pedro I ver: Carvalho, José Murilo de. *A vida política*. Em: Schwarcz, Lilia Moritz (org.) *História do Brasil Nação: 1808-2010. Volume 2: A Construção Nacional (1830 – 1889)*, p. 88-89. Também Castro, Paulo Pereira de. *A "experiência republicana", 1831-1840*. Em: Holanda, Sérgio Buarque de (org.). *História Geral da Civilização Brasileira. Tomo II: O Brasil Monárquico. Volume 4: Dispersão e Unidade*. Rio De Janeiro: Bertrand Brasil, p. 19-86. Na primeira seção do capítulo, o autor descreve com detalhes as discussões políticas e as reviravoltas que antecederam e imediatamente sucederam a abdicação de Pedro I, principalmente no que respeita à possível radicalização representada pelos riscos de ascensão dos republicanos, pela possível agitação das províncias em favor de maior descentralização (e por reivindicações federalistas e porventura separatistas) e pelo posicionamento que poderia vir dos quartéis. Essa instabilidade, segundo o autor, exigiu uma reorganização dos grupos que se opunham ao Imperador, de modo que muitos do que defendiam sua queda optaram por um discurso e ação voltados à manutenção da ordem, o que significava a Monarquia e a unidade territorial. Ver no capítulo principalmente as Seções 1 (A desradicalizaçãodo 7 de abril) e 2 (A primazia da ordem civil).

A abdicação de Pedro I, em 1831, possibilitou a retomada de discussões sobre a construção das instituições políticas e administrativas do país. Ao menos três pilares do modelo implantado pelo Imperador foram questionados: a própria monarquia, a unidade territorial e a centralização excessiva do poder em mãos do Império e em mãos do Poder Executivo. O novo governo que se formava enfrentaria uma revisão dessas três questões sob um forte embate que envolveu, em síntese, três grupos e/ou tendências políticas. Por um lado, o relativo fracasso do governo de D. Pedro I e a impossibilidade de ascensão do herdeiro ao Trono, Pedro II, então com 5 anos de idade, estimulou a retomada de movimentos que mais do que as opções e modelos possíveis internos à Monarquia, questionavam a própria opção monárquica. A opção republicana voltou a ser discutida, ou ao menos defendida, por grupos variados que tanto defendiam interesses regionais - como eco das experiências hispano-americanas - e por isso optaram pelo separatismo, tanto quanto por grupos que, mesmo distante da opção que romperia a unidade territorial, apoiavam a adoção do modelo republicano como símbolo da americanização do Brasil e, portanto, como sinal da real ruptura com Portugal. Os exaltados, nome pelo qual ficaram conhecidos os defensores do modelo republicano, estiveram presentes em movimentos separatistas como o dos farrapos, no sul do país, mas também estiveram presentes nas primeiras discussões acerca do arranjo que seria adotado nos momentos iniciais da Regência.

Do outro lado do espectro político, estava o grupo dos restauradores, que defendia, como indica o nome pelo qual é conhecido, a restauração o governo de D. Pedro I. A pouca chance de isso ocorrer, associada às disputas políticas que envolviam o antigo Imperador brasileiro em seu país natal e, posteriormente, à sua morte, transformaram a bandeira dos restauradores, que se inclinou para a defesa da manutenção do modelo legado por D. Pedro I, qual seja, o de uma Monarquia altamente centralizada, com a primazia do Poder Executivo sobre os outros e com o funcionamento do Poder Moderador e do Conselho de Estado.

Entre os exaltados e os restauradores estavam os moderados, defensores da manutenção da monarquia e da unidade territorial, mas sob uma organização diversa que diminuísse a centralização legada por D. Pedro I. Essa descentralização defendida pelos moderados operaria em duas dimensões e estaria circunscrita a dois limites. A descentralização seria feita, tanto em relação à distribuição do poder entre Executivo, Legislativo e Judiciário, extinguindo o Poder Moderador e o Conselho de Estado, como em relação à distribuição das competências entre o Império, as províncias e os municípios. Os limites seriam a manutenção da unidade territorial e de uma ordem não democrática; essa última considerada uma fiança para a ordem que deveria ser mantida.[13]

O período regencial que começara foi palco, portanto, de um intenso debate acerca do modelo institucional que deveria ser adotado pelo país. As primeiras tentativas de organização de um novo governo apontavam para um possível equilíbrio entre as tendências que então se apresentavam. As duas regências trinas que foram organizadas – a provisória e a permanente – confirmaram ao menos essa tentativa de equilíbrio. Entretanto, entre 1831 e 1835, período de funcionamento das regências trinas, houve um nítido avanço dos moderados, o que resultou em uma série de reformas que confirmavam a opção por uma Monarquia menos centralizada do que aquela legada pelo I Reinado, mas que mantivesse a unidade territorial, tão cara no processo de formação do país após o processo de independência.

Os restauradores pouco destaque tiveram durante o funcionamento da Regência Trina, assim como os exaltados que, com cada vez menos espaço político no arranjo regencial, ficaram progressivamente mais próximos dos movimentos armados e separatistas. Em outras palavras, houve um isolamento das posições mais radicais, representadas pelos restauradores e pelos exaltados em favor de uma acomodação política que resultou na implantação de reformas defendidas pelos moderados. Esse domínio moderado, conhecido como 'avanço liberal' foi caracterizado por duas reformas que transformaram a estrutura política e administrativa do país: a aprovação do Código do Processo Criminal, em 1832, e a Reforma Constitucional de 1834, o Ato Adicional à Constituição de 1824.

O Código do Processo Criminal de 1832 criou uma nova distribuição de funções no Poder Judiciário, aumentando o poder dos juízes de paz. Esses juízes teriam responsabilidades ampliadas às questões judiciais e policiais, tais como prender e julgar acusados de pequenos delitos. Porém, ainda mais importante foi o fato que eles seriam eleitos diretamente em seus municípios, representando, portanto, uma ampliação da autonomia municipal. Teriam, ainda sob sua chefia, inspetores de quarteirão que eram escolhidos pelas Câmaras Municipais sob a indicação dos juízes de paz. Além disso, participariam das três esferas do judiciário de primeira instância: a Paróquia, o Termo e a Comarca. A Paróquia estaria sob sua responsabilidade; o Termo seria composto por um Conselho de jurados escolhidos por uma junta composta pelo juiz de paz, um

---

13 Para os grupos políticos da Regência e suas atuações, principalmente entre 1831 e 1835, ver: Basile, Marcello. *O laboratório da Nação: a era regencial (1831 - 1840)*. Grimberg, Keila e Salles Ricardo. *O Brasil Imperial. Volume II (1831-1870)*. Rio de Janeiro: Civilização Brasileira, p. 59-61 e 77-81.

pároco e o presidente da Câmara Municipal; e a Comarca, formada por uma junta de Paz (formada por juízes de paz) e juízes de Direito, esses últimos escolhidos pelo poder central. Em outros termos, uma medida voltada à descentralização do poder judiciário que colocava em prova o domínio da magistratura profissional, tradicionalmente ligada ao governo central e que ampliava a autonomia municipal.[14]

Já o Ato Adicional à Constituição de 1824, aprovado em 1834, consolidou a posição que vinha se fortalecendo desde 1831, quando uma comissão havia sido formada na Câmara para propor uma reforma da Constituição. Inicialmente as propostas de reforma constitucional continham itens que, segundo Dohlnikoff, radicalizavam a opção pela Monarquia Federativa. Entre eles estavam a extinção do poder Moderador e do Conselho de Estado, o fim do mandato vitalício dos senadores e a criação da Regência em substituição ao modelo (Regência Trina) que funcionava até então. A radicalização exposta por Dohlnikoff deve-se também à proposta para a Criação de Assembleias Provinciais e, acima de tudo, à maneira de escolha do Regente Uno, que, segundo a proposta inicial de reforma constitucional, seria feita pelas Assembleias Provinciais.[15]

Contudo, as negociações (e uma frustrada tentativa de golpe por alguns líderes defensores da descentralização proposta pelo projeto de reforma) entre os grupos políticos e, principalmente, entre a Câmara e o Senado, acabaram por produzir resultados que, aprovados pelo Ato Adicional de 1834, mesclavam posições defendidas pelos partidários da descentralização com resistências de grupos conservadores, ligados à tendência centralizadora e maioria no Senado. Desta forma, o Ato aprovado em 1834 contava com a manutenção da vitaliciedade do mandato dos senadores e do Poder Moderador, retirava do texto final a expressão "Monarquia Federativa", além de estabelecer que a eleição do Regente Uno seria feita sob o mesmo modelo da que escolhia os deputados (e não, portanto, pelas Assembleias provinciais); mas, por outro lado, autorizava a criação das Assembleias provinciais, com autonomia para legislar sobre temas relevantes, inclusive orçamentários e fiscais. Também extinguia o Conselho de Estado, antiga reivindicação dos grupos favoráveis à descentralização. Ou seja, a aprovação do

14 Ver Ferreira, Gabriela Nunes. *Centralização e descentralização. O debate entre Tavares Bastos e visconde de Uruguai.* São Paulo: Ed. 34, 1999, p. 28 e 29.

15 Sobre os debates e propostas que antecederam a aprovação do Ato Adicional em 1834 destaca-se aquele que opunha níveis diversos de descentralização do poder no país. Dolhnikoff cita como relevantes nesse debate a proposta de Monarquia federativa, o fim da vitaliciedade dos senadores e o fim do Poder Moderador. Todas elas foram derrotadas quando votadas por Câmara e Senado. Porém, ainda segundo Dolhnikoff, foi preservada a essência das propostas que culminaram no Ato Adicional de 1834, representada, principalmente, pela previsão de criação das Assembleias Provinciais. Ver: Dolhnikoff, Miriam. *O Pacto Imperial.* p. 93-99.

Código Criminal de 1832, assim como do Ato Adicional de 1834, apontavam para um novo arranjo jurídico, político e administrativo do país, estabelecendo uma nova divisão de funções e poderes entre o governo Imperial e as províncias.

Mesmo que aquém das mais enfáticas reivindicações defensoras da descentralização, o resultado das reformas era favorável a uma maior descentralização do poder em benefício da autonomia provincial. A eleição de Pe. Feijó para a Regência Una em 1835 consolidava essa tendência à descentralização política e administrativa. Feijó era, então, um dos mais destacados líderes dos moderados e, portanto, favorável ao arranjo que se estabelecia. O "avanço" liberal consolidava suas vitórias, ampliando a autonomia das províncias, o que significava que, concomitantemente, diminuía a amplitude do poder imperial ou central sobre o país.[16]

Entretanto, as turbulências enfrentadas por Feijó em seu breve governo, entre 1835 e 37, e nos anos posteriores, mostraram os limites dessa descentralização. Não só Feijó - defensor de primeira data da descentralização - renunciou ao cargo em 1837, como um dos principais partidários do Ato Adicional, Bernardo Pereira de Vasconcelos, em uma conhecida passagem assim afirmou:

> Fui liberal; então a liberdade era nova no país, estava nas aspirações de todos, mas não nas leis; o poder era tudo: fui liberal. Hoje, porém, é diverso o aspecto da sociedade; os princípios democráticos tudo ganharam e muito comprometeram; a sociedade, que então corria o risco pelo poder, corre o risco pela desorganização e pela anarquia. Como então quis, quero hoje servi-la, quero salvá-la; e por isso sou regressista. Não sou trânsfugo, não abandono a causa que defendo, no dia de seus perigos, de sua fraqueza; deixo-a no dia em que tão seguro é seu triunfo que até o excesso a compromete.[17]

É interessante notar, portanto, como, em tão pouco tempo (o discurso deVasconcelos é de 1839), um dos principais defensores das medidas que culminaram no Ato

16 Nas palavras de José Murilo de Carvalho: "O Ato Adicional concedeu às províncias assembleias e orçamentos próprios e deu a seus presidentes poderes de nomeação e transferência de funcionários públicos, mesmo quando pertencentes ao governo geral. (...) Com indisfarçado orgulho e algum exagero, o Ato Adicional foi comunicado à Regência e ao imperador como a realização na América do sonho europeu de uma monarquia sustentada por instituições populares. Era a vitória dos moderados (i.e. liberais moderados) sobre exaltados e caramurus (i.e. restauradores)" Carvalho, José Murilo de. *A vida política*. p. 90.

17 Citado em Souza, Otávio Tarquinio de. *Bernardo Pereira de Vasconcelos*. São Paulo: Edusp, 1988, p. 162.

Adicional de 1834 as acusa de serem patrocinadoras de uma possível anarquia. Ou seja, as medidas liberais e descentralizadoras deixaram de ser, para Vasconcelos, a proteção contra o poder, e passaram a ser uma ameaça ao país.

De fato, além das dificuldades circunstanciais enfrentadas pela regência de Feijó, alguns outros eventos tornaram os anos entre 1835 e 1840 – ano de ascensão de D. Pedro II – um período de redefinição da estrutura política e administrativa do país. A mudança de opinião de Vasconcelos não foi apenas uma opinião pessoal, mas sim o resultado das definições partidárias que ocorreram a partir da aprovação do Ato Adicional. As posições políticas passaram, então, a ser definidas pela oposição entre os defensores das medidas descentralizadoras (liberais) e os seus opositores (conservadores), ou seja, aqueles que defendiam a retomada da centralização da estrutura política e administrativa. Esta divisão partidária entre os Liberais e os Conservadores, que marcaria todo o espectro político da Monarquia brasileira, caracterizou, assim como se intensificou na segunda metade da década de 1830 sob as ameaças à unidade territorial vivida pelo país. Entre 1835 e 1845, uma série de revoltas, de matizes sociais diferentes e em regiões variadas, ameaçou a integridade territorial do país. Da Cabanagem, revolta popular ocorrida no Pará (1835 - 1841), à Farroupilha, revolta republicana ocorrida entre 1835 e 45 no Rio Grande do Sul, tendo entre elas a Sabinada, ocorrida na Bahia em 1838, e a Balaiada, no Maranhão entre 1837 e 1839, a ideia de separação territorial associada ao modelo republicano e as possíveis revoluções sociais foram parcialmente responsáveis pelo fortalecimento das ideias 'regressistas', aquelas que defendiam a revisão das medidas descentralizadoras de 1832 e 34.[18] Ou seja, as turbulências políticas da regência de Feijó, que culminaram em sua renúncia em 1837 e na ascensão do 'regressista' Araújo

18 Sobre as revoltas regenciais tanto Dolhnikoff como José Murilo de Carvalho defendem que a descentralização operada pelo Ato Adicional criou condições para que facções regionais lutassem pelo poder provincial, dada a importância que esse poder havia ganhado com a reforma de 1834. Nas palavras de Carvalho, "a descentralização de 1834 viabilizou o surgimento de um novo tipo de revolta. O aumento do poder dos governos provinciais fez dele objeto de luta entre facções locais." Já Dolhnikoff diz, ao tratar a revolta Farroupilha do Rio Grande do Sul: "o problema não estava portanto na ausência de autonomia provincial, mas no fato de que, uma vez conquistada, acirrava-se a disputa pelo poder no interior da província, na medida em que o controle da Assembleia Provincial tornava-se vital, dada sua importância como esfera de afirmação política da elite provincial. Nas províncias em que esta elite estava dividida em grupos rivais, o confronto entre eles no momento em que se organizava o poder provincial autônomo, podia degenerar em luta armada." Ver Dolhnikoff, Miriam. *O Pacto Imperial*. p. 209. Basile dedica um trecho especial de seu capítulo às revoltas regenciais, também caracterizando-as como reflexos da ampliação da autonomia provincial. Por outro lado, aponta como sendo mais relevantes assituações específicas que cada província enfrentava do que motivações ideológicas e/ou políticas como separatismo e republicanismo. Ver Basile, Marcello. *O Laboratório da Nação*. p. 68-72.

Lima, a divergência partidária entre liberais e conservadores ou entre 'progressistas' e 'regressistas' e as revoltas que de um lado a outro do país ameaçavam a unidade territorial conformavam o ambiente da segunda metade da década de 1830 e início da década de 40. E foi nesse ambiente que as revisões às medidas liberais e descentralizadoras da primeira metade da década de 30 foram feitas: A Lei de Interpretação do Ato Adicional, de 1840, e a Reforma do Código do Processo Criminal, de 1841.[19]

No primeiro caso, a interpretação do Ato Adicional diminuía a autonomia provincial, principalmente em relação à criação de cargos e nomeação de funcionários nas províncias e nos municípios. Já no segundo, a reforma do Código do Processo Criminal reduzia as funções, e consequentemente a relevância dos juízes de paz, e deu o controle sobre os funcionários do judiciário ao poder central. A partir da reforma do Código, cada província teria um chefe de polícia nomeado pelo governo central ou pelo presidente provincial (nomeado, por sua vez, pelo poder central). A eles estariam subordinados os delegados e subdelegados de atuação municipal. Os juízes de paz teriam suas funções diminuídas, inclusive porque os delegados e subdelegados teriam funções policiais e judiciais, além de serem responsáveis sobre os inspetores de quarteirão. Ou seja, as responsabilidades atribuídas aos juízes de paz pelo Código de 1832 foram repartidas entre outros funcionários do judiciário que, ao contrário dos juízes de paz – escolhidos nas províncias por eleição – eram escolhidos e subordinados, no limite, ao Ministro da Justiça e, portanto, ao poder central do Império.

Esse processo de revisão das medidas liberais e descentralizadoras, ocorrido em fins da década de 1830 e início dos anos 40, ficou conhecido, em oposição ao 'avanço liberal', como 'regresso conservador' e caracterizou a centralização da estrutura administrativa e política que marcaria as próximas décadas da Monarquia brasileira. Ao menos é assim que boa parte da historiografia entende, como confirma Nunes Ferreira:

> Chegamos, em meados do século XIX, a uma estrutura política e administrativa bastante centralizada, os dois tipos de centralização reforçando-se mutuamente. No plano político, a centralização manifestava-se em instituições como o Poder Moderador, apoiado

19 José Murilo de Carvalho associa o desgaste da experiência descentralista, representada pelo 'avanço liberal' e pela regência de Feijó, à anarquia promovida pelas revoltas, que combinavam separatismo (em alguns casos), republicanismo, federalismo, conflitos entre facções da elite e reivindicações populares que ocorriam em várias partes do país. Por isso aponta tais revoltas como motivos que intensificaram a revisão das medidas liberais a partir de 1835, conhecida como 'regresso conservador', ou seja o processo de centralização que começava. Ver Carvalho, José Murilo de. *A vida política*. p. 94-95.

> pelo Conselho de Estado; o Senado vitalício, com membros nomeados pelo Imperador; e a nomeação dos presidentes de província pelo governo central. No plano administrativo, a centralização firmou-se com o fim do princípio eletivo no sistema judiciário e policial e sua substituição pelo princípio hierárquico – sob o comando do poder central.[20]

Sendo assim, a centralização que ocorreu a partir de 1837 e se estendeu pela década seguinte teria sido responsável pela diminuição da autonomia provincial ante ao alargamento do poder imperial ou central e pela estabilização do país, principalmente política e territorial, já que teria aproximado os dois grupos políticos opositores (Liberais e Conservadores), sob indisfarçável domínio dos defensores da centralização, além de pacificar as revoltas separatistas que ocorriam no país. Esta estrutura centralizada, representada pelo Poder Moderador, pelo Conselho de Estado e pelo parlamentarismo adotado em fins da década de 40 pelo Imperador D. Pedro II, teria mantido o país sob ordem até, no mínimo, a década de 1870, quando novas reivindicações favoráveis ao aumento da autonomia provincial voltaram a ocorrer. Antes disso, as últimas manifestações análogas tinham sido as revoltas ocorridas em São Paulo e Minas Gerais em 1842, lideradas por antigos liberais descontentes com os rumos tomados pelo 'regresso' conservador, e a Revolução Praieira de 1848 em Pernambuco, muito vinculada às condições da política local.

Dessa forma, o funcionamento do Império teria ocorrido sob um governo centralizador que concentrava as decisões econômicas, políticas e administrativas, tornando as outras partes que o compunham (províncias e municípios) entes subordinados às decisões tomadas no plano nacional pelo governo monárquico.

O processo de centralização política e administrativa, operado após a breve tentativa de descentralizar o poder da década de 1830, é visto como o modelo que organizaria o Império brasileiro até a proclamação da República em 1889. Tal centralização funcionaria de modo a esvaziar os poderes provinciais e municipais em favor do poder do Império, que manteria as províncias sob seu controle por meio da escolha, feita pelo Imperador, dos presidentes das províncias. Esse modelo, cujo início de sua arquitetura estaria no 'regresso conservador' de meados da década de 1830, teria sua confirmação após uma década de ascensão de D. Pedro II, quando tanto liberais quanto conservadores – ou os defensores da ampliação da autonomia provincial e da centralização imperial, respec-

20 Ferreira Nunes, Gabriela. *Centralização e descentralização no Império*. p. 37

tivamente – chegaram a uma conciliação que, mesmo mantido o debate acerca da relação entre o centro e as províncias, teria estabelecido os parâmetros desse debate.

Os parâmetros seriam dois: os riscos de, ao ampliar a autonomia provincial, a unidade territorial ser questionada, assim como ocorreu entre 1835 e 1845; e a dificuldade em manter a escravidão e o tráfico, sob as fortes críticas internacionais (principalmente britânicas), caso o governo central não fosse forte o suficiente para manter tal discussão e, principalmente, a oferta de escravos no plano interno. Alencastro assim entende a relação entre a centralização e o desejo de manutenção do tráfico e da escravidão:

> a vontade de viverem juntas de oligarquias regionais tão díspares provinha, sobretudo, de um grande trunfo detido pelo Poder Central: a capacidade militar e diplomática de garantir a manutenção do tráfico de escravos.[21]

O mesmo argumento é apresentado por Bosi, quando, ao interpretar a consolidação do Estado Monárquico, afirma que:

> Nessa altura, os cafeicultores almejavam um Estado forte, uma administração coesa e prestante ou, nos seus repetidos termos, precisavam manter, a todo custo, a unidade nacional. Foi bandeira do regresso (...) Tudo se apresentava imbricado: o centralismo se diz nacional e vale-se do Exército, que toma vulto no período; o tráfico é utilíssimo à expansão do café; enfim, o Partido da Ordem abraça todas essas bandeiras que, plantadas no centro do poder, a Corte fluminense, irão manter-se até pelo menos os fins dos anos 50.[22]

Dessa forma, a elite nacional, em nome de dois fatores vistos como essenciais – a unidade territorial e a manutenção da escravidão – abriu mão de seus interesses regionais em favor da centralização política e administrativa em mãos do Império.

---

21 Trecho citado por Ferreira, Gabriela Nunes. *Descentralização e centralização no Império*. p. 39-40. Ferreira ainda diz que, reproduzindo o argumento de Alencastro, que: "nenhuma província, isoladamente, teria condições de fazer frente às pressões inglesas pelo fim do tráfico.", p. 40.

22 Bosi, Alfredo. *Dialética da Colonização*. São Paulo: Cia. Das Letras, 1992, p. 102.

O 'tempo saquarema',[23] nas palavras de Matos, ainda teria outra característica que, na verdade, seria a base ideológica que possibilitou a aproximação de elites tão distantes geograficamente sob o projeto centralista do Império: a identidade intelectual dessa elite, fortemente caracterizada pela formação nas cadeiras dos cursos de Direito, primeiramente em Coimbra e, para as gerações posteriores, em São Paulo e Recife. Esta unidade intelectual foi o embasamento teórico e ideológico que teria sido fator de diminuição das diferenças entre as elites regionais e, portanto, fator de coesão entre elas; o que possibilitou a centralização imperial, assim como a aproximação entre liberais e conservadores.[24]

Portanto, após a tentativa de reorganização da Monarquia em condições de garantir às províncias maior autonomia, houve um processo de 'regresso' que retomou a centralização política e administrativa, diminuindo a autonomia que o Ato Adicional e o Código Criminal haviam legado às províncias. Essa centralização estaria ancorada no controle que o Império tinha sobre o judiciário, garantido após a Reforma do Código Criminal; na manutenção do Poder Moderador e do Conselho de Estado; na unidade ideológica da elite brasileira, na cooptação das elites regionais por meio da nacionalização de suas demandas – e por meio da representação que cada província teria no parlamento – , por um lado, e pelo desmembramento dos interesses que, porventura, se opusessem ao projeto centralista, como visto na forte intervenção do Império nas revoltas de 1842 em São Paulo e Minas e de 1848 em Pernambuco, por outro.[25] Tal

23 Tempo Saquarema é a expressão usada por Ilmar Matos para designar o arranjo político, administrativo e ideológico que, segundo ele, caracterizou o Império brasileiro após ascensão de D. Pedro II. Marcada pelo domínio dos Conservadores - ou saquaremas –, defensores da centralização imperial, tinha como característica maior a centralização do poder imperial. Matos, Ilmar Rohloff. *O Tempo Saquarema*. São Paulo: Ed. Hucitec, 2004.

24 Carvalho em sua tese de doutoramento defendeu que um dos motores da manutenção da unidade territorial, da centralização política e, no limite, da Monarquia no Brasil do século XIX foi resultado, entre outros fatores, de uma convergência na formação da elite, depositária que seria do bacharelismo que vinha de Coimbra e que foi reproduzido no Brasil pelas escolas de Direito de São Paulo e Recife. Nesse sentido, essa homogeneidade da elite ajudou à manutenção do projeto centralista do Império, principalmente por meio da burocracia, captada e cooptada pelo poder central nas províncias. Ver Carvalho, José Murilo de. *A Construção da Ordem. O Teatro de Sombras*. Rio De Janeiro: Ed. UFRJ/RelumeDumará, 1996.

25 Em 1842, parcelas da elite de São Paulo e Minas Gerais levantaram-se em armas contra o governo Imperial. Entre os variados motivos de tal ação estava a revolta de lideranças liberais dessas províncias – marcadamente caracterizadas pela maciça presença de lideranças liberais, defensores da descentralização – descontentes com os rumos que o governo imperial tomava, ampliando a centralização durante o 'regresso' conservador. Já em 1848, eclodiu a Revolução Praieira, em Recife,

centralização estaria justificada pelo próprio receio da elite em ver rompida a unidade territorial, como concretamente tal risco vivenciou durante as décadas de 1830 e 40, além da opção pela manutenção da escravidão, vista como viável apenas sob forte intervenção do governo central, disposto a manter, externamente, a posição brasileira ante as pressões internacionais contrárias ao tráfico, e internamente e consequentemente, a oferta de escravos.

Esse arranjo centralizado teria se mantido até o final do Império e teria sido motivo das reivindicações que surgiriam a partir de 1870, principalmente aquelas ligadas à defesa do modelo federalista. Contudo, como veremos na próxima seção, esta centralização excessiva pode não ter sido tão exagerada assim, o que indicaria uma interpretação alternativa sobre o arranjo que vigorou durante o Império brasileiro e que esteve em discussão em sua crise e na posterior, já no período republicano, da adoção do federalismo como modelo de organização política e administrativa do país, ao menos até 1930.

2.2 A Questão Econômica

O debate acerca da centralização política e administrativa ocorrida no Império após o 'regresso conservador' e a consolidação do modelo em mãos do imperador Pedro II não foi exclusividade da historiografia produzida posteriormente ao período, mas também tema de intensas discussões entre os contemporâneos da monarquia brasileira. Uma das maneiras de observar esse debate é por meio dos escritos e pronunciamentos de dois dos maiores defensores, respectivamente, da centralização imperial e da descentralização que daria maior autonomia às províncias: Visconde de Uruguai e Tavares Bastos.[26]

---

considerada a última revolta federalista do Império até a organização de partidos republicanos na década de 1870. Dessa forma, é vista como uma revolta contra a centralização do Império.

26 Paulino José Soares de Souza, o Visconde de Uruguai, foi um dos mais destacados membros do Partido Conservador, compondo durante a década de 40, em conjunto com Visconde de Itaboraí e Eusébio de Queirós, a "Trindade Saquarema"; ou seja, o grupo dos três mais destacados líderes (todos eles membros de famílias da elite fluminense) defensores da centralização imperial. Após longa atuação como homem público (foi deputado, senador, Ministro de duas pastas diferentes – Justiça e negócios Estrangeiros – Conselheiro do Estado e representante plenipotenciário em disputas internacionais na região do Prata), dedicou-se em seus últimos anos a escrever duas obras: Ensaio sobre direito administrativo (1862) e Estudos Práticos sobre a administração das províncias no Brasil (1865). Já Tavares Bastos, mais jovem que Uruguai, nascido em Alagoas, formou-se na Escola de Direito de S. Paulo, em 1858, após iniciar o curso em Olinda. Após duas experiências como deputado, publicou em 1870 sua principal obra, A província: estudos sobre a descentralização no Brasil. Era filiado ao partido Liberal. Faleceu jovem, aos 36 anos, em 1875.

A comparação entre as posições desses autores, feita por Gabriela Nunes Ferreira, revela o intenso debate em dois momentos do Império: aquele relacionado às reações que parte da elite teve aos riscos à unidade territorial que enxergava nas revoltas separatistas; e, após a consolidação desse modelo centralizado imperial, na década de 1860, o que antecede ao (re) surgimento dos movimentos republicanos e, portanto, favoráveis à ampliação dos poderes provinciais.[27] No primeiro caso, Visconde de Uruguai, membro destacado do Partido Conservador, analisa que a centralização é fundamental, já que ela, em sua versão política (em mãos do poder central e, principalmente, do poder Executivo), garantiria às províncias suas funções administrativas, sob a tutela do presidente da província, escolhido pelo Imperador. Uruguai, que escreveu na década de 1860, mas era representante da geração que viveu as turbulências regenciais, definia, desse modo, que a funções das províncias eram essencialmente administrativas e não políticas, o que significou defender a baixa autonomia provincial, fosse porque seria um risco dar aos governados o poder de se governarem, fosse porque a ampliação irresponsável da autonomia provincial levada a cabo pelo Ato Adicional poderia criar em cada província uma 'naçãozinha'; para ele risco à unidade a à governabilidade do país. Nesse caso, a divisão das rendas entre o poder central e os provinciais foi boa na medida em que garantiu ao primeiro as maiores fontes de recursos fiscais, impedindo, portanto, que as províncias tivessem recursos suficientes para se autogovernarem. Segundo Uruguai, se isso ocorresse, a unidade territorial estaria em risco e, talvez, o Império não mais existisse. Em outras palavras, para Uruguai a relativa pobreza vivida pelas províncias não era resultado da alta concentração dos recursos fiscais em mãos do poder do Império, mas sim da irresponsabilidade do Ato Adicional que atribui uma série de funções às províncias sem garantias de recursos para o seu cumprimento. Ao

---

Sobre a vida e atuação política e/ou intelectual de Visconde de Uruguai e Tavares Bastos ver: Souza, José Antônio Soares de. *A vida de Visconde de Uruguai*. São Paulo: Cia Editora Nacional, 1944. Ver também: Pontes, Carlos. *Tavares Bastos*. Rio de Janeiro: Civilização Brasileira, 1967; e Rego, Walquíria Leão. *A utopia federalista: Estudo sobre o pensamento político de Tavares Bastos*. Maceió: EDUFAL, 2002.

27 Gabriela Nunes Ferreira estabelece um diálogo entre as obras de Visconde de Uruguai e Tavares Bastos que, segundo ela, "são figuras paradigmáticas sobre descentralização e centralização a partir dos anos 60 do século passado (i.e, séc. XX). (...) embora Tavares Bastos tenha escrito sua principal obra, A província (1870) após a morte de Visconde de Uruguai (1866), pode-se com propriedade dizer que houve um diálogo entre eles." Ver: Ferreira, Gabriela Nunes. *Centralização e descentralização no Império*, p. 50.

contrário, Uruguai defendia, portanto, a centralização dos recursos como o antídoto ao desmembramento do Império.[28]

Já Tavares Bastos, mais jovem que Visconde de Uruguai e membro do partido Liberal, em sua conhecida obra "A Província", defendeu, ao contrário, que a baixa autonomia dedicada às províncias, principalmente após o movimento do 'regresso', foi prejudicial na medida em que as deixou em situação de penúria econômica e financeira, ampliando a centralização que ele tanto condenava. Tavares Bastos escreveu nas décadas de 1860 e 70, já com a unidade consolidada e sob forte influência de uma retomada do liberalismo vivenciada na época. Essa retomada tinha como sua influência as medidas do 'avanço liberal' da década de 1830 que haviam sido institucionalizadas pelo Ato Adicional, assim como, em plano mais geral, a experiência federalista norte-americana.

Vale destacar, em um breve esclarecimento, que a década de 1860 é vista como aquela do renascimento ou de 'uma nova onda' liberal, já que após o período considerado como o de consolidação do Império após as turbulências regenciais (ou seja, os anos 40 e 50, caracterizados pela centralização política e administrativa), o país vivenciava um novo momento de crescimento e desenvolvimento. Nesse cenário, Tavares Bastos era um dos representantes desse novo liberalismo. Se por um lado esse novo liberalismo apresentava novas reivindicações ligadas "às liberdades civis, participação política e reforma social", nas palavras de Carvalho, por outro inspirava-se na geração de 1830, ou seja, nos líderes responsáveis pelo 'avanço liberal' e, portanto, pela aprovação do Ato Adicional de 1834.[29]. Ferreira, assim afirma quando relaciona Tavares Bastos aos liberais da Regência:

> Em A Província, escrito em 1870, Tavares Bastos deu vazão ao seu radicalismo frustrado no terreno da prática política, retomando

28 Ver Ferreira, Gabriela Nunes. *Op. cit.*,p. 67-71. O Ato Adicional de 1834 era composto por 34 artigos que, em geral, ampliavam a autonomia provincial ante o poder central. O artigo mais relevante para essa autonomia foi logo o de nº 1, que garantia a criação de Assembleias Legislativas em cada província brasileira. Contudo, no artigo 11 é que estão descritas as funções que seriam a partir de então assumidas pelas províncias. Entre elas estão legislar sobre: as polícias municipais (Art. 10, item 4); fiscalização do emprego das rendas provinciais e municipais (Art 10, item 6); criação, supressão e nomeação para os empregos provinciais e municipais, determinando seus salários (Art. 10, item 7); obras públicas, estradas e navegação (Art. 10, item 8); construção e administração das prisões (Art. 10, item 9); a força policial provincial (Art. 11, item 2); e a organização da estatística provincial, a catequese, a civilização dos indígenas, e o estabelecimento de colônias, em conjunto com o Governo Geral. (Art. 11, item 5). Todos esses pressupõem despesas que, segundo Visconde de Uruguai, não foram garantidas por receitas compatíveis às províncias.

29 Ver: Carvalho, José Murilo de. *A construção da Ordem*, p. 160.

> muitas das teses defendidas pela mais pura tradição liberal, que fez escola na regência.[30]

O próprio Tavares Bastos escreveu, em defesa do Ato Adicional que:

> Por meio dele, as províncias brilham no firmamento do Império, verdadeiras estrelas, com luz própria, cada uma; e não como planetas opacos sobre que se reflete a esmola de luz do astro que o acaso colocou no centro.[31]

Já em relação à posição que o aproximava do federalismo norte-americano, esse radicalismo a que se refere Ferreira, residia na tentativa de Tavares Bastos em conjugar Federalismo e Monarquia, antiga aspiração dos liberais da década de 1830.[32] Sobre essa conjugação e sobre Tavares Bastos, Joaquim Nabuco escreveu que "Tavares Bastos era, por influxo norte-americano predominante em seu espírito, um republicano natural"[33], reforçando a hipótese sobre a influência federalista norte-americana sobre o pensamento de Tavares Bastos e sobre sua defesa da descentralização que daria às províncias maior autonomia em relação ao Império brasileiro.

Para Tavares Bastos, esta baixa autonomia provincial, além de vista pela centralização dos recursos, era também devida à escolha, pelo Imperador, dos residentes provinciais. Segundo o autor, a eleição dos presidentes provinciais seria, se acompanhada pela ampliação do controle provincial sobre seus negócios, a solução para o atraso provincial que ele atribuía à interferência do poder central. Esta proposta de eleição para a escolha do presidente provincial mostrava como Tavares Bastos desejava às províncias uma independência política muito maior do que aquela pretendida por Visconde de Uruguai e do que aquela prevista no modelo que então organizava o país.

Em relação às rendas das províncias, Tavares Bastos é contundente em sua crítica à falta de recursos provinciais, outro fator do atraso provincial, que dedica à divisão de rendas feita em 1835. Para ele uma reforma fiscal era necessária para ampliar a possibilidade de arrecadação das províncias e diminuir a interferência do governo central

---

30 Ver Ferreira, Gabriela Nunes. *Centralização e Descentralização no Império*, p. 62.

31 Idem, pág. 81.

32 Sobre a defesa do modelo de Monarquia federativa durante os debates da década de 1830 que antecederam a aprovação do Ato Adicional de 1834, ver Dolhnikoff, Miriam. *O Pacto Imperial*, cap. 1 (Projetos Liberais), seção 3 (A Monarquia Federativa), p. 55-65.

33 Nabuco, Joaquim. *Um Estadista Do Império*. São Paulo: IPE, 1949, p. 93. Citado por Ferreira, Gabriela Nunes, *Op. cit.* p. 63.

nos negócios provinciais.[34] O autor ofereceu por meio de seus escritos duas reformas tributárias que visavam à ampliação dos recursos provinciais. Em ambas atacava a concentração dos impostos sobre exportação e importação em mãos do Império. Sabendo da importância destes dois impostos em um país exportador de matérias primas, a defesa de Tavares Bastos para que os impostos sobre exportação e importação fossem provinciais mostra a função que o autor dedicava às províncias e como dedicava a elas uma relevância muito maior do que o arranjo imperial lhes dava.[35]

Além disso, as três questões levantadas por Tavares Bastos, ou seja, a eleição do presidente provincial, a reforma constitucional que garantiria uma maior autonomia provincial sobre os negócios locais e a reforma tributária que ampliaria os recursos provinciais, principalmente ao dar-lhes responsabilidade sobre as tarifas de importação e exportação, se associavam à outra questão, mais polêmica, tratada pelo autor: a disparidade regional.[36]

Segundo ele, portanto, as províncias do Norte estariam sendo prejudicadas pelo Império – e isso só era possível devido à centralização – pois remetiam ao governo

---

34 Assim escreveu Tavares Bastos: "A classificação de 1835 prevaleceu quase inteira até hoje, continuando como gerais certas verbas de receita que em rigor seriam provinciais." (*A província*, cap. 17, seção VII (VII – Impostos gerais que se pode transferir às províncias: correspondem às despesas dos serviços que devem ser descentralizados, p 365)

35 Para a questão dos impostos e como tanto Visconde de Uruguai como Tavares Bastos viam a repartição das rendas fiscais entre o Império e as províncias, ver Ferreira, *Op. cit.*, p. 98-107. Tavares Bastos trata a questão em um dos capítulos de A província (cap. 17: Receitas e despesas; principalmente na seção II: Restrições ao poder provincial em matéria de impostos: taxas locais adicionadas a imposições gerais).

36 Sobre as propostas de reforma apresentadas por Tavares Bastos, Ferreira discute-as com detalhes na seção 1 (Os termos do debate) do capítulo 2 (O conteúdo do debate) de sua obra. Ver Ferreira, Gabriela Nunes, *Op. cit.*, p. 65-76. Já sobre a questão da disparidade regional provocada pela desigual distribuição dos recursos pelo Império às províncias, Tavares Bastos na conclusão de A província, diz que "aumentam a cada ano as prósperas receitas das onze províncias setentrionais: da Bahia ao Amazonas entram nos cofres nacionais 36.000 contos; mas somente 15.000 nelas se despendem, ou no Rio de Janeiro e em Londres, com serviços realizados em cada uma ou a que a todas as onze interessam. Os 21.000 contos restantes desde já promoveriam o desenvolvimento material e moral do Norte, senão fossem absorvidos pelos juros da dívida pública e pelo custeamento da administração central (i.e. Rio de Janeiro). Até o último centil paga o Norte, que aliás se reputa na dependência do Sul, a quota que lhe cabe na despesa dos serviços nacionais, sem nada restar ao tesouro do Império, antes o auxiliando com uma soma líquida considerável, pouco inferior a 7.000 contos este ano. Para avaliar, porém, de resultado tão lisonjeiro a essa parte do Brasil, atenda-se que na despesa propriamente nacional figuram verbas exageradas, figura o luxo da administração montada com funcionalismo excessivo, clientela dos homens políticos da capital, figura o serviço da dívida acumulada pelas guerras do Prata e do Paraguai." (*A província*, p. 399-400).

central recursos maiores do que recebiam em forma de investimentos em áreas sob a responsabilidade do Império. Estes recursos estariam sendo, ainda segundo o autor, amplamente investidos em infraestrutura nas regiões meridionais. Os riscos nas fronteiras sulistas e a Guerra do Paraguai seriam exemplos de como os recursos retidos pelo Império em todo o território nacional eram gastos nas províncias do Sul em detrimento das do Norte.

Tais questões, além da relevância que tem para o entendimento sobre a autonomia provincial durante o Império Brasileiro, também lançam luz sobre como ocorriam as relações entre o governo central e as províncias; ou seja, o debate sobre centralização e descentralização no Império sugere o modelo político e administrativo do Império brasileiro e aponta a centralização como característica maior. A questão tributária ocupa lugar central neste debate, dada sua importância para a maior ou menor autonomia das províncias.[37]

As questões debatidas por Visconde de Uruguai e por Tavares Bastos foram retomadas pela historiografia do século XX produzida no Brasil. Em geral, a historiografia aponta para as mesmas conclusões de Tavares Bastos: parte dela define a situação financeira das províncias como precárias devido à centralização ocorrida após a efêmera experiência voltada à descentralização da década de 1830. Tal situação teria se mantido inalterada por todo o Império devido ao domínio 'saquarema', à falta de reformas que alterasse a estrutura tributária a fim de ampliar as possibilidades de obtenção de recursos pelas províncias e, principalmente, pela manutenção do controle sobre os impostos de importação e exportação pelo governo central. O descontentamento a essa situação de precariedade das províncias também estaria na origem da retomada da proposta republicana a partir da década de 1870, amparada como estava na reivindicação de maior autonomia provincial, principalmente inspirada pela experiência federalista norte-americana.

Dessa forma, a centralização imperial não seria apenas política e administrativa mas, também econômica, dada a incapacidade financeira das províncias ante a concentração da riqueza em mãos do Império. Tal situação desdobrava-se em outras três, que eram a ampliação da dependência econômica das províncias em relação ao governo

37 Sobre a relevância da questão tributária na construção das instituições nacionais durante o Império ver: Costa, Wilma Peres e Miranda, Márcia Eckert. *Entre os senhores e o Império: transformações fiscais na formação do Estado Brasileiro (1808 - 1840)*. Publicado em *Revista Illes i Imperis*. Universidade Pompeu Fabra, Barcelona, nº 13, 2010, p. 87-115. No artigo, as autoras exploram a questão tributária como representante da divisão de forças sociais (sobre quais grupos sociais e/ou atividades econômicas recaem os impostos) e entre os níveis de poder (nacional, provinciais e municipais).

central; a intensa disputa entre as elites regionais em busca de influência política e acesso às decisões do governo central para que suas respectivas regiões fossem beneficiadas pelos repasses e investimentos que o Império fazia às províncias; e, consequentemente, a conclusão de que o desenvolvimento regional estava sob a decisão do Império e não estaria, portanto, sob o alcance das províncias.

Para o primeiro item, o trabalho de Deveza[38] aponta para a concentração dos melhores (ou mais rentáveis) impostos em mãos do governo central, ou seja, aqueles que versavam sobre importação e exportação. Sobrariam às províncias, neste caso, os impostos menos rentáveis, além da limitação à bitributação e ao direito de legislarem sobre impostos que confrontassem a legislação imperial. Na verdade, a divisão de rendas estabelecida em 1835 e vinculada ao Ato Adicional, não seria tão favorável às províncias, já que limitava a criação de impostos pelas províncias ao mesmo tempo em que ampliava suas responsabilidades administrativas. Desta forma, a situação das províncias piorara com o Ato Adicional, e o 'regresso', assim como seu duradouro resultado centralizador, seriam benéficos, pois retiravam das províncias responsabilidades que seus escassos orçamentos não seriam capazes de cumprir.

38 Ver: Deveza, Guilherme. *Política tributária no período imperial.* Em Holanda, Sérgio Buarque de e Campos, Pedro Moacyr (orgs.) *História Geral da Civilização Brasileira.* Tomo II. O Brasil Monárquico. 4º Volume: Declínio e queda do Império, p. 61-84. Rio de Janeiro: Bertrand Brasil, 1995 (5ª edição)

Quadro 1. Fontes de receitas, segundo a Lei n. 99, de 31 de outubro de 1835

Governo Central
Direitos arrecadados nas alfândegas por importação
Direitos de exportação, baldeação e reexportação e emolumentos
1/25 dos emolumentos dos ofícios passados nas alfândegas
Armazenagem, ancoragem e faróis
Contribuição da Junta do Comércio sobre o volume e embarcações
Imposto de banco
Imposto de 15% das embarcações estrangeiras adquiridas por nacionais
Imposto de 5% sobre a venda de embarcações nacionais
Direitos de 25% do ouro
Sisa dos bens de raiz
Porte de correios de mar e terra
Impostos para caixa de amortização da dívida pública
Dízimos do açúcar, algodão, café, tabaco e fumo e contribuição dos sacos de algodão
Dízimos de gado vacum e cavalar
Imposto de 20% sobre os couros do Rio Grande do Sul
Imposto de 40% sobre a aguardente do sul da Bahia
Imposto do selo das mercês, dízima da chancelaria, novos e velhos direitos, etc.
Emolumentos do Tribunal Superior de Justiça
Chancelaria da Imperial Ordem do Cruzeiro e ordens militares
1/2 soldo das patentes militares e contribuições de montepio
Províncias/Donativos
Terças-partes de ofícios
Selo de heranças e legados
Emolumentos da polícia
Décima dos prédios urbanos
Dízimos de exportação
Imposto sobre casas de leilão e modas
Imposto sobre o consumo de aguardente da terra
Imposto sobre gado de consumo
Meia-sisa de escravos
Rendimentos do evento

Fonte: Miranda (1998), p. 212.

Ainda segundo Deveza, a matéria tributável à disposição das províncias deixava-as em situação de penúria, sendo que, para driblar tal situação, as províncias criavam legislações específicas que garantiam a elas alguma melhora fiscal e orçamentária. Porém, para tanto, as províncias incluíam em suas legislações tributárias impostos que eram, segundo a divisão de 1835, de direito do poder central. O autor trata essa brecha encontrada pelas províncias como um sinal da excessiva centralização que as deixava vulneráveis econômica e financeiramente. Ou seja, a situação era tão desesperadora às províncias que elas tinham que burlar a lei para conseguirem alguma renda tributária suficiente para mantê-las em condições financeiras e econômicas mínimas.

É interessante notar que o autor enxerga essa questão e tal atitude das províncias como, ao mesmo tempo, prejudicial às rendas imperiais e aos negócios e insuficiente às responsabilidades provinciais. Em outras palavras, as províncias pouco resolviam suas péssimas condições financeiras quando bitributavam alguma matéria que estava, segundo a lei de 1835, sob a responsabilidade do poder central; além de prejudicarem os negócios e as rendas nacionais. Tal situação, ainda segundo o autor, teria durado por todo o Império. Em, ao menos três situações entre 1835 e 1889, essa discussão foi retomada, sempre apontando o autor o 'mau comportamento' provincial como o centro dessas discussões: em 1857, sob o comando de João Maurício Wanderley, futuro Barão de Cotegipe, uma Comissão criada pelo Conselho de Estado apresentou um relatório no qual apontava a distorção fiscal criada pela desobediência das províncias em taxar matérias que estavam sob a responsabilidade do poder Imperial; em 1875 e 1876, em relatórios apresentados pelo Ministério da Fazenda, Barão do Rio Branco e seu sucessor na pasta, Barão de Cotegipe, apresentaram, respectivamente, reivindicações acerca de uma lei de Interpretação de 1835, apontando mais uma vez o desrespeito provincial à divisão de rendas entre o poder Central e as províncias; e durante a última década de funcionamento da Monarquia, quando o Ministro da Fazenda no ano de 1882, Visconde de Paranaguá, designou uma Comissão para rever a divisão de rendas entre o poder Central e as províncias. O resultado do trabalho dessa Comissão foi a proposta, consubstanciada em Projeto de Lei, que repassava às províncias os direitos de dois impostos até então sob a responsabilidade do governo central - imposto sobre indústrias e profissões e imposto sobre transmissão de propriedade. Em troca disso o governo central ganharia um novo imposto, sobre a renda, a ser criado naquele momento. Este projeto não foi aprovado e, portanto, a situação fiscal e a divisão de rendas entre o poder Central e as províncias continuavam, já nos anos finais do Império, do mesmo modo que haviam sido pensadas em 1835.[39]

Outro autor que aborda a questão fiscal e orçamentária do Império de modo análogo é Diniz. Em seu doutoramento, Diniz por meio de uma minuciosa pesquisa, associa a centralização política e administrativa à concentração da riqueza em mãos do Império. Para tanto, não só confirma o que afirmava Deveza em seu diagnóstico sobre a desigualdade qualitativa na divisão de rendas entre o centro e as províncias, como, além disso, compara os gastos do Império em cada província com o quanto cada uma delas enviava ao governo central, ou contribuía com o orçamento imperial. Em outras palavras, também aponta a divisão de rendas aprovada em 1835 como a responsável pela inanição orçamentária das províncias, já que deixou ao Império as rendas sobre importação e exportação, concluindo que a relação entre as províncias e o Estado Imperial era deficitária às primeiras, o que significa dizer que as rendas promovidas ao Império pelas províncias eram significativamente maiores do que as despesas do governo central nas províncias.[40]

Essa conclusão permite alguns comentários acerca das relações apontadas por Diniz como desfavoráveis às províncias. Um deles é que as responsabilidades do governo central, em um país que se construía, eram certamente maiores do que as responsabilidades provinciais; outro é que, ao olharmos os números apresentados por Diniz em sua tese, confirmamos que a relação era desfavorável para algumas províncias, não para todas. Em geral, as províncias que mantinham uma tradicional estrutura produ-

39 A questão sobre as indefinições acerca do que seria tributado pelo governo central e o que estaria sob a fiscalidade provincial é vista como sendo constituída por três itens: a falta de clareza da própria lei que determinava a divisão das rendas; a dificuldade do governo central em efetivar a taxação em regiões interioranas ou de mais difícil acesso; e a tentativa das próprias províncias em achar 'brechas' que pudessem reverter em ampliação de suas respectivas arrecadações. Essas questões aparecem com destaque em Tessitore, Viviane. *As fontes da riqueza pública. Tributos e administração tributária na província de São Paulo (1832-1892).* Uma das 'brechas' encontradas pelas províncias era a de tributarem produtos transportados por seus territórios, mesmo sendo importados ou que estivessem a caminho do porto para serem exportados. Tal cobrança poderia ser considerada uma bitributação, mas que, por falta de clareza na lei, era prática comum entre as províncias.

40 Diniz, em sua tese de doutoramento, defende a hipótese que houve no um processo constante de apropriação, pelo Império, da riqueza gerada nas províncias. Em suas palavras: "Com efeito, os dados do Balanço demonstram que, a partir da década de 1830, a estrutura financeira do Império funcionou eficientemente no processo de apropriação da renda produzida nas províncias, principalmente Pernambuco, Bahia, Maranhão, Pará, São Paulo e Rio de Janeiro." Ver Diniz, Adalton Franciozo. *Centralização política e apropriação de riqueza: Análise das finanças do Império Brasileiro (1821 - 1889).* São Paulo, 2002. FFLCH/USP (tese de doutoramento), p. 202.

tiva voltada às exportações, como Bahia, Pernambuco e Pará, de fato contribuíam para o orçamento imperial com quantias maiores do que recebiam das despesas nacionais.

Ao contrário, províncias mais interioranas e, principalmente, fronteiriças, recebiam maiores recursos por meio das despesas do Império do que contribuíam às receitas gerais. Isto indica que o Império investia em regiões que representavam ou corriam maiores riscos ao seu projeto, como a manutenção da unidade territorial, como o Rio Grande do Sul durante o período da Revolução Farroupilha (1835-1845) ou o Mato Grosso. Outro exemplo é que essa relação é deficitária ao Império quando o governo central ampliava seus gastos em províncias que passavam por conflitos e/ou revoltas, como o Rio Grande do Sul entre 1835 e 1845, assim como Pernambuco em 1848. A manutenção da ordem interna pode ter sido, portanto, um importante fator para a ampliação dos repasses feitos do governo central às províncias.[41]

Outra conclusão de Diniz refere-se à defesa que, por conta dessa centralização, o Império mantinha uma relação de metrópole-colônia com as províncias, e, dessa forma, não só as províncias eram dependentes dos repasses do governo central, como também – e por isso mesmo – o desenvolvimento de cada uma delas dependia do Império. Em outros termos, as províncias que recebiam maiores recursos do governo central tinham maiores possibilidades de desenvolvimento econômico.[42]

Essa conclusão, nada muito diferente daquela pontualmente apresentada por Tavares Bastos, é endossada, de modo mais enfático, por Cabral de Melo. Em uma de suas obras, o historiador pernambucano afirma com eloquência que as províncias do Norte estariam sendo deliberadamente prejudicadas pelo governo imperial que repassava recursos maiores, em forma de gastos e/ou investimentos, às províncias do Sul. No limite, afirma que a dificuldade das províncias do Norte era devida ao governo central, na mesma medida, só que inversamente, que as províncias do Sul eram beneficiadas

41 O caso mato-grossense é eloquente. Região fronteiriça, era uma das províncias que maiores recursos recebia do governo Imperial. Em 1849, segundo dados do Balanço da Receita e Despesa do Império, o Mato Grosso recebeu aproximadamente 25 vezes o que contribui para a receita Imperial. O Rio Grande do Sul, também região fronteiriça, viu a relação entre o quanto contribuía para a receita do Império e o quanto recebia das despesas do Império crescer em quase quatro vezes entre 1834 e 1845. Em 1834, essa relação era de 0,53 (a província recebia em forma de despesas 53% do que contribuía com a receita do Império) e passou a ser de 1,95. Já Pernambuco viu essa mesma relação sair de 0,39 em 1847 para 0,70 em 1848. Os dados para São Paulo e Minas Gerais, para o ano de 1842, não foram divulgados. (Ver: Balanço das Receitas e Despesas do Império. Apresentado por Diniz, *Op. cit.*, Anexos)

42 Diniz afirma que: "A situação de permanente exação fiscal das províncias assemelhava-se, para os contemporâneos e opositores da centralização, a uma situação de tipo colonial" (ver: Diniz, *Op. cit.* p. 202).

pelo governo imperial. Por fim, que as províncias do Norte financiavam o enriquecimento das províncias meridionais. Algumas posições a esse respeito são enfáticas. Cabral de Melo assim trata a questão:

> Em meio a espoliação fiscal das províncias, o problema dos saldos provinciais adquiriu, como seria de esperar, um relevo inusitado, que certamente não teria ganho caso os legisladores da Regência tivessem estabelecido um sistema equitativo de discriminação de rendas. Os saldos eram os excedentes da receita dos impostos gerais remetidos para o tesouro no Rio, uma vez deduzidas as despesas do Governo Imperial nas correspondentes províncias. As queixas foram particularmente vivas no Norte – e com razão.

E complementa, reforçando seu argumento e concentrando a atenção na província pernambucana:

> Em Pernambuco, durante todo o século XIX, os saldos representaram o *leitmotiv* das reclamações provinciais. (...) Um dos líderes da Revolução Praieira (1848), Henrique Pererira de Lucena, pai do futuro barão de Lucena, daria como motivo da insurreição a necessidade de reformas como a de fazer com que ficassem na província os dinheiros nela arrecadados. Cerca de 30 anos depois, Herbert Smith notaria que os pernambucanos 'queixam-se, com muita razão, de que o Rio drena para si toda a prosperidade; que as províncias do Norte são tributadas para que se construam ferrovias, edifícios públicos e outras obras nas províncias do sul'. A crítica ao sistema de rendas não se fazia apenas ouvir pela boca de federalistas ou de liberais exaltados, como seria previsível, mas também, o que era mais significativo, pelas colunas do austero Diário de Pernambuco, porta-voz da praça do Recife. Demonstrando em 1845 que os saldos transferidos para a Corte correspondiam a cerca de 2/3 da receita imperial na província, o circunspecto jornal investia, com ardor antes característico de gazeta praieira, contra o que denominava 'excêntrica partilha de rendimentos gerais e provinciais', inspirada,

> a seu ver, no mais sistemático espírito de injustiça, os democratas diriam, de colonização.[43]

Por outro lado, há alguns estudos recentes que negam ou ao menos relativizam tamanha centralização de recursos em mãos do governo imperial. O mais relevante é o de Dolhnikoff, que faz uma revisão historiográfica quando afirma que o modelo resultante das discussões acerca da maior ou menor descentralização política e administrativa ocorridas na década de 1830 e 1840 – e que definiu as regras do relacionamento entre governo central e províncias por todo o período Imperial brasileiro – foi menos centralizador do que a historiografia até aqui citada defende.

Ainda segundo Dolhnikoff, as reações dos conservadores e centralistas à tentativa liberal da década de 1830 não foram suficientes para que as províncias ficassem reduzidas à inanição e à dependência econômica. Ao contrário, o 'regresso conservador' da década de 1840 teria sido eficiente apenas ao centralizar aquilo que tinha sido feito pelos liberais da década de 1830 em relação ao Poder Judiciário e não em relação às rendas e às responsabilidades provinciais. Dessa forma, a centralização não tirou das províncias sua capacidade de manter seus compromissos e investimentos, tornando a relação entre elas e o governo imperial mais equitativa, na medida em que essa autonomia provincial mantida após o processo de centralização fez com o governo central preservasse um relacionamento com as províncias de modo que as questões locais fossem nacionalizadas por meio das representações de cada província nas esferas de poder nacionais. Nas palavras da historiadora:

> Realizada a Interpretação do Ato Adicional, as Assembleias provinciais continuavam desfrutando da mesma autonomia tributária, com o direito de criar impostos e decidir sobre o destino das rendas arrecadadas. (...) Foi-lhes vedado apenas alterar os empregos integrantes do aparelho judiciário. A maior parte das atribuições das Assembleias Provinciais, portanto, era mantida tal qual prescrita pelo Ato Adicional. Os pontos alterados não transcendiam a esfera do Judiciário. (..) Não se pretende aqui minimizar os efeitos da centralização do aparelho judiciário, mas apenas ressaltar que, se ela se

43 Ver: Melo, Evaldo Cabral de. *O Norte agrário e o Império: 1871 – 1889*. Rio de Janeiro: Topbooks, 1999, p. 248-250.

> limitou a amplitude da autonomia provincial, não teve o efeito de a neutralizar ou torná-la insignificante.[44]

Sendo assim, a organização imperial brasileira, no que respeitava às relações entre o poder central e as províncias assim como à divisão de responsabilidades entre eles, aproximava-se do federalismo norte-americano, e não do centralismo anunciado por parte importante da historiografia.[45]

A perspectiva de Dolhnikoff possibilita que os itens apontados como aqueles que comprovariam a centralização excessiva dos recursos em mãos do poder central sejam questionados, pois se a centralização ocorrida após as tentativas liberais da década de 1830 ficou circunscrita à questão judiciária e, portanto não interferiu na divisão das rendas de 1835, a autonomia provincial pode ser revista a partir de outro ângulo, ou seja: se com aquilo que ficou sob o controle provincial, fossem suas responsabilidades, fossem suas receitas, era possível às províncias manter seus orçamentos equilibrados sem as transferências feitas pelo governo central, então a relação de dependência entre eles era menor do que a excessiva centralização insinua. Ou seja, não obstante a centralização representada pela divisão de rendas que deixava ao Império o controle sobre os principais impostos, a divisão das responsabilidades também deve indicar se, de fato, é possível falar, assim como faz Diniz, que havia uma relação colonial entre o governo central e as províncias, tamanha a transferência de recursos dessas ao Império, assim

---

44 Ver Dolhnikoff, Miriam. *O Pacto Imperial*. p. 153.

45 Dolhnikoff, em uma breve passagem, afirma que: "A autonomia dos governos provinciais, conferida pelo Ato Adicional e mantida durante todo o Império, atendia às demandas das elites provinciais e, desta forma, conquistava sua adesão. Elas passaram assim a se responsabilizar e a se interessar pela preservação do próprio Estado, constituindo-se como elite política. Uma elite que, além as Assembleias Provinciais, encontrava na Câmara de Deputados o palco ideal para negociar seus interesses. O Parlamento distanciava-se inteiramente daquele fórum de sábios imaginado e desejado por José Bonifácio para determinar e guiar a reforma da sociedade escravista. Ao contrário, constituía-se uma elite política com profundos laços na organização socioeconômica provincial, mas ao mesmo tempo comprometida com a Unidade e o Estado nacionais." Dessa forma, a autora confirma a perspectiva aqui adotada – a de manutenção por todo o Império da autonomia provincial relativa à questão fiscal (criação de impostos, arrecadação e decisão sobre o uso de seus recursos nos itens determinados pelo Ato Adicional de 1834; p. 65), como resume, no exemplo da relação entre as elites provinciais e o Estado nacional, o que chama de federalismo. Esse federalismo é, segundo ainda Dolhnikoff, um sinal da 'inapelável vocação americana' (p. 15) apresentada pelo Brasil durante sua história monárquica. Ver: Dolhnikoff, *Op. cit.*, p. 154.

como o estado de dependência que enfrentavam em relação aos recursos que vinham do governo central.[46]

A proposta, portanto, é a inclusão de outra perspectiva que discuta não o quanto dos recursos do país ficava sob o controle do governo central e o quanto ficava às províncias, e sim identificar as possibilidades que tinham as províncias em manter seus orçamentos equilibrados independentemente do comportamento do Império. Mais do que isso, identificar como as províncias usavam seus recursos naquilo que estava sob sua responsabilidade, apontando como usavam a autonomia que, segundo Dolhnikoff, não era tão pequena assim.[47]

46 A possibilidade de avaliar a autonomia provincial ante a hipótese de exagerada centralização foi usada por vários pesquisadores que, em geral, adotaram duas abordagens: a definição da capacidade fiscal, principalmente preocupados em definir e descrever as taxas que estavam sob a responsabilidade provincial; e a contabilização das receitas exclusivamente provinciais. Alguns bons exemplos de trabalho que abordam essa questão são: Tessitore, Viviane. *As fontes da riqueza pública: tributos e administração tributária na província de São Paulo (1832 - 1892).* São Paulo, 1995. Dissertação de Mestrado, Faculdade de Filosofia, Letras e Ciências Humanas da Universidade de São Paulo (FFLCH-USP); Mérgar, Eucélia Maria Agrizzi. *Repartição da competência tributária no Império e seus efeitos na província do Espírito Santo (1836 - 1850).* Vitoria, 2011. Dissertação de Mestrado, Centro de Ciências Humanas e Naturais da Universidade Federal do Espírito Santo (UFES); Danieli, Maria Isabel Basilisco Celia. *Economia mercantil de abastecimento e rede tributária: São Paulo, séculos XVIII e XIX.* 2006. (Tese de doutorado) – Instituto de Economia da Unicamp, Campinas, 2006; Costa, Hernani Maia. *O triângulo das barreiras.* Tese de Doutorado, Faculdade de Filosofia, Letras e Ciências Humanas da Universidade de São Paulo (FFLCH-USP), 2001; Freitas, Ana Paula Ribeiro. *Diversidade econômica e interesses econômicos: as políticas públicas do Governo provincial mineiro (1870 - 1889).* São Paulo, 2009. Dissertação de Mestrado. Faculdade de Filosofia, Letras e Ciências Humanas da Universidade de São Paulo (FFLCH-USP); Miranda, Marcia Eckert. *Rio Grande do Sul: Tributação e Economia (1699 - 1945).* Dissertação de Mestrado. Faculdade de Ciências Econômicas. Universidade Federal do Rio Grande do Sul (UFRGS), Porto Alegre, 1998. Oliveira, Vinícius De Bragança Müller e *Centralização e Descentralização: mudanças institucionais e seus impactos na província de São Paulo (1835-1850).* Dissertação de Mestrado. Faculdade de Ciências e Letras de Araraquara (FCLAr) UNESP, 2006.

47 Em uma breve passagem, Dolhnikoff defende que "a autonomia (provincial), contudo, não pode ser medida pela comparação dos volumes de arrecadação entre centro e província. A existência de autonomia tributária está na capacidade dos governos regionais de arrecadar tributos por eles criados e com os rendimentos obtidos investir em determinados itens que considerem prioritários." Dolhnikoff, M. *O Pacto Imperial*, p. 158. Da mesma forma, em minha dissertação de mestrado aponto que: "No caso paulista, é possível ver tal autonomia pela tendência de aumento das receitas provenientes da política fiscal. Ao contrário do que boa parte da historiografia afirma, foi possível à província de São Paulo manter seus orçamentos equilibrados e, mais do que isso, garantir saldos que se transformavam em investimentos públicos." Oliveira, Vinícius De B. M. e *Centralização e Descentralização*, p. 74.

Como vimos, um dos itens que estava sob a responsabilidade das províncias era a instrução primária, ponto obrigatório nas discussões sobre a formação e consolidação das nações no século XIX; portanto, os gastos provinciais com educação primária podem indicar o alcance dessa relativa autonomia, como as províncias a usavam e como entendiam e atuavam em relação a esse que era um dos itens com presença obrigatória nas discussões sobre o desenvolvimento do período.

Contudo, antes de abordar tais questões, veremos na próxima seção como a bibliografia que trata a questão educacional do século XIX incorporou a tese da excessiva centralização imperial. No capítulo seguinte passaremos às análises dos orçamentos das províncias de São Paulo, Pernambuco e Rio Grande do Sul.

2.3 A Questão Educacional

Uma breve análise sobre os números que representam a instrução primária no Brasil do século XIX apontam ao fracasso que caracteriza tal item do serviço público nacional, fundamental para o processo de formação do país. Como visto no capítulo 1, os índices de alfabetização indicam um nível baixo de escolarização no Brasil mesmo se comparado aos países vizinhos, como Argentina, Uruguai e Chile. De fato, o avanço da escolarização – e, consequentemente, da alfabetização - foi lento, o que deixou o país em relativo atraso educacional. Este atraso foi percebido durante o século XIX pelos homens públicos que discutiam tal tema no período. Ou seja, assim como reconheciam a relevância da educação básica ao desenvolvimento do país e conheciam as experiências, debates e modelos de criação e expansão de sistemas educacionais estrangeiros, muitos dos homens públicos do Império também discutiam os possíveis motivos para o relativo atraso brasileiro.

Entre as várias hipóteses, três apareciam reiteradamente nos debates estabelecidos pelos homens públicos representantes do poder e/ou da burocracia que, direta ou indiretamente, relacionavam-se com a questão educacional: a falta de professores bem preparados (e a falta de estrutura para a sua preparação) e de estímulos financeiros e de progresso na carreira docente; o baixo interesse da população por instrução formal, fosse por ignorância ou por resultado do baixo estímulo à escolarização em uma sociedade agrária; e a falta de recursos financeiros que viabilizassem o investimento e manutenção das escolas pelo poder público.

Dos três motivos alegados, o que aparece com maior frequência nos documentos oficiais é a questão relacionada aos professores. Baixos salários, falta de reconhecimento social e má preparação moral e intelectual, envoltos por péssimas condições de formação e de trabalho, foram motivos apresentados por todo o período em São Paulo,

Rio Grande do Sul e Pernambuco. A questão é apresentada em inúmeros relatórios e documentos oficiais, sejam os relatórios de presidentes das províncias, sejam os relatórios dos departamentos responsáveis pela instrução, como a Diretoria de Instrução Primária do Rio Grande do Sul, a Diretoria Geral da Instrução Pública em Pernambuco e a Inspetoria Geral da Instrução Pública em São Paulo. Os exemplos de manifestações que tratam a questão relacionada aos professores como central ao desenvolvimento da educação são muitos. Vejamos alguns, relacionados às três regiões (São Paulo, Rio Grande do Sul e Pernambuco) e de modo que cubra a divisão cronológica entre 1850 e 1889 e, em alguns casos, que contemple manifestações acerca do mesmo problema mesmo depois da proclamação da República, revelando que a questão continuou sendo debatida após o término do Império:

> Para conseguir provar-vos que a vossa instrução e educação popular ainda não tem chegado ao desejável grau de melhoramento que convém, não é mister longo arrazoado. Nesta província, como na maior parte das outras, o magistério não é uma profissão, é um meio de vida, não é um sacerdócio, é um simples emprego para a qual se entra de ordinário sem a arte da escola, sem a ciência do ensino; e não poucas vezes se vê a sorte de uma escola entregue a instrutores sem consciência de seu dever e do papel que representam.[48]

Neste caso, retirado do Relatório do presidente da província do Rio Grande do Sul, apresentado à Assembleia Provincial pelo Conselheiro Joaquim Antão Fernandes Leão em 1859, é transparente a relação feita entre a melhora do nível da instrução e educação da província e a condição do trabalho do professor. Esta impressão foi compartilhada, no mesmo período, pelo relatório da província paulista. No Relatório anual da Inspetoria Geral da instrução da província paulista, de 1860, lê-se que:

> Desde, porém, que nas cidades e vilas, os mestres de primeiras letras ganham pensão segura não é mais possível o sistema, e por conseguinte como a província não tem renda tão elevada, que lhe consinta retribuir à tão grande número de professores, hão eles de continuar a ser mal pagos e a sua sorte cobiçada apenas por pessoas ineptas às funções do magistério. Digo mais: com ruins professores em maioria o Código por mais perfeito que venha a ser não pode

48 Relatório anual do presidente da província do Rio Grande do Sul, 1859.

> ter a virtude de melhorar a instrução primária, porque não há bom ensino sem bons mestres. Por muitos anos, o público pois terá de sofrer a atual situação aliás de todo o mundo repudiada.[49]

Nos dois casos a questão da falta de qualificação dos professores aparece como central. Porém, no Rio Grande do Sul, não há uma explicação para esta baixa qualificação, apenas uma constatação de que as escolas são entregues a professores que não têm formação, consciência e dedicação suficiente ao ensino para o bom andamento de seu trabalho e da educação da província. Já em São Paulo, a baixa qualificação dos professores é vista como tendo por causa o baixo salário pago à profissão e a baixa atração social que o magistério exerce sobre os mais aptos. Não está clara no documento rio-grandense a questão salarial como causa da baixa qualificação, enquanto em São Paulo o argumento se expande para a quantidade dos professores em relação ao orçamento provincial. No ano seguinte, 1861, em seu relatório anual, o presidente da província de São Paulo, Sr. Antônio José Henriques, ampliou sua argumentação, mas novamente não parece apenas constatar que os professores são mal preparados ou pouco dedicados. Ao contrário, identifica os motivos que fazem com que esta situação se reproduza na instrução pública:

> O estado atual dela (da instrução pública) não é por modo algum satisfatório. Há muitas escolas vagas, e mesmo das providas, estou informado que raras são as que estão convenientemente. A mesquinhez do ordenado (dos professores), a facilidade na aprovação dos que pretendem cadeiras vagas e, sobretudo, a permissão legal para o engajamento de indivíduos supostos habilitados para o professorado e a falseada missão da Escola Normal são causas notórias do atraso da instrução, a que cumpre o quanto antes aplicar eficaz remédio.[50]

Ou seja, não só os baixos salários - mesquinhos nas palavras do presidente provincial - são os motivos do atraso da educação, mas também o sistema de aprovação para o ingresso na carreira do magistério e a ineficácia da Escola Normal, preparatória do professorado. A comparação, portanto, indica que no Rio Grande do Sul os professores eram vistos como mal preparados e pouco dedicados, já em São Paulo, como

49 Relatório Anual da Inspetoria da Instrução Pública de São Paulo, 1860, pelo inspetor geral, Sr. Diogo de Mendonça Pinto.

50 Relatório anual do presidente da província de São Paulo, Sr. Antônio José Henriques, 1861.

mal pagos e malformados por quem deveria formá-los. Esta diferença indica, também, como cada uma das províncias endereçava a questão: no caso paulista é comum que o poder público, por meio dos documentos oficiais, assumisse de maneira mais frequente a responsabilidade, ou seja, os baixos salários dos professores. Já no Rio Grande do Sul esta posição é mais tímida e menos frequente.

No mesmo tom, escreveu o presidente da província pernambucana em 1872, Sr. João José de Oliveira Junqueira:

> Precisa-se de obter um bom pessoal para o magistério. A forma atual dos concursos é defeituosa e não trará a regeneração que desejamos. Convém estabelecer-se positivamente que o aluno-mestre, com a carta de habilitação da Escola Normal, pode ser reprovado no concurso às cadeiras vagas a fim de acabar-se com o abuso de serem julgados habilitados todos quantos vão ao concurso, embora, classificados depois pelo Conselho diretor em lugares inferiores.[51]

Alguns anos depois, em 1880, o relatório do presidente da província paulista, Sr. Laurindo Abelardo de Brito, apresentava considerações sobre o tema, indicando a permanência das opiniões acerca da fragilidade da educação primária e sua relação com a questão do magistério:

> Mas, se nossas escolas públicas salvas raras exceções não inspiram a menor confiança, já porque os mestres, ou são incapazes, ou iludindo a responsabilidade vivem desviados de suas ocupações magistrais, já porque sob o ponto de vista material é triste e vergonhoso seu estado...[52]

Novamente em São Paulo a questão do baixo salário aparece como causa da fragilidade dos professores, enquanto que em Pernambuco, o sistema de aprovação de ingressantes na carreira do magistério é que seria, segundo o trecho citado, falho.

Falta de estímulos, salários baixos, falta de preparo adequado pelas Escolas Normais (preparatórias de professores), concursos de admissão com critérios ruins: tudo isso explicaria parcialmente o relativo atraso da educação primária pública nas províncias brasileiras durante o Império Brasileiro. Contudo, já durante a década final

51 Relatório anual do presidente da província de Pernambuco, Sr. João José de Oliveira Junqueira, 1872.

52 Relatório anual do presidente da província de São Paulo, Sr. Laurindo Abelardo de Brito, 1880.

do Império, no Relatório de 1882 da Instrução Pública de Pernambuco, o Instrutor Geral, Sr. João Barbalho Uchôa Cavalcanti, acrescentou outra possibilidade:

> A província de Pernambuco com tantas instituições de ensino, com duas Escolas Normais, com estabelecimentos públicos de instrução secundária, onde se professam matérias necessárias ao exercício do magistério não pode oferecer espetáculo repugnante da distribuição de cadeiras do ensino primário por pessoas que fogem à prova de habilitação e recorrem a leis de favor e de exceção que se não justificam por conveniência pública, são um grave detrimento para a instrução pública.[53]

Essas palavras revelam outro problema, qual seja, a nomeação de professores por critérios que não os baseados em mérito, e sim em indicações políticas. Das três regiões aqui tratadas o Rio Grande do Sul foi o que menos atribui aos problemas relacionados aos docentes as causas do relativo fracasso de sua instrução. Quando o faz, é menos enfática, diluindo a questão salarial entre outras questões, como a formação, estabilidade e critérios para a nomeação dos docentes. Mesmo assim houve uma mudança de opinião em relação à responsabilidade do poder público sobre a questão docente no Rio Grande do Sul, nítida quando comparamos outros trechos retirados de documentos públicos da província. Enquanto que, no já citado trecho retirado do relatório de 1859 do presidente da província sul rio-grandense, a baixa qualidade da instrução pública é vista como consequência da falta de preparação adequada dos docentes que não enxergam o magistério como profissão, em 1866, a opinião emitida no Relatório da Inspetoria Geral da Instrução Pública é de que é responsabilidade do Estado e não só do professor a melhor preparação e escolha dos docentes, assim como o recebimento, pelos docentes, de melhores salários. Em um breve trecho esta posição é revelada:

> No complicado problema da educação das crianças, há muito o que fazer, e são os poderes públicos os mais responsáveis por ela. Criar um professorado bem preparado, suficientemente remunerado, abrigá-lo da miséria e desconsideração, convidá-lo a com-

53 Relatório anual da Inspetoria Geral da Instrução Pública da província de Pernambuco, pelo Sr. João Barbalho Uchôa Cavalcanti, 1882.

> preender sua elevada missão, prepará-los nas melhores condições pedagógicas e científicas para encarregá-lo do ensino (...)[54]

Nas outras duas, São Paulo e Pernambuco, assim como no Rio Grande do Sul, a questão dos professores é frequentemente citada, mas as justificativas apresentavam variações. Entre os paulistas a questão salarial era muitas vezes lembrada, enquanto em Pernambuco os critérios de ingresso dos professores eram mais lembrados do que a questão salarial. Apenas na transição entre o século XIX e o XX, já sob a república, temos uma manifestação mais enfática em Pernambuco sobre a questão salarial dos professores. Em 1900, em sua mensagem do presidente do Estado de Pernambuco, o Sr. Sigismundo Antonio Gonçalves escreveu comentando sobre a carreira docente:

> Parece-me ainda que deve ser revogada a disposição da Lei citada estatuindo que não contarão os professores para a jubilação ou percepção de qualquer gratificação extraordinária o tempo em que estiverem em disponibilidade. Reduzidos a um estado de verdadeira inação, não por sua vontade mas pelo fato de excederem do quadro do pessoal aproveitado em cada município, sem direito à percepção de nenhuma gratificação, qualquer que seja ela, mas simplesmente ao ordenado fixado em legislação anterior a 1895, e, além disso, ameaçados de, após longos anos de serviço e muitas vezes já regido uma cadeira de 3ª entrância, serem coagidos a aceitar a sua nomeação para uma de 2ª ou 1ª , sob pena de ficarem avulsos e sem vencimentos, compreende-se quão iníqua é ainda a lei nº 201, não contando aos professores, nem para a percepção de qualquer gratificação, nem ao menos para a jubilação, o tempo em que estiverem em disponibilidade: iniquidade esta tanto, mais revoltante quanto, usando da expressão – estiveram – parece ela legislar para uma época anterior à sua promulgação , o que é contra todos os princípios do Direito.[55]

---

54 Relatório Anual da Inspetoria geral da Instrução Pública do Rio Grande do Sul, pelo inspetor geral interino, Sr. Francisco De Paula Soares, 1866.

55 Mensagem do presidente do estado de Pernambuco, Sr. Sigismundo Antonio Gonçalves, 1900. Após a Proclamação da República, em 1889, os Relatórios Anuais dos antigos presidentes de província passaram a ser chamados de Mensagem do presidente do estado. Contudo, mantiveram a mesma função, ou seja, a de resumir a situação dos principais serviços públicos sob a responsabilidade do governo provincial/estadual.

Nota-se, então, que a questão dos professores, da má formação, do baixo estímulo e reconhecimento social, foi tema que transpassou por toda a segunda metade do século XIX e continuou mesmo após a instalação da República em 1889. Porém, essa questão apareceu ao longo do período e pelas regiões de modo diferente. Em São Paulo, a questão salarial é a mais citada, enquanto no Rio Grande do Sul ela aparece timidamente. Já em Pernambuco, a questão do ingresso na carreira docente era argumento constante nos relatórios sobre a Instrução Pública.

A segunda questão refere-se à demanda por instrução na sociedade brasileira dos oitocentos. Esta questão divide-se em várias partes, mas três delas são vistas com razoável frequência nos documentos oficiais: a necessidade de criar uma legislação que garantisse a obrigatoriedade às famílias em manter seus filhos nas escolas; a distribuição geográfica das escolas; e a dificuldade e necessidade de instruir a população de um país agrário. Estas partes complementam-se, já que o debate sobre a criação de legislação que garantisse a obrigatoriedade às famílias em manter seus filhos na escola amparava-se na dificuldade de manutenção das crianças em bancos escolares em época de colheita. O argumento daqueles que eram favoráveis à criação de leis de obrigatoriedade baseava-se na autonomia familiar em retirar seus filhos da escola. Ou seja, muitos defendiam que a baixa demanda por escolarização no Brasil do século XIX era devida à facilidade que as famílias tinham em tirar seus filhos da escola quando lhes conviesse. Durante a segunda metade do século XIX e início do XX, este debate foi pauta das discussões sobre instrução no Brasil. Por exemplo: no relatório do presidente provincial paulista, Sr. José Joaquim Fernandes Torres, em 1860, pode-se ler que:

> Apesar do grande número de escolas existentes, a mocidade não adquire a necessária instrução nem obtém a conveniente cultura da inteligência e do coração. O Inspetor Geral atribui este mau resultado à falta de preparação dos mestres para a laboriosa e difícil profissão a que se votam, à ausência de processos de ensino adaptados aos fins da instrução primária e à funesta liberdade concedida aos chefes de família de retirar das escolas seus filhos quando lhes apraz.[56]

Este debate sobre a necessidade de criação de uma lei que obrigasse as famílias a manter seus filhos na escola continuou a existir até as décadas iniciais do século XX, mesmo que em muitos casos ela tenha sido, efetivamente, criada. Na província sul rio-

56 Relatório do presidente da província de São Paulo, Sr. José Joaquim Fernandes Torres, 1860.

-grandense uma lei formalizando essa obrigatoriedade existia desde 1871, mas com execução aquém do previsto.[57]

Em Pernambuco, esta discussão acerca da implantação de uma lei de obrigatoriedade escolar estende-se pelo início do século XX, como demonstram duas passagens de 1914 e 1915, respectivamente, retiradas de relatórios da Inspetoria da Instrução Pública do estado. É interessante notar que há uma a revelação feita pelo relatório sobre o conhecimento acerca da literatura, ou ao menos de um autor, que defendia a lei de obrigatoriedade escolar. E mais uma vez revela também o conhecimento sobre as experiências análogas em outros países e em outras regiões brasileiras. No relatório da Instrução Pública de Pernambuco de 1914, no qual citando um livro de G. Tiberghien, *Ensino e Filosofia*, o Inspetor Geral Olyntho Victor,escreveu:

> Vem aqui a propósito, um trecho do precioso livro de G. Tiberghien, Ensino e Filosofia: 'os ignorantes não sentem a necessidade da instrução, e muitas vezes consideram como uma desgraça que o filho seja mais instruído que o pai. Não se pode esperar de sua boa vontade que eles espontaneamente renunciem a seus prejuízos e a seus vícios. A lei reformará seus costumes.' (...) Talvez pareça aqui de muito rigor a pena de prisão, mas além de que países mais civilizados que o nosso tem estabelecido por amor da instrução, a Alemanha, a Suíça, Áustria, essa pena fica colocada no ápice da escala daquelas que são aplicadas para tornar uma realidade a obrigação escolar![58]

E, em 1915, confirmando a consciência sobre as experiências internacionais e nacionais, o mesmo Inspetor Geral da Instrução Pública escreveu com detalhes sobre a cronologia deste debate. Ou seja, segundo o trecho, algumas regiões brasileiras aprovaram a lei de obrigatoriedade do ensino desde a década de 1830, oitenta anos antes do relatório citado. Vejamos um trecho de 1915:

---

57 Não está claro nos documentos oficiais o que o governo gaúcho fez para tentar garantir o cumprimento da lei de obrigatoriedade escolar. O que os documentos revelam em inúmeros trechos é a dificuldade em garantir a obrigatoriedade devido ao pouco interesse das famílias em matricular e manter seus filhos nas escolas. Em uma circular do presidente da província gaúcha, Sr. Rodrigo de Azambuja Villanova, de 16/03/1888, lê-se que "desdenhando o testemunho dos fatos e as lições da experiência, temos perdido um tempo precioso esperando dos pais de família um auxílio que a sua ignorância não lhes permite dar. O único meio de se remediar o mal feito é a pronta execução da lei que institui a instrução obrigatória."

58 Relatório Anual do Inspetor Geral da Instrução Pública, Sr. Olyntho Victor, 1914.

> Quem observa não pode deixar de notar que um movimento feliz se opera contra o analfabetismo e daí a questão da obrigatoriedade escolar que muitos consideram essencial. No Congresso Estadual foi apresentado pelo capitão Dr. Gastão da Silveira o projeto sob o nº 3, que se ocupa do grande problema. (...) Desde Frederico, o Grande, que a Prússia o possui; Portugal e Espanha adotaram o regime em 1857; a Itália promulgou as leis de 15 de junho de 1877 e de 08 de julho de 1904; a Áustria teve a lei de 1774; a Dinamarca, a Suécia, a Noruega, a Bélgica, a Holanda e a Suíça consideram obrigatória a instrução; a França o fez igualmente desde o projeto de Jules Ferry em 1882, corroborado em 1886. Aqui no Brasil, em 1835, a Assembleia de Minas Gerais decretou uma lei; e o regulamento que baixou com o decreto de 17 de fevereiro de 1854, tentou ensaiar a obrigatoriedade no município da capital do Império.[59]

Os trechos revelam, portanto, já no século XX e com mais de vinte anos de regime republicano no Brasil, a presença da discussão sobre a obrigatoriedade escolar e como alguns no Brasil atribuíam a essa obrigatoriedade parte do sucesso escolar de países que a adotaram.

Paralelamente à defesa da obrigatoriedade imposta às famílias em manterem seus filhos na escola, outro diagnóstico sobre o problema da demanda por instrução angariava apoio entre os homens públicos. Nele a questão da obrigatoriedade não era vista como solução por parecer não só ineficaz, mas principalmente pouco justa em um país essencialmente rural. Mais clara fica a questão quando tratada em um relatório de 1870, escrito pelo presidente da província de São Paulo, Sr. Antônio Cândido da Rocha:

> A grande extensão do território da província, a disseminação de sua pequena população e a vida exclusiva da lavoura a que se entregam quase todos os seus habitantes, que moram por isso em lugares distantes das povoações, são obstáculos que retardarão por muito tempo entre nós o cultivo intelectual das classes menos favorecidas da fortuna. Como exigir do homem pobre, que lavra a terra com o próprio braço, a obrigação de mandar diariamente seu filho à escola, situada em local distante de sua morada? Esta consideração exclui a justiça de medidas legislativas que impusessem o ensino

59 Relatório Anual do Inspetor Geral da Instrução Pública, Sr. Olyntho Victor, 1915.

> obrigatório sob qualquer sanção penal. Inútil para os habitantes dos povoados, que aproveitam, independente de coerção, das instituições públicas de ensino, seria vexatória para os moradores de fora das cidades e vilas, as quais constituem, entretanto, a maior parte da população da província.[60]

Havia, portanto, um debate na província paulista que colocava em lados antagônicos aqueles que defendiam a obrigatoriedade do ensino para que as famílias fossem coagidas a manter seus filhos na escola e aqueles que relativizavam tal posição, na medida em que reconheciam as dificuldades de parte considerável da população em manter seus filhos na escola, principalmente pela má distribuição deste serviço público pelo território. Dessa forma, para alguns, a questão da baixa demanda por educação formal não seria derivada, essencialmente, nem da frágil consciência nem no costume familiar em colocar seus filhos no trabalho rural, mas sim da dificuldade em manter seus filhos em escolas muito distantes de onde moravam. Este descompasso entre a distribuição geográfica das escolas e da população também aparece em Pernambuco, alguns anos depois do relatório paulista. Em um relatório da Inspetoria da Instrução Pública de Pernambuco de 1882, podemos ler mais uma vez o argumento da fragilidade dos professores, mas principalmente, da distribuição geográfica das escolas como empecilhos ao bom desenvolvimento da escolarização na região:

> O quadro das escolas públicas foi extraordinariamente aumentado no decurso do ano que terminou. Isto importaria um grande desenvolvimento dado à instrução e à satisfação de uma necessidade pública se tivesse havido a criação de verdadeiras escolas, a escolha de verdadeiros professores e, principalmente, critérios na distribuição pela vastidão do território do estado.[61]

De qualquer forma, era reconhecido que um dos problemas era a fragilidade da demanda por educação formal ou escolar. Fosse pela falta de reconhecimento por parte da população economicamente menos favorecida das vantagens que seus filhos teriam se fossem formalmente educados, pela falta de uma lei ou, em alguns casos, da aplicação efetiva de uma lei que punisse as famílias que não mantivessem seus filhos na escola, ou ainda pela dificuldade de garantir a matrícula e a presença dos alunos,

---

60 Relatório Anual do presidente da província de São Paulo, Sr. Antônio Cândido da Rocha, 1870.

61 Relatório Anual da Inspetoria Geral da Instrução Pública da província de Pernambuco, pelo Inspetor Geral, Sr. João Barbalho Uchôa Cavalcanti, 1882.

devido ao descompasso entre a distribuição geográfica da população *vis a vis* a das escolas em um país majoritariamente rural em um território que era ocupado de modo disperso, a frágil demanda por educação formal e, portanto por escola, aparece nos documentos oficiais como sendo um dos motivos que explicariam a relativa dificuldade em alfabetizar a população brasileira.

Outra maneira complementar de ver a questão da fragilidade da demanda por educação é associá-la à predomínio da atividade agrícola. Desta forma não teríamos nem interesse do poder público em oferecer educação escolar à população - dada a pouca necessidade desta ao trabalho rural - e nem interesse da população, já que a instrução formal não guardaria relação direta com seu cotidiano. Alguns trechos, retirados de documentos oficiais de Pernambuco, podem revelar a questão e como ela era debatida à época. Este, retirado de um relatório da instrução pública de Pernambuco de 1877, dá uma pista, ainda que sutil, sobre esta maneira de entender o argumento:

> A ignorância é aliada da imprevidência. O regime das florestas entre nós é a derrubada e a queima, cegas e estúpidas. Importamos madeira do estrangeiro e queimamos a que temos melhor que aquela. (...) E se muitas são as causas de jazerem assim em completo abandono tantos e poderosos elementos de prosperidade agrícola e artística da província e do país, uma delas é a falta de ensino profissional e a ausência completa de conhecimentos de ciências físicas e naturais.[62]

O trecho aponta uma relação entre aquilo que enxerga como sendo um problema econômico (importar madeira do estrangeiro e ao mesmo tempo queimar madeira doméstica de melhor qualidade para preparar a terra para a agricultura) e a falta de conhecimentos científicos, exemplificados pelas ciências naturais. Mesmo não sendo diretamente uma relação genérica entre a ignorância e o modelo agrícola, é uma relação entre o modelo agrícola brasileiro e a ignorância. Esta relação seria melhor definida vinte anos depois em outro relatório da Inspetoria Geral da Instrução Pública de Pernambuco. Em 1897, sob a responsabilidade do Inspetor Geral Felippe de Figueiroa Faria Sobrinho, foi publicado mais um trecho sobre a relação que se fazia entre o modelo econômico-produtivo e a educação:

62 Relatório Anual da Inspetoria Geral da Educação Pública da província de Pernambuco, pelo Inspetor Geral, Sr. João Barbalho Uchôa Cavalcanti, 1877.

> Em um país essencialmente agrícola como o nosso, em que a fortuna pública tem seu manancial na produção do solo, só e exclusivamente por processos rotineiros e caducos se o explora e bem pouco se tem curado de educar o povo para suas tendências naturais. Aqui só se cuida de titular doutores, espécie nova de Esparta, que só tratava de armar soldados.[63]

A ênfase está 'nos processos rotineiros e caducos' e em 'aqui só se cuida de titular doutores', o que demonstra a falta de projeto educacional a fim de incrementar os processos produtivos ligados à mão de obra rural/agrícola e a elitização da educação, voltada ao Ensino Superior, aquela que 'titula doutores'. Novamente, não se fala, em geral, de incompatibilidade entre educação e modelos econômicos liderados pela agricultura, mas sim, especificamente, entre a primeira e o modelo agrícola brasileiro. Esta hipótese precipita uma série de especulações acerca do atraso relativo da educação no Brasil, já que, ao apontar como complemento à falta de cuidado em educar o povo – aquele que trabalha na terra – a tendência em valorizar apenas a titulação de doutores, ou seja, a educação superior voltada às elites, indica que, independentemente do modelo econômico (agrícola, industrial), a quem se voltam as políticas públicas de instrução pode ser o que realmente afeta o desenvolvimento econômico. Em outros termos, não importaria como e qual riqueza o país e/ou região produz, mas sim como e com quem gasta os seus recursos.

Essa última possibilidade de argumentação relaciona-se a outra possível explicação para o relativo atraso da educação brasileira na segunda metade do século XIX. A terceira questão vista em documentos oficiais como um dos motivos do relativo fracasso da escolarização no Brasil do século XIX e início do século XX referia-se aos recursos financeiros disponíveis para a criação e manutenção da oferta de educação formal por parte do poder público brasileiro como insuficientes. Porém, tal proposição nem sempre era unânime ou aparecia de modo absoluto. É comum encontrar em documentos oficiais posições relativamente moderadas na defesa de ampliação dos recursos financeiros voltados à educação nas regiões brasileiras. Em outras ocasiões, é possível até encontrar o contrário, ou seja, posições que afirmam serem suficientes os recursos financeiros destinados à instrução pública e que, portanto, o relativo fracasso da escolarização no Brasil não seria devido a este motivo. Em muitos documentos a falta de recursos nem é citada. Esta variação pôde ser vista independentemente do período, em

63 Relatório Anual da Inspetoria Geral da Instrução Pública da província de Pernambuco, pelo Inspetor Geral, Sr. Felippe de Figueroa Faria Sobrinho, 1897.

várias regiões brasileiras. No Relatório Anual da Diretoria Geral da Instrução Pública da Bahia de 1873 pode-se identificar a reivindicação por maiores recursos financeiros voltados à educação na província:

> Sendo evidente a conveniência de estabelecerem-se as escolas públicas de instrução primária em edifícios próprios, que ofereçam as condições necessárias para a regularidade do ensino, chamo a atenção de V. Exa. para este melhoramento, recomendando-lhe que, com toda a solicitude, promova a aquisição de meios para levar a efeito nesta província a construção de tais edifícios, já obtendo da Assembleia Legislativa a consignação de quantias anualmente destinadas para este fim, já procurando, por meio de comissões de pessoas importantes nos diversos municípios conseguir dos cidadãos donativos com a mesma aplicação...[64]

Em outro trecho do mesmo relatório, o Diretor Geral da Instrução Pública da Bahia, Sr. João Victor de Carvalho, afirmava que:

> É esta uma das maiores necessidades do ensino, senão superior, igual à falta de mobília e de livros. A este ponto estamos atrasadíssimos em relação à Europa e, principalmente, aos Estados Unidos. Não podendo, porém,os cofres provinciais fazer essa despesa, felizmente o governo Imperial acaba de atender a essa grande necessidade, recomendando aos presidentes de província, que promovam a edificação de casas para escolas, considerando serviço relevante o que a tal respeito foi feito em ordem à satisfação dessa grande necessidade social.[65]

Ou seja, de modo indireto, o responsável pela instrução pública baiana diz que para que as escolas possam funcionar adequadamente em relação aos prédios, mobílias e livros, era preciso maiores orçamentos, viessem eles da própria província, de particulares ou do governo Imperial.

---

64 Relatório anual da Diretoria Geral da Instrução Pública da Bahia, pelo Diretor Geral, Sr. João Victor de Carvalho, 1873.

65 *Idem.*

Na mensagem do presidente do estado da Bahia de 1894, já no período republicano, a questão dos recursos financeiros destinados à instrução reaparece, mas de modo diferente. Vejamos um trecho:

> Não estando ainda constituídos os municípios até 11 de março de 1893 e não havendo na quase totalidade deles consignado verba subvencionando o ensino, entendi que seria desorganizá-lo completamente, entregá-lo, desde logo, aos mesmos municípios, aos quais deve ele pertencer nos termos da disposição contida no parágrafo 6º do Art.109 da nossa Constituição; razão pela qual a verba - instrução - continua a sobrecarregar o nosso orçamento, até que efetueis essa reforma, que certamente estará na altura da vossa provada inteligência e critério, bem como ao nível das aspirações da Bahia, que sempre primou por seu largo cultivo intelectual. E não é somente a consideração financeira que vos está exigindo uma pronta solução a este importantíssimo assunto. A reorganização geral do nosso ensino público, há tanto tempo esperada, tem colocado as nossas escolas e estabelecimento de instrução em uma expectativa prejudicial ao seu próprio desenvolvimento, e o governo sente-se, até certo ponto, embaraçado em ocorrer a muitas de suas mais urgentes necessidades, como a dotação de mobília e material escolar e de todos os outros meios práticos, sem os quais nenhum progresso se pode esperar de mestres e discípulos.[66]

Em outras palavras, o presidente da Bahia avalia como alto o gasto com educação no estado devido à incapacidade dos municípios de assumirem suas responsabilidades sobre este serviço.[67]

Esta mesma questão aparece em documentos oficiais de Pernambuco. Lá os recursos financeiros destinados à instrução pública também foram pauta de manifesta-

66 Mensagem do presidente do estado da Bahia, Sr. Joaquim Manoel Rodrigues Lima, 1894.

67 A Constituição de 1891, a primeira do período republicano, manteve a instrução primária sob a responsabilidade dos governos estaduais. A mudança, apresentada nos artigos 34 e 35, que tratam da Instrução Pública, limitava-se à transferência da responsabilidade sobre a educação secundária, antes sob o governo provincial, ao governo nacional. Portanto, mesmo com a descentralização federalista republicana, os municípios mantiveram-se alheios à questão educacional. Ver Marcílio, Maria Luiza *História da Escola em São Paulo e no Brasil*, p. 133.

ções. Em 1880, no relatório anual sobre a Instrução Pública, o Inspetor Geral, Sr. José Barbalho de Uchôa Cavalcanti assim manifestou a questão:

> Há alguns anos que dirijo a esta repartição. Tenho, quanto cabe em meus fracos recursos, trabalhado para estudar as condições do serviço e melhorá-lo.[68]

Os fracos recursos voltados à instrução e denunciados pelo Inspetor em 1880 reaparecem, com uma opinião ainda mais transparente do responsável pela Secretaria Geral de Pernambuco, órgão responsável, em 1908 pela Instrução Pública. Nele, assinado pelo Sr. Elpídio de Abreu e Lima Figueiredo, podemos ler que:

> As condições em que se acha atualmente a instrução pública no estado exigem uma reforma radical, pois, além de reduzido número de escalas, o método de ensino e os programas adotados não satisfazem a necessidade de uma regular organização em matéria de ensino público.[69]

Não de modo explícito, mas ao afirmar que o número de escolas é reduzido, o relatório parece pedir maior investimento em educação ou ao menos para a ampliação do número de escolas. Já no período republicano, em 1917, o Relatório da Secretaria Geral, ainda responsável pela instrução pública em Pernambuco, é mais contundente ao tratar dos recursos voltados à educação no estado quando afirma:

> O abandono em que se tinha deixado a instrução popular, o desdém com que se consideravam todos os problemas pedagógicos, desde o relativo aos estudos superiores até os tocantes às escolas primárias explicam a inferioridade de Pernambuco diante de outros estados da União. (...) Atualmente a verba orçamentária do estado, destinada ao serviço da instrução é incontestavelmente muito diminuto, e daí o triste espetáculo das escolas instaladas em lugares deploráveis, sem mobiliário e sem material...[70]

68 Relatório Anual da Inspetoria Geral da Instrução Pública da província de Pernambuco, pelo inspetor geral, Sr. José Barbalho de Uchôa Cavalcanti, 1880.

69 Relatório anual da Secretaria Geral de Pernambuco, pelo secretário geral, Sr. Elpídio de Abreu e Lima Figueiredo, 1908.

70 Relatório Anual da Secretaria geral de Pernambuco, 1917. A má conservação do documento original impossibilitou que o nome do Secretário Geral fosse identificado. Esse acervo está sob a

Algumas manifestações com o mesmo teor, mas sem tanta ênfase na falta de recursos destinados à educação como um motivo para o relativo fracasso da instrução pública, também aparecem em documentos oficiais de São Paulo e do Rio Grande do Sul.

No caso paulista, o relatório do presidente da província paulista em 1883, Sr. Francisco Soares de Carvalho Brandão assim apresenta:

> Por outro lado, é indispensável que elevem-se grandemente os vencimentos dos professores, tirando-se os, sob este ponto, das condições de inferioridade em que nas diferentes localidades vivem perante os empregados de outros serviços, parecendo que o país tem em menor apreço os da instrução pública. Constituísse o professorado primário uma carreira verdadeiramente garantida, devidamente retribuída e considerada, e um pessoal escolhido há de, necessariamente, aspirar a ela e não unicamente aqueles, como hoje sucede, que somente em falta absoluta de outros meios a ela se dedicam, salvo raras exceções. A influência moral que poderá exercer um professorado nestas condições será do maior alcance para a difusão do ensino, e mais resultados terá que as prescrições do ensino obrigatório neste vasto país, de população disseminada. Certamente as escolas de tais professores não ficarão vazias de alunos. A instrução pública será o que for o professor. Se isto é verdade, considerais o que é entre nós o professor, sua posição na hierarquia social, seu valor e influência moral e tirai os corolários.[71]

Esse trecho é interessante na medida em que aproxima todos os três itens que aparecem aqui comentados como motivos alegados para o relativo fracasso da educação no Brasil, ou seja, a questão dos professores, a questão da fragilidade da demanda e a questão dos recursos. Mais recursos voltados à educação e, principalmente, para os vencimentos dos professores, impactariam a formação de melhores professores e, consequentemente maior interesse pela escola, dispensando a obrigatoriedade imposta às famílias de mandarem e manterem seus filhos na escola. Mesmo que pareça exagerada esta passagem resume parte da discussão feita no século XIX e início do século XX sobre o relativo fracasso da educação pública primária no Brasil.

---

responsabilidade do Arquivo Público de Pernambuco.

71 Relatório Anual do presidente da província de São Paulo, Sr. Francisco Soares de Carvalho Brandão, 1883.

No caso rio-grandense, um trecho retirado do relatório do presidente da província em 1886, Sr. Henrique Pereira de Lucena assim apresenta:

> Não tem esta presidência podido prover muitas aulas recentemente criadas pela Assembleia Legislativa Provincial apesar de algumas pretensões que apareceram, por ser deficiente verba decretada para este serviço. Por isso não puderam diversas localidades da província que possuem numerosa população em idade escolar gozar dos benefícios da instrução.[72]

Ou seja, os documentos oficiais mostram que as discussões sobre os recursos destinados à instrução primária foram comuns no debate estabelecido no país sobre a instrução e a escolarização.

Por outro lado, algumas manifestações acerca da questão dos recursos destinados à educação não os tratavam como sendo insuficientes. Ao contrário, em muitas vezes havia o esforço de mostrar o quanto estes gastos representavam parcelas relevantes dos gastos públicos. O que muitas vezes se discutia eram os resultados que tantos investimentos e gastos públicos em instrução estavam promovendo. Em São Paulo, no ano de 1871, o relatório anual do presidente da província, Sr. José Fernandes da Costa Pereira Junior, assim manifestava-se sobre o tema:

> Sinto dizê-lo: na província de São Paulo, fecunda em talentos e ilustrações, sede de uma Faculdade de Direito, onde, como de um brilhante foco se irradia a luz por tantos pontos do Império, o estado da instrução pública longe está de ser satisfatório. Tem crescido nos últimos anos o número de escolas e com elas a despesa para mantê-las, mas sem correspondente proveito.[73]

Em uma passagem da mensagem do presidente do estado do Rio Grande doSul em 1914, portanto, já na República, o Sr. Borges de Medeiros afirma que:

> À parte da evolução contínua da técnica do ensino que reclama estudos e observações diuturnas, o problema é mais grave quando se o examina sob o aspecto financeiro. Destina o Estado a este serviço

72 Relatório Anual do presidente da província do Rio Grande do Sul, Sr. Henrique Pereira de Lucena, 1866.

73 Relatório Anual do presidente da província de São Paulo, Sr. José Fernandes da Costa Pereira Júnior, 1871.

> (instrução pública) ... a maior verba da despesa pública e, todavia, quão longe estamos do progresso desejado.[74]

Em ambos não está colocada a insuficiência dos gastos públicos com o motivo do relativo atraso da instrução pública, mas sim, ao contrário, que o nível de gastos era mais alto do que os resultados indicavam, apontando, portanto, para outros motivos deste relativo atraso. Neste caso a dificuldade é estabelecer qual parâmetro devemos estabelecer para avaliar se os recursos destinados à instrução eram baixos ou não. As diferenças entre os recursos destinados por cada região podem servir de amparo para a formulação de alguma conclusão. Por isso a maior frequência em apontar os baixos recursos como motivos do relativo atraso da educação vista em Pernambuco, indica que este problema pode ter sido maior lá do que em São Paulo e Rio Grande do Sul.

O que chama a atenção no debate sobre a insuficiência de recursos investidos na instrução pública no Brasil no século XIX e início do XX é a variedade de opiniões manifestadas pelos homens públicos responsáveis por esta parte do serviço público, a instrução. É fácil, já que os responsáveis pelo serviço público tendem a defender seu trabalho, entender porque os documentos oficiais não apresentam o baixo investimento em educação como motivo do relativo atraso brasileiro (ou da sua região), não obstante em algumas ocasiões esta proposição aparecer de maneira transparente. Nota-se que as posições mais enfáticas que relacionam o baixo investimento com o atraso educacional eram feitas pelos responsáveis diretos pela instrução pública, tais como os inspetores e diretores que as províncias e os estados mantinham em seus quadros de funcionários, e não pelos presidentes provinciais ou estaduais. Era mais frequente, nestes últimos, a relação feita entre o pouco preparo do professor (mal remunerado, com pouco prestígio social, pouca vocação, etc.) e o atraso da instrução pública em suas respectivas regiões.

Contudo, quando a insuficiência de investimentos públicos era apontada como causa do relativo atraso da educação brasileira no período, algumas dúvidas não são sanadas pelos documentos oficiais, até pela inconstância deste argumento quando apresentado. Em outras palavras, por que os investimentos em educação primária pública foram vistos, muitas vezes, como insuficientes ao desafio que era estabelecer e desenvolver um sistema de instrução no país durante o Império?

Algumas respostas à essa questão são possíveis. Uma delas foi dada em um relatório do presidente da província sul rio-grandense de 1881, Sr. Henrique D´Ávila, quando reproduz trechos do relatório original feito pelo departamento responsável pela instrução pública na província. Eis um trecho:

---

74 Mensagem anual do presidente do estado do Rio Grande do Sul, Sr. Borges de Medeiros, 1914.

> As rendas provinciais não comportam a despesa necessária para dotarmos a província com uma organização de instrução pública conveniente, mas é necessário procurarmos um meio de obtermos a receita necessária para esse importante serviço. A causa da impotência em que se encontram as províncias em referência à magna questão do ensino é pesar exclusivamente sobre elas a despesa com a instrução primária, o que é mais custoso e difícil sustentar-se. O Estado monopolizou a instrução superior e não lhe deu desenvolvimento algum. Ele descentralizou o serviço da inferior e deixou todas as suas despesas a cargo das províncias, não obstante saber que estas com as rendas que têm nenhum impulso lhe dariam. O progresso da instrução pública, é, como sabeis, em grande parteuma questão de dinheiro.[75]

O trecho é enfático na relação que faz entre o modelo de gestão e divisão de competências estabelecida no Brasil do século XIX sobre a questão da instrução pública. Para o presidente da província sul rio-grandense em 1881, ao deixar às administrações provinciais a responsabilidade sobre a instrução primária, o Império brasileiro determinou seu fracasso, dada a pouca capacidade econômica deixada às províncias.

O argumento está diretamente relacionado com a literatura produzida sobre a história da educação no Brasil. Esta por sua vez relaciona-se com um dos debates cruciais sobre o entendimento da organização institucional brasileira após a independência em 1822: a divisão de competências entre governo nacional e governos regionais (provinciais, estaduais e municipais) e sobre a relação mantida entre eles.[76]

---

75 Relatório Anual do presidente da província do Rio Grande do Sul, Sr. Henrique D´Ávila, 1881.

76 Muitos autores adotam a mesma perspectiva acerca da divisão de competências entre governo central e as províncias durante o Império brasileiro, apontando que ao deixar a responsabilidade sobre a instrução primária às últimas, selou o fracasso desse ramo do serviço público, já que as províncias muito poucos recursos tinham ante a centralização excessiva que marcou o período. Essa perspectiva incorpora a tradicional hipótese da historiografia econômica e política, que afirma que havia, de fato, essa centralização excessiva, o que tornava precárias as condições das províncias. Na questão educacional, a causa, para muitos autores, para que ela tenha ficado sob a responsabilidade das províncias é a pouca atenção que a educação primária recebia da sociedade brasileira do século XIX. Para essas duas hipóteses, a da pouca importância e a das péssimas condições das províncias, ver Clark, Jorge Uilson. *A Imigração Norte Americana para a região de Campinas: análise da educação liberal no contexto histórico e educacional brasileiro.* Dissertação de mestrado apresentada a Faculdade de Educação da Unicamp (Universidade de Campinas), Campinas, 1988; Niskier, Arnaldo. *Educação Brasileira: 500 anos de História, 1500-2000.* Rio De

Essa ampla historiografia sobre a educação brasileira aponta como causa principal do relativo atraso da instrução primária durante o Império à divisão de competências entre governo central e provinciais. Muitos entre estes trabalhos tratam como relevantes quatro questões: a) a incorporação da obrigatoriedade do ensino básico na Constituição de 1824 e as reformas constitucionais que, de algum modo - direta ou indiretamente - afetaram a questão educacional; b) a carência de um projeto educacional unificado ou nacional, o que enfraquecia a possibilidade de sucesso do processo educacional brasileiro; c) a aparente contradição entre educação básica e uma sociedade escravista e radicalmente desigual, o que teria suscitado um baixo investimento em educação básica (voltada às camadas menos favorecidas da população) em benefício da educação superior (voltada à elite); e d) o equívoco institucional em deixar o investimento em educação básica em mãos das províncias, dado que estas eram bastante vulneráveis economicamente ante um desproporcional poder econômico controlado pelo governo imperial.

Os quatro itens apresentam certa coerência se tratados em conjunto, já que mesmo legalmente incluída na Constituição de 1824, a obrigatoriedade de oferta de ensino básico pressupunha uma estrutura burocrática incompatível com o momento histórico vivido pelo país, ou seja, um país que acabara de se tornar independente, que carecia tanto de experiência quanto de quadros para a formação do funcionalismo público que garantisse e verificasse tal obrigatoriedade. A inclusão do ensino básico na Carta de 1824 deveu-se, principalmente, a uma quase isolada influência que os princípios e consequências do processo iluminista-liberal europeu exercia sobre o monarca brasileiro, D. Pedro; contudo, influência que não caracterizava de modo geral o governo imperial, dada a sua inclinação ao centralismo. De fato, após o Ato Adicionalde 1834 a responsabilidade sobre a instrução primária recaiu sobre os governos provinciais, ficando o governo central com a responsabilidade sobre a instrução superior. Com isso as províncias, com orçamentos reduzidíssimos, não teriam condições nem de efetivar os investimentos em educação, muito menos de verificar sua efetividade. Isto só mostrava o pouco caso que se fazia da educação básica, reflexo de uma sociedade desigual, elitista e que, de modo algum promovia instituições inclusivas.

Ao contrário do ensino superior, em mãos do governo Imperial e, portanto, coeso, pensado estrategicamente e voltado às elites dirigentes e burocráticas do país, o ensino básico sofreria de inanição, na mesma proporção de sua insignificância para as

Janeiro: Consultor, 1996, 2ª edição; Hilsdorf, Maria Lucia Spedo. *História da educação brasileira: leituras*. São Paulo: Ed. Thomson Learning, 2007.

elites provinciais - preocupadas com questões menores envolvendo poderes e favores locais - e da insignificância dos orçamentos voltados a ela, dada a estrutura institucional equivocada que deixava às províncias, falidas e dependentes dos recursos que recebiam do governo central, a responsabilidade sobre tema tão relevante para o desenvolvimento econômico e social de longo prazo.

Tais conclusões aparecem de modo inequívoco em algumas das obras destacadas sobre o tema, como, por exemplo, Azevedo:

> A instrução primária, confiada às províncias, vai-se organizando por um sistema de tentativas e erros, em conformidade com os recursos limitados de cada uma delas e ao capricho das circunstâncias nas quais os predomínios deste ou daquele grupo partidário ou a inspiração pessoal do presidente, em que se pode encontrar a causa mais próxima da periodicidade das variações nas políticas locais de educação. O pessoal docente, quase todo constituído de mestres improvisados, sem nenhuma preparação específica, não melhora as primeiras escolas normais que se criaram no país.[77]

Notemos que em um parágrafo, o autor aponta ao menos quatro motivos para o fracasso da instrução primária no Brasil imperial: a falta de conhecimento teórico e administrativo (vai se organizando por tentativa e erro); a incapacidade financeira provincial (recursos limitados de cada uma delas); falta de projeto associado a mesquinharias políticas (predomínio deste ou daquele grupo partidário ou a inspiração pessoal do presidente); e a falta de qualificação técnica dos professores (mestres improvisados, sem nenhuma formação específica).

Outro autor, Anísio Teixeira, vai além e aponta o motivo pelo qual a educação primária teria sido alvo da medida descentralizadora de 1834, quando diz:

> Por isto mesmo, quando, com a independência e as ideias então dominantes de monarquias constitucionais liberais, procurou-se organizar o País, já com o pensamento na educação do povo brasileiro, confiou-se esta tarefa às Províncias, deixando-se o sistema da elite sob a guarda do poder central, afim de se lhe salvaguardar o caráter anterior. Chamou-se a esse Ato Adicional de 1834 de descentrali-

77 Ver Azevedo, Fernando de *A Transmissão da Cultura*. Brasília: Ed. UNB, 5ª Edição, 1976, p. 94.

> zador, quando, na realidade, pelo menos em educação, só descentralizava algo que não se considerava suficientemente importante.[78]

Portanto, segundo Anísio Teixeira, a descentralização política e administrativa derivada do Ato Adicional deixou em mãos das províncias aquilo que não se considerava importante. A aproximação das teses dos dois últimos auto rescitados produz, então, uma conclusão: a pouca importância dada à educação primária durante o Império brasileiro é um dos motivos pelos quais a responsabilidade sobre a instrução pública foi deixada às províncias. Isso porque estas, economicamente frágeis, não tinham recursos suficientes para garantir o progresso da instrução pública primária sob suas jurisdições. O que interessava desenvolver – não está muito claro para quem interessava – ficou sob a responsabilidade do governo central. As conclusões de AnísioTeixeira sobre a insuficiência dos recursos destinados à educação – vendo tal processo como resultado da divisão de competências desfavorável às províncias e, principalmente, como sinal de que a educação básica era pouco valorizada ante a educação superior – são compartilhadas, como vimos, por muitos autores vinculados à área da história da educação Brasileira.

Mesmo que tal conclusão pareça algo precipitada, como veremos, ela encontra respaldo e se aproxima de outras áreas da historiografia brasileira, principalmente da História Econômica. A aproximação é feita pelas tentativas de confirmar que as províncias pouco recursos tinham para suprir e/ou garantir suas responsabilidades. A incapacidade financeira provincial foi, para alguns autores, resultado da má distribuição de competências fiscais entre o centro e as províncias, assim como visto na seção anterior. Nesse caso, seria característica central da situação da instrução primária no Brasil a falta de recursos das províncias, responsáveis pela instrução primária, causada pela centralização excessiva do poder fiscal; o que, por sua vez, era sinal da pouca importância dada ao serviço escolar primário pela sociedade brasileira do século XIX.

Esta aproximação já foi apontada por Castanha. Em sua tese de doutoramento denuncia a quase unanimidade que existe na historiografia da educação brasileira quanto à capacidade que as medidas descentralizadoras da década de 1830 tiveram de inviabilizar a formação de um projeto nacional de educação primária, não sendo diferente, segundo Castanha, a filiação dos defensores dessa hipótese.[79] Em geral, os

---

78 Ver Teixeira, Anísio. *Educação no Brasil*. Rio de Janeiro: Ed. Da UFRJ, 1999, p. 357.

79 Ver Castanha, André Paulo. *O Ato Adicional de 1834 e a instrução elementar no Império: descentralização ou centralização?* Em uma passagem, Castanha afirma que "Há, pode-se dizer, quase uma unanimidade na historiografia da educação brasileira em relação ao grau de influência das medidas descentralizadoras desencadeadas pelo Ato Adicional de 1834. A maioria desses his-

autores apresentados por Castanha apontam a questão orçamentária provincial como a responsável pelo fracasso escolar, pouca relevância dando para outros possíveis fatores que contribuíram com tal fracasso. Um deles, Josephina Chaia, assim tratou a questão:

> Agrava-se o estado doentio do ensino no Brasil. Como bem afirma o Magnífico Reitor Pedro Calmon: o Ato Adicional colocava a instrução primária e secundária na angústia dos pobres orçamentos locais, ao espírito acanhado e rotineiro que persiste longe da Corte.[80]

Ademais, ainda segundo a seleção de autores feita por Castanha, ao deixar às províncias a responsabilidade sobre a instrução primária, o país assim o fazia pela pouca importância que dedicava ao tema educacional. Os resultados seriam, então, a soma entre a baixa importância que o tema tinha no país, a falta ou os parcos recursos destinados à educação – dada a fragilidade econômica e financeira das províncias após o Ato Adicional, a divisão de rendas de 1835 e ao processo de centralização de fins dos anos 30 e durante a década de 1840 – e, por fim, da irresponsabilidade e do pouco espírito público com que as elites locais trataram a questão, já que tratavam-na, como de regra todos os itens que compunham a lista de atribuições das Assembleias provincias, para reproduzir seus interesses localistas.[81]

A tese de Castanha ainda identifica mais três questões relevantes, ao apostar na hipótese de que a descentralização imperial não teve impacto tão grande assim na formulação das principais políticas educacionais, já que mesmo em mãos das províncias, elas seguiam em alguma medida as diretrizes apresentadas pelo Rio de Janeiro. Neste

---

toriadores argumenta que, em decorrência dele, a instrução primária ou elementar no período imperial foi um fracasso geral." (p. 86)

80 Chaia, Josephina. *Financiamento escolar no segundo Império*. Marília: Faculdade de Filosofia, Ciências e Letras, 1965, p. 30, apud: Castanha, *Op. cit.*, p. 89.

81 Sobre isso, Castanha cita Maria Werebe, que diz que "O Ato Adicional consumou o desastre para nosso sistema educacional (...) Longe de incentivar progressos locais (i.e o Ato Adicional), serviu somente para fortalecer o jogo de interesses de grandes latifundiários que agiam a seu bel-prazer em territórios mais ou menos extensos." Ver Werebe, Maria José Garcia. *Educação*. Em: Buarque, Sérgio Buarque de e Campos, Pedro Moacyr (orgs). *História Geral da Civilização Brasileira*. 4ª Edição. São Paulo: Difel, 1985. Tomo II, vol. 4, p. 376-367, apud. Castanha, *Op. cit.*, p. 90. Em outra citação feita por Castanha, Maria Luisa Santos Ribeiro diz que:" (...) a instrução, em seus níveis elementar e secundário, não era considerada como 'assunto de interesse geral da nação'. Tais níveis de ensino de instrução sofrem, desta maneira, as consequências da instabilidade política, da insuficiência de recursos, bem como do regionalismo que imperava nas províncias, hoje estados." Ver: Ribeiro, Maria Luisa Santos. *História da Educação Brasileira: a organização escolar*. 17ª edição. Campinas: Autores Associados, 2001, p. 48- 49, apud Castanha, *Op. cit.*, pág. 91.

sentido relativiza a suposta descentralização que deu às províncias a responsabilidade sobre a instrução primária, afirmando que o projeto, ou as medidas tomadas pelas províncias relativas à educação, seguiam o padrão proposto pela Corte. O autor está, desta forma, debatendo com uma parte da historiografia educacional que aponta que, além da falta de recursos das províncias, a falta ou pouca clareza dos projetos apresentados por elas fizeram com que as ações públicas relacionadas à educação tenham sido erráticas e sem a coerência que só um projeto unificado, nacional, teria condições de garantir.

Como visto no Capítulo 1, não só a Corte do Rio de Janeiro, como afirma Castanha, mas também as experiências de outras províncias, e mesmo de outros países, eram usadas como inspirações para políticas voltadas à educação adotadas por regiões brasileiras. Castanha aponta, assim, para a possibilidade de, não obstante sua pertinência, ampliar a análise sobre a educação no Brasil Império, que, em geral, temem sua historiografia a defesa da hipótese de que a instrução, ao ficar sob a responsabilidade das províncias, sofreu com a falta de recursos que caracterizava as regiões que compunham um país altamente centralizado. O próprio autor comenta sobre e cita alguns outros pesquisadores que relativizam a descentralização como o motivo único do fracasso educacional do século XIX no Brasil.[82]

Por fim, Castanha ainda estabelece uma possível explicação para a preferência que boa parte da historiografia da educação brasileira tem pelo argumento da descentralização e da incapacidade provincial como motivos do fracasso da instrução no século XIX: a tendência dos autores do século XX, principalmente ao longo da década de 1930, de condenar qualquer tendência descentralizadora e, por outro lado, identificar como desejável a centralização.[83] Por isso, tenta mostrar como o argumento da descentralização como motivo do fracasso foi supervalorizado e, portanto, como os outros possíveis motivos, pouco estudados. Desta forma, relativiza as argumentações que, a partir da divisão de responsabilidades entre governo central e

---

82 Um bom exemplo dessa relativização coube à Newton Sucupira, que trata como simplista a atribuição de todos os males da educação primária no século XIX brasileiro ao Ato Adicional de 1834. Ver Sucupira, Newton. *O Ato Adicional de 1834 e a descentralização da Educação*. Em: Fávero, Osmar (org.) *Educação nas constituintes brasileiras: 1823-1988*. Campinas: Autores Associados, 1996, p. 66, apud Castanha, p. 94.

83 Castanha considera que a obra de Fernando Azevedo (*A Cultura Brasileira*) ainda é uma referência obrigatória para a grande maioria dos pesquisadores em História da Educação Brasileira e que, por isso, acaba sendo reproduzida em seus argumentos centrais. Ainda segundo Castanha, Azevedo leu a história da educação brasileira sob a ótica da Era Vargas (1930-1945), caracterizada como foi pela centralização política e administrativa. Ver Castanha, *Op. cit.*, p. 97.

províncias, aponta a falência dessas últimas e a consequente incapacidade delas em manter suas responsabilidades.

Portanto, é possível concluir que, segundo boa parte da historiografia, a falta de interesse em desenvolver, por parcelas da elite dirigente brasileira, um sistema de educação primária que contemplasse efetivamente a população e a falta de investimentos em educação básica foram a causa e a consequência da divisão que deixou às províncias a responsabilidade sobre a instrução primária.

Contudo, como visto, não parecia pequena a importância atribuída à questão educacional e nem a consciência sobre a relevância da educação e sua relação com o desenvolvimento social e econômico do país. Em inúmeras e contínuas declarações a relevância da educação como fator de desenvolvimento econômico, social e civil foi apontada pelos documentos oficiais analisados. Portanto, mesmo consideradas essas inúmeras demonstrações da consciência sobre a relevância da educação como um exercício de retórica, pouco apegado à realidade ou àquilo que, de fato, praticava-se, a distância entre um abandono irrestrito da educação, apontado pela literatura, e o discurso retirado de inúmeros documentos oficiais, parece muito grande.

Sendo assim, a insuficiência de recursos e, portanto, de investimentos na educação primária, é vista por muitos autores como sendo decorrente da divisão de competências estabelecidas no Império Brasileiro entre governo central e as províncias. Esta conclusão está amparada pela tese que defende que às províncias pouco sobrava de recursos fiscais devido à centralização excessiva vista durante o século XIX no Brasil.

Se por um lado tal conclusão aproxima a literatura dos argumentos referentes aos escassos recursos provinciais e, consequentemente, investidos na instrução primária, por outro, pouca relevância dá aos outros argumentos apresentados durante o século XIX sobre o que era visto como motivos para o relativo atraso da educação brasileira.

Além disso, ao incorporar a hipótese da excessiva centralização imperial, a literatura sobre a história da educação no Brasil perde de vista a possibilidade tanto do questionamento dessa hipótese quando da diferenciação que pode estabelecer entre as províncias no que tange aos investimentos que cada uma delas fez em instrução. Ao contrário, se a centralização não era tão excessiva a ponto de tornar irrelevante a autonomia provincial, como afirma parte da historiografia mais crítica em relação às hipóteses tradicionais acerca da excessiva concentração os recursos em mãos do Império, identificar como elas usavam tal autonomia pode revelar diferenças regionais importantes. No caso educacional, tanto porque era um dos itens que estavam sob a responsabilidade provincial, quanto também porque era um item debatido e reconhecido como de alta relevância ao desenvolvimento das regiões e do país. Em outras palavras, assume-se que nem a autonomia provincial era tão inexpressiva, como veremos no capítulo seguinte, nem o modo pelo qual as províncias organizavam seus orçamentos e, principalmente seus gastos, era irrelevante, portanto, para o desenvolvimento de cada uma delas.

3. O tratamento provincial à instrução pública: dispêndios e resultados

3.1 Receitas e despesas provinciais

As duas questões apontadas até aqui como características do século XIX, ou seja, a construção dos sistemas de educação primária em inúmeros países e a divisão de competências que deixou tal tarefa, no Brasil, sob a responsabilidade das províncias, possibilitam que algumas questões relativas ao comportamento dos governos provinciais sejam levantadas.

Em geral, como visto no capítulo 2, boa parte da historiografia enxerga que o arranjo definido ao fim do período de tentativas de garantir maior amplitude à autonomia provincial centralizou os recursos de tal forma que, ao governo central, sobraram os melhores e mais rentáveis tributos, fazendo com que a situação econômica provincial permanecesse precária. Esse arranjo que centralizou os recursos em mãos do Império teria, ainda segundo boa parte da historiografia, permanecido até a adoção do federalismo, em 1891, logo após a Proclamação da República. Prova disso seriam a manifestações por maior autonomia que voltaram a ocorrer a partir das décadas de 1860 e 70, algumas apontadas como causas da mudança do regime em 1889.

Esse arranjo centralizado do Império teria deixado as províncias reféns de seus parcos recursos e pouca autonomia para tomar, eficientemente, decisões que afetavam o desenvolvimento local. Dessa forma, restava às províncias disputar as atenções do governo central em nome do que seria distribuído pelo Império às regiões brasileiras; em outras palavras, dada a excessiva centralização da riqueza em mãos do governo imperial, cabia a ele a distribuição dos recursos que dariam às províncias a capacidade de investimento e manutenção de suas estruturas públicas.

Tamanha dependência que as províncias tinham em relação ao Império deixava nas mãos do governo central a responsabilidade sobre o desenvolvimento das províncias, na medida em que a composição da receita e da despesa do Império definiria quais províncias estariam sendo prejudicadas e, consequentemente, quais estariam sendo privilegiadas pelos repasses feitos pelo governo imperial. Essa seria uma das chaves para entender as diferenças regionais tão significativas vistas no país. Além disso, justificaria as oscilações que o país viu ocorrer no século XIX, quando as tradicionais economias locais mais ricas, como Bahia e Pernambuco, foram substituídas por províncias até então menores, como São Paulo, Minas Gerais e Rio Grande do Sul.

Por outro lado, se essa historiografia tornou-se, durante um período, dominante nas análises sobre a formação do Brasil no século XIX, uma série de limitações e/ou novas perspectivas foi apresentada, também como visto no capítulo anterior, por uma historiografia mais recente. Em resumo, a proposta é que, ao relativizarmos tamanha fragilidade provincial e, diferentemente, olharmos para cada uma delas internamente – e não para a relação entre elas e o poder central – abrimos a possibilidade de entender como cada uma delas usou a seu favor a autonomia que lhes cabia segundo a divisão estabelecida pelo Ato Adicional de 1834 e pelas revisões que sofreu, o chamado "regresso conservador".

Ou seja, a partir da hipótese de que a autonomia provincial não era tão limitada assim, é possível que olhemos, não obstante o controle exercido sobre os maiores recursos pelo governo imperial, para como o comportamento das províncias diferenciava-se entre si e como, portanto, no mínimo, a responsabilidade do Império sobre a condição das províncias deve ser dividida com cada uma delas.

Para isso, há inúmeras maneiras de analisar o comportamento das províncias. Uma delas é avaliar a trajetória da receita, assim como o equilíbrio entre as receitas e despesas, já que cabia a elas a criação de impostos – desde que não fossem concorrentes aos impostos sob o controle do Império – assim como o uso de seus recursos em serviços públicos que, segundo a divisão feita na década de 1830, estavam sob a responsabilidade provincial. Ou seja, como as províncias transformaram a autonomia que tinham, que não era tão restrita assim, em recursos e como gastou tais recursos pode identificar uma relevante diferença entre o comportamento que cada uma mantinha. Dessa forma, é possível criar uma hierarquia entre os gastos das províncias, entendendo como cada uma delas estabelecia suas prioridades. Portanto, como e em que as províncias despendiam seus recursos pode ser visto como sinal do uso que faziam de suas respectivas autonomias. Como esses dispêndios eram estabelecidos pode, nesse caso, mostrar como cada província cuidou de seu próprio desenvolvimento, ao menos em relação aos itens que estavam sob sua responsabilidade. Entre eles, a educação primária.

Contudo, as receitas e despesas provinciais fazem parte de um quadro mais amplo, formado pela trajetória econômica, política e social de cada região. Sendo assim, identificar, mesmo que em linhas gerais, como se comportaram durante o século XIX as estruturas econômicas das províncias e, em sentido mais amplo, a própria economia do país, pode ser revelador na medida em que permite que a análise sobre os dados orçamentários possa se tornar mais completa. Dessa forma, apontar para algumas especificidades das trajetórias de Pernambuco, São Paulo e Rio Grande do Sul pode ajudar a entender e justificar os dados apresentados no decorrer do capítulo.

Nesse sentido, é corrente a identificação da economia pernambucana como sendo uma das economicamente mais significativas na região Norte já que não só foi, desde o período colonial e juntamente com a Bahia, a parte mais próspera da colonização portuguesa na América, como representa a tradição do modelo econômico, produtivo e social característico da história econômica brasileira: o modelo amparado na grande propriedade rural, - o latifúndio –, na produção de cana de açúcar voltada ao mercado externo e sob o regime de trabalho escravo.[1] Assim, se a economia pernambucana, exportadora de cana de açúcar, foi beneficiada pela retomada das atividades agrícolas e do crescimento do mercado externo aos produtos brasileiros após a abertura dos portos em 1808 e a independência política em 1822, foi também, a partir de meados do século XIX, vítima da diminuição do mercado internacional de cana de açúcar devido à concorrência do açúcar obtido pela beterraba, que não só substituía o açúcar de cana, como também foi produzido por países que, tradicionalmente, eram importadores do produto, como a França e os EUA. A diminuição da participação relativa do açúcar brasileiro atingiu de modo desigual as regiões cujas produções eram mais significativas, entre elas Pernambuco. Não só a participação no mercado internacional caiu, como também o preço do açúcar despencou durante o século XIX, prejudicando duplamente as regiões que mantinham boa parte de sua estrutura produtiva voltada a tal produto.[2]

1 A identificação da estrutura produtiva, econômica e social do Norte (como era chamada no século XIX a região que, grosso modo, no século XX passa a ser chamada de nordeste) como sendo a mais representativa do modelo implantado pela colonização portuguesa é vista em diversos autores, entre eles Furtado e Prado Jr. De fato, o modelo adotado na região e, principalmente, na produção açucareira, obedecia ao tripé que caracterizava a produção colonial: a produção latifundiária, primária e com mão de obra escrava; modelo também conhecido como *plantation*. Ver Furtado, Celso. *Formação Econômica do Brasil*. São Paulo: Cia. Editora Nacional, 1984, (19ª edição), especialmente cap. VIII, p. 41-46. Ver também Prado Jr, Caio. *História Econômica do Brasil*. São Paulo: Ed. Brasiliense, 1980 (25ª edição), cap. 4 e 5, p. 31-46

2 Ver De Paula, João Antônio. *O processo econômico*. Schwarcz, Lilia Moritz (org.). *História do Brasil Nação:1808-2010*. Vol. 2 (*A Construção Nacional*, 1830-1889). Madri/Rio de Janeiro: Fundação Mapfre/Ed. Objetiva ,2012, p.182-188. Ver também Canabrava, Alice. *A grande lavoura*. Holanda, Sérgio Buarque de (org.) *História Geral da Civilização Brasileira*. Tomo II (*O Brasil Monárquico)*, 4º volume (*Declínio e queda do Império*) Rio de Janeiro: Bertrand Brasil, p.85-137.

Tabela 9. Preços do Açúcar em libras por tonelada

Período	Preço
Início do século XIX	30
Meados do século XIX	16
Início do século XX	9

Fonte: Anuário Estatístico do Brasil (apud De Paula, 2012, p. 187)

Essa estrutura voltada à produção e exportação de bens primários, destacadamente o açúcar, manteve-se por todo o Império, mesmo com a crise vivenciada pela lavoura pernambucana, como atestou a modernização, por meio de incorporação de tecnologia, da produção canavieira na província durante a década de1870. Além disso, a proibição do tráfico de escravos, em 1850, ampliou a crise da economia canavieira, dado que transformou a mão de obra, antes barata e em grande quantidade, em artigo escasso e caro. Dessa forma, a solução para muitos produtores rurais e proprietários de escravos de Pernambuco foi a transferência de sua mão de obra cativa para o sul, em ascensão econômica amparada na produção e exportação de café. Tal solução teria, segundo Caio Prado Jr, intensificado a crise da região açucareira, já prejudicada pela diminuição de sua participação relativa no mercado internacional.[3] O sul cafeeiro, além disso, teria sido duplamente beneficiado, já que além de viver momento favorável no mercado internacional e, portanto, melhor absorver o fim do tráfico negreiro, atraía não só os proprietários de escravos do Norte (que os vendiam aos produtores do sul), como também os imigrantes que chegavam de países europeus. Alguns dados confirmam a dificuldade vivida pelos produtores de açúcar e por Pernambuco, dependente como era desse produto, durante a segunda metade do século XIX. Em 1854, as exportações de açúcar perfilaram uma receita de 7.363:375$000 à província, enquanto que a exportação de algodão, segundo produto mais rentável neste ano, produziu uma receita de 820:955$000, mostrando a relevância do açúcar para a economia pernambucana.[4] Contudo, em 1865, portanto, onze anos depois, as exportações de açúcar somaram

3 Prado Jr, *História Econômica do Brasil*, p. 157-159. Alguns dados sobre a transferência de escravos do Norte para o Sul e/ou a diminuição da população escrava em Pernambuco são indicativos dessa dificuldade da província em manter seus escravos: Entre 1855 e 1872, a população escrava de Pernambuco decresceu de aproximadamente 145 mil para 88.560. Pernambuco vendeu 4.123 escravos entre 1855 e 1864. Ademais, 30.407 escravos do Norte foram vendidos ao Rio de Janeiro e apenas 3.303 do Sul, entre 1852-1861. Ver Conrad, Robert. *Os últimos dias da escravatura no Brasil*. Rio de Janeiro: Civilização Brasileira, 1975, p. 78 e 350.

4 Dados retirados do Relatório de presidente da província de Pernambuco, Sr. José Bento Da Cunha e Figueiredo, 1855.

3.321:406$852 em receitas, enquanto as exportações de algodão alcançaram a receita de 16.784:100$954, ou seja, cinco vezes maiores do que a produzida pelo açúcar.[5]

O que parecia ser uma saída para a economia pernambucana, e também para muitas outras regiões do Norte, mostrou-se efêmera: as exportações e algodão seguiram roteiro semelhante ao que tiveram na segunda metade do século XVIII, quando os conflitos relacionados à Independência dos EUA (1776-1812) prejudicaram a produção e exportação norte-americana, facilitando a ascensão do algodão brasileiro. Na segunda metade do século XIX, o efeito da Guerra Civil estadunidense foi parecido, mas durante a década de 1870, as exportações brasileiras de algodão não mais mantiveram-se nos mesmos patamares que experimentaram durante a década anterior.[6] Em 1874, o presidente de Pernambuco em tom melancólico expôs a situação da produção agrícola e da economia da província:

> A falta quase total de meios fáceis e baratos de transporte, a diminuição sensível de braços...e sobretudo o maldito espírito rotineiro que está sempre disposto à condenar *in limine* toda e qualquer tentativa de melhoramentos, eis as causas principais, há muito conhecidas, que tanto têm concorrido para o atraso da lavoura, a única fonte de riqueza da província. O baixo preço que nestes dois últimos anos tem obtido nos mercados estrangeiros os nossos gêneros de exportação, principalmente o açú-

5 Dados retirados do Relatório de presidente da província de Pernambuco, Sr. Francisco De Paula Silveira Lobo, 1866.

6 Sobre isso, diz Canabrava: "Nos anos 60, cotações excepcionalmente elevadas foram propiciadas pela guerra civil americana, com a interrupção das exportações dessa área. Como já vimos, desenvolveram-se, então, no Brasil, as variedades de fibra curta, em resposta às condições excepcionais da demanda. O preço médio alcançado na década de 60 (937$500 por t) correspondia às condições excepcionais do mercado internacional. Os mesmos fatores explicam por que os volumes alcançados pela exportação nos anos 60 e 70 são os mais elevados no período monárquico. Contudo, ao se iniciar esta última década as colheitas de algodão já declinavam, mas as exportações continuaram ainda a registrar grandes quantidades por causa da guerra Franco-Alemã de 1870, que determinara a retenção dos estoques. O algodão brasileiro, que significava 45% do valor das importações inglesas procedentes do Brasil, em 1860/64, elevava-se a 60% nos anos 1865/69, mas reduzia-se a 21% apenas em 1885/86. O restabelecimento da paz nos Estados Unidos provocou logo a baixa das exportações de algodão, ao mesmo tempo em que, ao término da guerra, estavam bem conhecidas as condições pouco satisfatórias do produto brasileiro que dificilmente poderia competir com o norte-americano." Canabrava, Alice. *A Grande Lavoura*, p. 124.

> car, que é o mais importante deles, veio agravar ainda mais a triste e precária situação da mísera lavoura.[7]

A denúncia do presidente de Pernambuco deixa nítida que o açúcar voltara a ser o principal produto da economia local e, concomitantemente, revela a dificuldade econômica da província, devido a crise do mercado internacional, os baixos preços e a dificuldade em obter mão de obra para a lavoura canavieira.

Por outro lado, a indicação feita pelo presidente da província de Pernambuco acerca da resistência aos melhoramentos voltados à lavoura e a dificuldade de obter mão de obra antecipa o que a literatura aponta como um avanço tecnológico no modelo de organização da produção canavieira em Pernambuco, assim como uma mudança na posição dos produtores em relação à falta de braços que enfrentavam. Em 1878, durante o Congresso Agrícola, ocorrido em Recife, os produtores rurais sinalizaram a possibilidade de instituir outro modelo de organização do trabalho voltado à superação da falta de escravos que enfrentavam, progressivamente, desde 1850. Também em 1878, ocorreu uma mudança fundamental na organização da produção canavieira. No primeiro caso, a proposta para atrair mão de obra estava amparada no modelo conhecido como morada, no qual o trabalhador é livre, porém não assalariado. Além disso, morariam na propriedade do produtor rural e estariam disponíveis ao trabalho na lavoura em troca do uso que fariam da terra, ou de partes dela, para a produção de sobrevivência. Esperavam com isso atrair trabalhadores livre e pobres, inclusive ex-escravos. Durante o Congresso, assim se manifestou um produtor rural:

> Haveis de dar-lhes casa e sítio para morarem quase sempre de graça, terras para cultivarem, de quando em quando algumas festas [...] E se o senhorio desgosta-o, o vizinho está sempre pronto a acolhê-lo de braços abertos, não tanto para aumentar o número de suas cifras, quanto por acinte ao outro vizinho.[8]

Já no segundo caso, a mudança na organização da produção canavieira foi a criação das usinas em substituição aos antigos engenhos, o que significava, funda-

---

7 Trecho retirado do Relatório de presidente da província de Pernambuco, Sr. Henrique Pereira de Lucena, 1875.

8 O trecho foi retirado de *Trabalhos do Congresso Agrícola do Recife*, outubro de 1878. (edição fac-similar) Recife: Fundação Estadual de Planejamento Agrícola de Pernambuco/ CEPA-PE, 1978, p. 91 e reproduzido por Melo, Josemir Camilo. *Escravos e moradores na transição para o trabalho assalariado em ferrovias em Pernambuco. Seaculum Revista de História*, (25), João Pessoa, jul/dez. 2011, p. 115-130.

mentalmente, a separação entre a parte agrícola (plantio e colheita) e a parte industrial (moenda e refino).[9]A primeira continuaria sob a responsabilidade dos tradicionais proprietários, enquanto a segunda ficaria sob o controle de investidores, inclusive estrangeiros, que muitas vezes recebiam recursos públicos. Na parte industrial foi proibido o uso de mão de obra que não assalariada, medida entendida como sendo uma tentativa de dinamizar a economia local por meio da formação e estímulo de uma camada social média.[10] Contudo, há uma convincente proposição por parte da historiografia que minimiza o impacto que tais mudanças produziram, apontando, ao contrário, uma continuidade de relações de trabalho pré-capitalistas e amparadas em laços de dominação garantidos por uma desigualdade social aguda. Tal continuísmo estaria na origem da expressão *modernização sem mudança*, que Eisenberg usa para identificar a economia pernambucana de fins do século XIX.[11]

A dificuldade da província pernambucana em modernizar a estrutura social e produtiva apontada por Eisenberg aparentemente contrasta com a visão de Schwartz, que descreve a economia açucareira afirmando que:

> Muito embora a mão de obra escrava caracterizasse aeconomia açucareira no Brasil desde os seus primórdios até o final do século XIX e os cativos sempre fossem preponderantes como força de trabalho, o caráter da produção açucareira e suas exigências específicas criaram a necessidade de um grupo de assalariados no cerne do processo. Os trabalhadores do campo eram quase sempre escravos, em geral negros, e preponderantemente africanos; os senhores de engenho eram invariavelmente livres e brancos. Porém, nas funções intermediárias - administrativas, técnicas e artesanais - havia indivíduos livres, libertos e cativos, brancos, pardos ou negros.[12]

9 Canabrava faz uma minuciosa descrição das diferenças entre os antigos engenhos e as usinas que foram implantadas em 1878 em Pernambuco. Canabrava, Alice. *A Grande Lavoura*, p. 104-110.

10 Melo, Josemir Camilo. *Escravos e moradores*...p. 120-121.

11 Eisenberg, Peter. *Modernização sem mudança. A Indústria açucareira em Pernambuco. 1840-1910*. Rio de Janeiro: Paz e Terra, 1977. Ver também Dabat, Christine Rufino. *Moradores de Engenho. Relações de Trabalho e condições de vida dos trabalhadores rurais na zona canavieira de Pernambuco segundo a literatura, a academia e os próprios atores sociais*. Recife: Ed. Universitária da UFPE, 2007.

12 Schwartz, Stuart. *Segredos Internos*. São Paulo: Cia. das Letras, 1988, p. 261.

Porém, mesmo com o grupo urbano, de trabalhadores livres e assalariados que surgiu nas franjas da economia açucareira, identificado por Schwartz, Pernambuco não conseguiu inverter sua tendência de decadência econômica durante a segunda metade do século XIX. A crise da atividade açucareira não foi acompanhada, ao que tudo indica, por uma consistente diversificação produtiva, pelo estabelecimento de relações sociais e trabalhistas que pudessem à época ser consideradas mais avançadas e, portanto, de uma superação da crise que tanto as dificuldades impostas pelo mercado externo impunham ao principal produto exportado pela região, mas também pelas dificuldades internas em modernizar sua economia.[13]

Os dados sobre as receitas pernambucanas ao longo da segunda metade do século XIX revelam a relativa diminuição da riqueza provincial, tanto em comparação com a trajetória das duas outras províncias, São Paulo e Rio Grande do Sul, como também em relação à sua participação na riqueza nacional.

A comparação entre a trajetória das receitas de Pernambuco e São Paulo, visto que as receitas representam a própria trajetória econômica das regiões, revela também a mudança que elas enfrentaram durante a segunda metade do século XIX. Ao mesmo tempo em que a província pernambucana enfrentava a crise de seu principal produto de exportação, o açúcar, e não conseguia diversificar sua economia a ponto de modernizá-la ou de reverter o quadro desfavorável, São Paulo viveu no período, mesmo que lentamente, a transformação de sua posição de uma economia pouco relevante para a região economicamente mais desenvolvida do país.

Essa inversão de posições caracterizada pela ascensão do Sul e pela decadência do Norte guarda relação, em grande medida, com a expansão da produção cafeeira no Brasil da segunda metade do século XIX. O café, já produzido no Brasil durante o século XVIII, transformou em produto com alta demanda em países europeus industrializados no século seguinte, ao mesmo tempo em que, em terras brasileiras, se expandiu

---

13 Uma explicação alternativa sobre a decadência da economia açucareira pernambucana durante a segunda metade do século XIX aponta para a crise que enfrentou no mercado externo associada à dificuldade de voltar a sua atenção ao mercado interno. Essa dificuldade esteve ligada ao crescimento da produção açucareira em São Paulo, já que, durante a ascensão do café como principal produto de exportação, os produtores de cana de açúcar paulistas teriam concentrado seus esforços no mercado interno, principalmente após a década de 1860. Dessa forma, além da crise externa e da dificuldade de modernizar sua estrutura sócio-econômica, a produção açucareira pernambucana também teria enfrentado dificuldades de posicionar sua mercadoria no mercado interno, principalmente em São Paulo, região que apresentava o maior potencial de crescimento. Sobre isso ver Melo, José Evando Vieira de. *O açúcar no café. Agromanufatura açucareira e modernização em São Paulo (1850-1910).* Tese de Doutorado. Programa de Pós Graduação em História Econômica. FFLCH-USP, 2009.

na região sul aproveitando uma combinação favorável entre disponibilidade de terras cultiváveis, condições do solo e clima. Em princípio no Rio de Janeiro, a produção de café se alastrou pelo território paulista e transformou-se, em 1850, no principal produto exportado pela província.[14]

A expansão da cultura cafeeira por São Paulo teve dois grandes momentos, que seguiram cada qual uma divisão geográfica: na primeira fase, que se estendeu do início do século XIX até cerca de 1880, a principal região produtora foi o Vale do Paraíba. A segunda fase, após 1880, na região do oeste paulista. Nessa última, desde a década de 1840 o café se expandiu, lentamente, até se transformar na mais próspera região produtora daquele que viria ser o principal produto da pauta de exportação do país e o grande responsável pelo enriquecimento de São Paulo. De fato, os números acerca tanto da participação do café na economia brasileira como do crescimento relativo da economia paulista confirmam o papel deste produto na trajetória econômica do século XIX, assim como na trajetória da economia paulista.[15]

Contudo, não só as condições naturais e o crescimento da demanda internacional explicam a expansão cafeeira e a ascensão paulista. Durante o século XVIII, a região se transformara em passagem obrigatória para aqueles que iam do extremo sul da colônia em direção às regiões mineradoras. Por ser, então, uma região de passagem, os governos locais tinham como uma de suas mais importantes fontes de arrecadação as barreiras espalhadas pelo território, prática que continuou durante o século XIX. Após a Independência e, principalmente, após a aprovação do Ato Adicional de 1834, as rendas obtidas pelas barreiras não só se mantiveram como sendo as principais, como

---

14 Sobre as condições da expansão do café no centro-sul brasileiro durante a segunda metade do século XIX ver Prado Jr, Caio. *História Econômica do Brasil*, cap. 16, p. 157-167.

15 Alice Canabrava identifica como sendo a partir de 1830 que a produção de café alcançou níveis comercialmente significativos e aponta como sendo o Vale do Paraíba, tanto em sua porção fluminense, quanto a parte paulista, como a região mais importante da produção até 1880. Contudo, também explicita a trajetória de crescimento da produção cafeeira no interior de São Paulo, região conhecida genericamente como Oeste paulista. Esta expansão para o Oeste paulista alcançou durante a segunda metade do século XIX, segunda a autora, regiões distintas da província, tais como São Manuel e Bauru, São José do Rio Preto e Ribeirão Preto, em 1870. Vale destacar, ainda, outras regiões do interior paulista que se notabilizaram pela produção de café, como Campinas, São Carlos, Araraquara, entre outras cidades paulistas. Ver Canabrava, Alice. *A Grande Lavoura*, p. 90-92. Também Messias, Rosane Carvalho. *O cultivo do café nas bocas do sertão paulista. Mercado interno e mão de obra no período de transição – 1830-1888*. São Paulo: Ed. Unesp, 2003, especialmente cap. 2, p. 53-84. Há muitos estudos sobre a produção cafeeira em São Paulo no século XIX. Entre elas, a obra de referência sobre a expansão da lavoura de café na província de São Paulo é Milliet, Sérgio. *Roteiro do café: análise histórico demográfica da expansão cafeeira no estado de São Paulo*. São Paulo: Estados Paulistas, 1938.

foram transformadas em investimentos em obras públicas, especialmente em manutenção, melhorias e aberturas de novas estradas que facilitassem a passagem de maior quantidade de produtos, pessoas e animais. O resultado desse amplo investimento da província em estradas foi a facilidade que possibilitou na expansão das atividades pelo interior e para levar a produção ao porto de Santos, principal saída das exportações da região. Portanto, a combinação favorável ao crescimento da economia paulista a partir da expansão da produção cafeeira pode ter sido não só aquela entre aumento da demanda internacional e condições naturais propícias, mas também entre a procura pelo produto e os investimentos em infraestrutura, essencialmente em estradas, que viabilizaram o alastramento da produção de café.[16]

---

16 Há três maneiras, não excludentes, de tratar a construção de uma infraestrutura, principalmente de transporte, na província de São Paulo. A primeira identifica na posição que a região ocupava no comércio de abastecimento interno, seja como passagem das mercadorias que saíam do Sul em direção às Minas Gerais e Rio de Janeiro, seja na existência de produção voltada ao comércio interno, as origens desta infraestrutura de transporte. A segunda identifica a origem da infraestrutura usada para viabilizar a expansão e comercialização do café na produção canavieira que, até a ascensão da lavoura cafeeira na segunda metade do século XIX, ocupava o papel de principal produção voltada à exportação da província. E, por fim, há uma terceira maneira que aponta para o modo que a província usou a autonomia prevista pelo Ato Adicional de 1834 e, destacadamente, os investimentos que fez em abertura e manutenção de estradas, como sendo fundamentais para o desenvolvimento desta infraestrutura de transporte. Para a primeira, o trabalho de Maria Luíza Marcílio é essencial, já que nele a autora identifica e quantifica a importância da produção paulista voltada ao mercado interno de abastecimento na primeira metade do século XIX. Essa produção voltada ao mercado interno, além de ser significativa quando comparada à produção canavieira (voltada à exportação) era transportada, por exemplo, entre São Paulo e Rio de Janeiro pelas estradas que cortavam a região. Marcílio, Maria Luiza. *Crescimento demográfico e evolução agrária paulista. 1700-1836*. São Paulo: Hucitec/Edusp, 2000. Para a identificação, principalmente, dos caminhos percorridos pelo comércio de abastecimento, transporte de mercadorias por animais e instalação de barreiras nos caminhos paulistas e entre São Paulo e outras regiões ver Grandi, Guilherme. *Estado e capital ferroviário em São Paulo: a Companhia Paulista de Estradas de Ferro entre 1930 e 1961*. São Paulo: FFLCH-USP, tese de doutoramento (série Produção Acadêmica premiada), 2013, especialmente cap. 1, seção 1.1. Suprinyak, Carlos Eduardo. *Tropas em marcha. O mercado de animais de carga no centro-sul do Brasil imperial*. São Paulo: Fapesp/Annablume, 2008, especialmente p. 17-22. Costa, Hernani Maia. *As barreiras de São Paulo.: estudo histórico das barreiras paulistas no século XIX*. Dissertação de Mestrado. FFLCH-USP, 1984. Para o segundo caso, ou seja, aquele que identifica na estrutura voltada ao transporte da produção canavieira a origem das estradas que foram usadas para a expansão e comercialização do café ver Petrone, Maria Teresa Schorer. *A lavoura canavieira em São Paulo: expansão e declínio, 1765-1851*. São Paulo: Difusão Europeia do Livro, 1968, p. 223-224. Por fim, para o avanço dos investimentos em estradas após o Ato Adicional de 1834, ver Dolhnikoff, Miriam. *O Pacto Imperial*. cap. 3, item 2 (Obras Públicas.) Oliveira, Vinícius de Bragança Müller e. *Centralização e descentralização*. cap. 2, item 2.2, p. 54-63.

A expansão do mercado mundial e o crescimento da produção de café em São Paulo fizeram também com que a região se tornasse atrativa aos investimentos estrangeiros, principalmente voltados à infraestrutura de transporte. A expansão do café foi acompanhada pela construção e ampliação das estradas de ferro. Em 1860 começou a funcionar a estrada de ferro que ligava a cidade de São Paulo ao Porto de Santos. A partir disso, a expansão ferroviária se tornaria um dos principais itens que caracterizaram o crescimento da economia paulista, financiada por investimentos públicos, tanto nacionais quanto provinciais, por investimentos privados estrangeiros e, muitas vezes, dos próprios produtores de café. Entre 1860 e 1890, a malha ferroviária de São Paulo se expandiu de modo a alcançar 2.425 quilômetros de estradas de ferro, sendo que em 1880, as ferrovias paulistas representavam 35,7% das estradas de ferro no país.[17]

Outra questão que esteve presente na trajetória paulista durante a segunda metade do século XIX foi a falta de mão de obra que acompanhasse o crescimento da produção de café. Parte pelo fim do tráfico de escravos em 1850, parte pela rápida expansão da lavoura, esse problema da 'falta de braços' teve como solução a imigração, que, a partir de 1840, fez parte tanto dos debates públicos quanto das pautas de reivindicação dos proprietários de terra. De fato, o problema da mão de obra, ou da falta dela, aparece em inúmeras manifestações da elite paulista e esteve intimamente ligada ao progressivo descontentamento dos fazendeiros de São Paulo em relação ao governo do Império. E sua solução, a imigração, responsável por uma significativa alteração na população e na composição da sociedade paulista. A imigração para São Paulo entre 1840 e 1870 ocorreu, fundamentalmente, pela atuação da iniciativa privada, com destaque àquelas vinculadas às atividades do Senador Vergueiro que, em 1840 empreendeu uma tentativa de trazer imigrantes portugueses para trabalharem em suas terras no interior de São Paulo, já no contexto, mesmo que inicial, da expansão da cafeicultura. Na mesma década, em 1847, o mesmo Vergueiro fez as primeiras experiências com imigrantes germânicos, o que, a

17 Os dados sobre a extensão das ferrovias paulistas foram apresentados por Mattos, Odilon Nogueira de. *Café e ferrovias: a evolução ferroviária de São Paulo e o desenvolvimento da cultura cafeeira.*2 ed. São Paulo: Alfa-Omega, Sociologia e Política, 1974, citado por Grandi, Guilherme. *Estado e capital ferroviário em São Paulo*, p. 66. Já os dados sobre a participação das ferrovias paulistas sobre as estradas de ferro brasileiras foram apresentados por Flávio Saes. Nesse trabalho, Saes apresenta um detalhado estudo sobre a formação do capital ferroviário em São Paulo, principalmente sua vinculação ao capital cafeeiro. Saes, Flávio Azevedo Marques de. *As ferrovias de São Paulo, 1870-1940*. São Paulo: Hucitec, 1981. Também Grandi, Guilherme, *Op. cit.*, cap. 1, seção 1.4. Para a relevância dos investimentos estrangeiros na construção das ferrovias brasileiras, ver Summerhill, William R. *Institutional determinants of railroad subsidy and regulation in Imperial Brazil.* Haber, Stephen (org.) *Political Institutions and Economic Growth in Latin America.Essays in Policy, History and Political Economy.* Hoover Institution Press/Stanford University, 2000, p. 21-67.

partir de 1850, se estendeu aos suíços. Foi em 1850, também, que a empresa de Vergueiro iniciou sua atuação voltada a promoção da imigração não só para suas fazendas, mas para terceiros, o que veio acompanhado da ampliação de fazendeiros brasileiros que se engajaram na promoção da imigração e no estabelecimento de contratos de parceria para atrair e regularizar essa mão de obra que vinha de outros países. Contudo, problemas relacionados às cláusulas dos contratos de parceria e as manifestações de muitos imigrantes que reivindicavam melhores condições de trabalho e de vida nas fazendas resultaram numa diminuição do fluxo de imigrantes nas décadas de 1860 e 70.[18] A retomada da imigração durante década de 1870 obedeceu à mesma reivindicação pela superação da falta de braços para a lavoura, mas foi viabilizada pela subvenção pública e por políticas desenvolvidas por organizações da sociedade civil, como a Sociedade Promotora da Imigração de SãoPaulo e não mais por ações particulares isoladas.[19] De qualquer forma a imigração

18 O sistema de parceria, usado nas etapas iniciais para a promoção da imigração, consistia, em suma, em um contrato estabelecido entre o fazendeiro e o imigrante no qual os custos de transporte do país de origem ao Brasil e moradia do trabalhador eram assumidos pelo fazendeiro. Em contrapartida, o imigrante receberia parcelas da produção, podendo com isso, quitar seus débitos com o produtor. Esse modelo de contrato é visto por alguns autores como duplamente equivocado, já que tornava exagerado, muitas vezes, o endividamento dos imigrantes juntos aos fazendeiros, além de, por não ser amparado no assalariamento do trabalhador, apresentar menor potencial de obtenção de lucros para o fazendeiro. Contudo, para outros autores, o problema não residia na baixa capacidade de geração de lucros, mas sim na incapacidade da sociedade escravista em adaptar suas condições de trabalho ao imigrante livre. Nesse sentido, as reivindicações dos imigrantes quanto às inadequadas condições de trabalho e de moradia, assim como referentes ao endividamento a que muitos estavam vinculados, foram motivos para que o sistema fosse desacreditado já em fins da década de 1850. Para esse debate sobre os fundamentos e o funcionamento do sistema de parceria, assim como sobre os conflitos entre imigrantes e fazendeiros, ver Lamounier, Maria Lúcia. *Formas de Transição da Escravidão ao Trabalho Livre: a Lei de Locação de Serviços de 1879*. Dissertação de Mestrado, Unicamp, 1986; Witter, José Sebastião. *Ibicaba, uma Experiência Pioneira*. São Paulo: Arquivo do Estado de São Paulo, 1982. Coleção Teses e Monografias, vol. 5; Furtado, Celso. *Formação Econômica do Brasil*, cap. XXII (O problema da mão de obra). Prado Jr, Caio. *História Econômica do Brasil*, cap. 19 (Imigração e Colonização).

19 A necessidade da participação do poder público provincial no estímulo à imigração, de tal modo a complementar a iniciativa particular, já aparecia em documentos oficiais da década de 1850. No relatório de presidente da província paulista de 1858, Sr. José Joaquim Fernandes Torres, lê-se que: "Por isso entendo que todos os esforços devem pela maior parte convergir para auxiliar os estabelecimentos, as fazendas já montadas; porque só desse modo poderão os colonos prestar desde logo alguma utilidade. Adiantando o Governo as passagens dos colonos e os seus primeiros fornecimentos, que deverão ser pagos posteriormente e em módicas prestações pelos proprietários que os receberem, e obrigando-se gratuitamente pelos mesmos fornecimentos e transporte dos colonos de menor idade, realizar-se-a sem grande ônus para o Estado, essa condição tão necessária."

acompanhou a expansão da lavoura cafeeira em São Paulo e foi uma das responsáveis pela mudança do quadro social e econômico da região.

Em relação à sociedade paulista, os dois grandes vetores das mudanças que transformaram São Paulo na região mais próspera do país, a expansão do café e a imigração, também foram responsáveis por uma mudança na estrutura social, de modo que uma nova elite se forjava na segunda metade do século XIX. Essa nova elite, composta essencialmente pelos cafeicultores de São Paulo, apresentava em sua formação uma frágil relação com a tradicional elite latifundiária brasileira. Isso possivelmente influenciou no modo com que essa elite paulista, em contato com imigrantes e com os representantes do capitalismo internacional que investiam na região cafeicultora, na medida em que ela se aproximava do que na época parecia ser uma mentalidade mais adequada às transformações que ocorriam, relacionadas, em geral, à expansão do capitalismo: fim da escravidão e generalização do uso de mão de obra livre, investimento em tecnologia voltada à mecanização do trabalho na cafeicultura, associação com o capital estrangeiro e diversificação dos investimentos para setores como serviços públicos, bancos e indústrias.[20] Essa nova elite paulista, portanto, progressivamente se transformava na primeira elite capitalista do país. Contudo, essa transformação operada pela elite paulista só seria amplamente percebida em fins do século XIX e início do século XX e, portanto, esteve mais ligada aos eventos que antecederam à proclamação da República em 1889 e que caracterizaram o início do período republicano

20 Essa diferença da elite paulista em relação à elite vista como tradicional no Brasil é identificada por Sérgio Buarque de Holanda como um traço distintivo na formação da sociedade paulista da primeira metade do século XIX. Diz ele: "De fato, a origem das maiores dinastias canavieiras e cafeeiras do século XIX, o que se encontra em São Paulo é, com poucas exceções, um negociante ou um soldado, não raro uma coisa e outra ao mesmo tempo, às vezes algum advogado ou magistrado, europeus de preferência ou então brasileiros da primeira geração, que firmaram sua posição casando com filha da terra e aplicando a renda em bens fundiários.". Ou seja, identifica na elite rural paulista outra origem que a distingue da elite rural de outras regiões, como Bahia e Pernambuco, tradicionalmente ligadas ao latifúndio originado ainda no período colonial. Em outro trecho, confirma que "...os mais enérgicos fazendeiros de açúcar ou café, no Segundo Reinado, não procedem, senão por exceção, da classe que dois ou três decênios antes se achara associada ao mister rural." Holanda, Sérgio Buarque de (org.) *História Geral da Civilização Brasileira*. Tomo II (*O Brasil Monárquico*), vol 2 (*Dispersão e Unidade)*. Rio de Janeiro: Bertrand Brasil, 1997, Livro Quinto, cap. I (São Paulo), p. 416-471. Além dessa diferença apontada por Sérgio Buarque de Holanda, há outra caracterização da elite paulista que aponta que, na segunda metade do mesmo século e já enriquecida pela expansão do café, essa elite teria se diferenciado por ter adotado um comportamento capitalista, ao diversificar seus investimentos e negócios. Essa caracterização é feita por uma vasta bibliografia. Entre as obras que tratam dessa questão ver Saes, Flávio. *As ferrovias de São Paulo, 1870-1940*,

do que o período de relativa estabilidade do Império, entre 1850 e1870. Por isso, as consequências relativas à crise do escravismo, à ampliação da imigração e às demandas econômicas e políticas da elite cafeicultora paulista estarão, novamente e com maior ênfase tratadas no capítulo 4.[21] Todavia, a identificação desta transformação progressiva que ocorreu em São Paulo sinaliza uma diferença entre a economia de São Paulo e a de Pernambuco, já que as tentativas de modernização na província do Norte pouco alterou a estrutura econômica e social da região, conforme vimos por meio da literatura. Ao contrário, as mudanças ocorridas em São Paulo podem ser vistas como sendo responsáveis pelos resultados econômicos que transformaram a região, de uma das economicamente menos relevantes, na mais rica do país. E tais mudanças estiveram relacionadas tanto à combinação geográfica e climática favorável à produção de café e à ampliação da demanda internacional pelo produto, como também a maneira que a elite paulista conseguiu transformar seus investimentos e sua posição política. Em suma, como usaram a parcial autonomia que tinham durante o Império para manejá-la favoravelmente ao desenvolvimento.

Já a economia sul rio-grandense, diferentemente da pernambucana e da paulista, tem em sua formação a característica de ser pouco voltada às exportações e sim ao mercado interno. Desde o século XVIII, a economia sul rio-grandense se voltava ao abastecimento interno, principalmente das regiões do centro-sul (Minas Gerais e Rio de Janeiro) durante o período da mineração. No século XIX, tal característica se manteve associada à oferta que a região fazia de animais de carga que eram responsáveis pelo principal meio de transporte até o surgimento das ferrovias em meados do século.[22]

21 Mesmo sendo parte do mesmo problema – a expansão cafeeira e a falta de braços que viabilizasse a continuidade dessa expansão – a imigração do período posterior a 1870 inseria-se em um contexto diferente da imigração anterior a essa data, entre outros motivos, pelo posicionamento de parte considerável da elite paulista que passou a associar ao problema da falta de mão de obra não só à crise da escravidão, mas à incapacidade do governo Imperial em pôr fim ao problema. Dessa forma, a imigração esteve envolvida com as discussões que, depois de 1870, guarda relação com a crise da Monarquia em suas duas últimas décadas de funcionamento. Por isso, optou-se por apresentar alguns dados e outros pontos do debate que cerca as duas questões, a expansão cafeeira e a imigração, no capítulo que tratará do fim da Monarquia e da Proclamação da República (cap. 4).

22 Essa caracterização da economia gaúcha é muito usual e está presente em diversas obras e autores. Entre eles, de maneira sintetizada, ver Cardoso, Fernando Henrique. *Rio Grande do Sul e Santa Catarina*. Holanda, Sérgio Buarque de (org.) *História Geral da Civilização Brasileira*. Tomo II (Brasil Monárquico), vol.2 (*Dispersão e Unidade*), Livro Quinto, cap. 2, p. 473-505. Ver também Miranda, Márcia Eckert. *Rio Grande do Sul. Economia e Tributação (1699-1945)*, 1998, especialmente cap. 2 (Economia periférica rio-grandense no Estado Nacional Brasileiro: 1835-1892). Para uma análise menos econômica e mais social da história do Rio Grande do Sul ver Love,

Contudo, já em meados da década de 1830, a economia pecuarista e, principalmente, charqueadora da região do Rio Grande do Sul apresentava sinais de decadência, amplamente percebidos nas décadas seguintes. Parte desta dificuldade em manter a competitividade da pecuária sul rio-grandense deveu-se às condições desfavoráveis que tinha em relação à criação e, sobretudo, à comercialização dos produtos derivados da atividade criatória, dos vizinhos platinos. A manutenção do uso de mão de obra escrava pelos charqueadores em conflito com ao uso de mão de obra livre pelos charqueadores dos países platinos fazia com que logo na primeira metade do século XIX, os custos de produção dos brasileiros, relacionados ao capital investido na compra, manutenção e vigilância dos cativos, fossem mais inflexíveis do que os seus pares da Argentina e Uruguai. Além disso, os charqueadores rio-grandenses ainda reclamavam de um possível desfavorecimento provocado por uma política tarifária que privilegiava a importação de carne dos países platinos.[23] O imposto sobre a importação de charque, considerado baixo pelos rio-grandenses, era visto também como uma forma de privilegiar as províncias do 'norte' (na verdade, São Paulo, Minas Gerais e Rio deJaneiro, além do município da Corte), principais consumidores do produto. A Revolução Farroupilha (1835-45), parcialmente, carregava tais reivindicações por uma ampliação dos impostos sobre a importação do charque, e mesmo após seu fim e a ampliação do imposto para 25%, a situação dos charqueadores rio-grandenses pouco se alterou, continuando em decadência pelas décadas seguintes.

Contudo, a década de 1850 foi marcada por duas situações específicas que deram à charqueada sul rio-grandense uma provisória euforia. A primeira foi o conflito que envolveu Brasil, Uruguai e Argentina, entre 1848 e 1851, o que dificultou pelos anos seguintes a entrada do produto argentino, ao mesmo tempo em que, ao liberar a entrada do gado uruguaio no Rio Grande do Sul, facilitou, à custos baixos, a ampliação da criação e, consequentemente, da oferta de animais para a atividade charqueadora. A segunda foi a crise na Argentina devido à variados conflitos internos que o país enfrentou durante a década de 50. Na década de 60, com a situação interna ar-

Joseph L. *Rio Grande do Sul and Brazilian regionalism, 1882-1930*. Stanford University Press, 1971, especialmente cap. 1 (The structure of Gaúcho society), p. 3-25.

23 As oscilações da atividade charqueadora gaúcha entre 1840 e 1870 e suas dificuldades em enfrentar a concorrência dos países platinos, além das disputas entre charqueadores e pecuaristas e entre aqueles e o governo imperial por conta de uma política fiscal que era considerada pelos produtores de charque como sendo favoráveis aos concorrentes argentinos e uruguaios, são descritas por Miranda e por Cardoso. Ver Miranda, Márcia Eckert, *Rio Grande do Sul*, p. 48-53 e Cardoso, Fernando Henrique. *Rio Grande do Sul e Santa Catarina*, p. 483-485.

gentina normalizada, ao charque rio-grandense voltou a enfrentar a concorrência de uma produção que, por usar mão de obra livre e ser tecnologicamente mais avançada, apresentava maior facilidade em atrair investimento estrangeiro e, consequentemente, ampliar sua vantagem produtiva em relação à produção brasileira.[24] Mesmo assim, a charqueada sul rio-grandense continuou a ser, até a década de 1880, responsável por aproximadamente 50% da arrecadação da província, mesmo tendo progressivamente uma participação menor no volume das exportações sul rio-grandenses para as outras províncias brasileiras. Essa situação, aparentemente ambígua, deveu-se, na verdade, à valorização do preço do charque durante a década de 1870, o que não significou, em prazo mais alongado, uma recuperação do papel e da relevância que o comércio de charque tivera no início do século.[25]

Paralelamente às oscilações da atividade charqueadora, a criação de animais também viu sua relevância na economia sul rio-grandense decair durante a segunda metade do século XIX. Tanto motivada pela oscilação da atividade charqueadora como também pela diminuição da demanda pelas províncias do centro sul por animais voltados ao transporte de mercadorias. O avanço das ferrovias em São Paulo e no Rio de Janeiro justificou a queda da atividade pecuária sul rio-grandense voltada ao transporte de cargas.[26]

A decadência da atividade tradicional da região durante a segunda metade do século XIX opôs-se a ascensão, na região norte da província, da produção agrícola

24 Ver Pesavento, Sandra Jatahy. *Pecuária e Indústria: formas de realização do capitalismo na sociedade gaúcha no século XIX*. Porto Alegre: Movimento, 1986.

25 A manutenção da relevância da exportação de charque para outras províncias brasileiras na economia gaúcha pode ser vista pela participação dessa atividade na arrecadação tributária da província, da mesma forma que a decadência progressiva da atividade charqueadora. Em 1853 a taxa de 3% cobrada pela província sobre a exportação do charque rendeu aos cofres gaúchos 135:652$000, o que significava aproximadamente 25% de toda a receita da província no mesmo ano. O presidente da província, Sr. João Lins Vieira Cansanção de Sinimbú assim referiu-se sobre a questão em seu relatório anual de 1854:" Este imposto (3% sobre a produção todos os gêneros da província, exceto tabaco e algodão) compreende igualmente os produtos do gado, menos o couro, que paga 8 rs, e o charque, que apesar de estar também sujeito aos 3% como os demais gêneros, é escriturado separadamente e forma a 1ª parcela da receita do orçamento." A arrecadação referente à taxa dos 3% sobre a exportação de charque durante o segundo semestre de 1880 foi de 88:518$033, enquanto a arrecadação sobre a décima urbana 155:611$162 e sobre heranças e legados 98:374$639. Esses dados, que estão no relatório da Segunda seção da Diretoria da Fazenda Provincial, de 11 de fevereiro de 1881, indicam, portanto, a relativa queda da participação das receitas obtidas com a exportação de charque da província.

26 Ver Miranda, Márcia Eckert. *Rio Grande do Sul*, p. 52.

produzida em pequenas propriedades em geral cultivadas por imigrantes. Essa produção ocupou, na arrecadação da província, parte do que havia sido perdido pela decadência das atividades ligadas à pecuária. Além disso, representou um relativo sucesso da província em reorganizar sua economia de modo a superar, mesmo que parcialmente, as dificuldades enfrentadas pelas atividades dominantes até então. Vale ressaltar que as dificuldades foram originadas também por problemas internos, como a manutenção da mão de obra escrava. Por isso, o sucesso da atividade agrícola esteve intimamente ligada à mudança na própria estrutura pela qual foi organizada, ou seja, pelo trabalho livre, em geral imigrante, e em pequenas propriedades.[27]

Dessa forma, a organização e o crescimento da atividade agrícola no norte da província reativaram a relevância da região sul rio-grandense como fornecedora de produtos ao mercado interno, tanto às regiões 'do norte', como Rio de Janeiro, São Paulo e Minas Gerais, mas também para Porto Alegre, capital da província, concomitantemente à perda de posição das atividades tradicionais.[28] No final do Império, a 'nova' economia sul rio-grandense já era reconhecida como sendo a principal para as receitas provinciais.[29]

Portanto, se a decadência das atividades ligadas à pecuária sinalizava para a diminuição da economia sul rio-grandense, a ascensão da atividade agrícola, ao menos em parte, evitou que a situação fosse pior. O Rio Grande do Sul não teve nem de perto o brilho que a economia paulista teve durante a segunda metade do século XIX, coroada como foi durante o início do período republicano. Mesmo assim, não viveu a crise vivida por Pernambuco durante o mesmo período. A particularidade sul rio-grandense, nesse caso, foi ser relativamente independente da economia exportadora, mantendo historicamente sua trajetória voltada ao mercado interno.

A escolha das três províncias, Pernambuco, São Paulo e Rio Grande do Sul, obedece, portanto, tanto à lógica geográfica, como principalmente ao que cada uma delas

---

27 Sobre o processo de colonização das terras do Rio Grande do Sul e suas características principais, tais como a distribuição geográfica, as atividades econômicas, o papel do imigrante e a particularidade de ter sido feita, em boa parte, por meio da adoção de pequenas propriedades, ver Herédia, Vania. *A Imigração europeia no século passado: o programa de colonização no Rio Grande do Sul.* Em Scripa Nova. Revista Electrónica de Geografia y Ciencias Sociales. Universidade de Barcelona, nº 94, 1º agosto de 2001. Disponível em: http://www.ub.edu/geocrit/sn-94-10.htm

28 A crescente importância de Porto Alegre na economia gaúcha pode explicar a maior arrecadação de taxas sobre propriedades urbanas conforme apontado em nota anterior (nº 24). Essa relevância de Porto Alegre esteve vinculada ao crescimento da produção agrícola voltada ao mercado interno brasileiro e ao papel de posto comercial que a capital da província ocupava. Ver Miranda, Márcia Eckert. *Rio Grande do Sul*, p. 54-56.

29 Ver Miranda, Márcia Eckert, *Op. cit.*, p. 52-59.

representa: Pernambuco, a região rica, tradicional exportadora de matérias primas e com dificuldade em manter sua posição econômica durante o século XIX; São Paulo a província pouco desenvolvida que se transformou, durante o século XIX, na região mais rica do país, principalmente amparada na produção e exportação de café; e o Rio Grande do Sul, província intermediária em seu desenvolvimento econômico, mas que manteve sua estrutura produtiva voltada ao mercado interno e no fim do século XIX transformou-se, mesmo que lentamente se comparada à província paulista, em uma das mais ricas do país.[30] Um breve exame nos números das três províncias mostra como as receitas de cada uma delas evoluiu.

Tabela 10. Receitas provinciais, 1850-1889

Ano	São Paulo	Pernambuco	R. G. do Sul
1850	378:621$000	1.076:200$289	XXXX
1851	349:420$000	936:407$123	XXXX
1852	354:122$000	1.031:208$926	XXXX
1853	480:184$000	1.076:058$079	XXXX
1854	357:600$000*	1.093:004$104	XXXX
1855	841:267$441	1.147:059$595	713:851$898
1856	1.014:026$685	1.455:366$665	837:726$768
1857	991:667$121	1.582:273$624	1.048:717$413
1858	1.038:275$210	1.440:286$038	901:134$976
1859	1.184:991$441	1.485:436$724	1.007:605$446
1860	XXXX	1.673:880$379	865:828$850
1861	1.288:373$881	1.489:684$128	1.016:716$069
1862	1.090:365$073	1.307:966$793	1.324:246$325
1863	968:848$404	1.483:849$033	1.287:942$188
1864	1.205:030$055	1.720:534$880	1.019:689$842
1865	1.173:385$099	1.831:731$180	1.075:399$022
1866	1.205:381$908	1.784:426$919	1.117:649$422
1867	1.582:408$680	1.895:490$307	1.198:964:948

30 Miriam Dolhnikoff usa a mesma análise para justificar a escolha das três províncias como 'locus' privilegiado para o entendimento das diversas realidades regionais brasileiras. Dolhnikoff, Miriam. *O Pacto Imperial*, p. 155.

1868	1.653:761$856	1.865:022$276	1.441:972$529
1869	1.605:113$205	2.040.922$926	1.514:233$388
1870	1.420:097$635	1.928:745$172	2.357:044$135
1871	XXXX	2.306:957$181	2.235:508$865
1872	2.110:787$000	2.457:052$375	1.192:270$229
1873	2.828:990$933	2.046:757$270	1.782:450$979
1874	2.475:778$745	2.430:433$000	1.702:618$000
1875	2.476:017$643	2.388:262$533	2.608:165$727
1876	2.079:721$661	2.425:219$261	2.860:702$385
1877	3.323:446$692	3.678:920$155	3.771:880$121
1878	3.761:863$811	2.723:432$563	4.277:401$216
1879	3.768:465$835	2.881:299$413	3.173:930$439
1880	3.520:594$000	3.6647:473$607	5.201:065$746
1881	4.014:688$361	3.207:622$007	4.935:551$131
1882	3.695:230$130	2.076:095$007	2.771:198$851
1883	3.785:791$485	3.096:358$762	2.974:395$289
1884	3.463:928$684	3.096:358$762	3.705:222$356
1885	3.802:109$858	2.445:252$632	2.901:154$467
1886	5.700:937$620	2.828:993$902	3.121:126$413
1887	3.825:933$163	4.160:886$753	2.969:740$129
1888	6.869:159$213	3.024:278$623	3.796:022$553
1889	6.013:424$591	3.362:294$770	3.694:799$165

Fonte: Relatórios de presidente de província de São Paulo, Livros da Contadoria da província do Rio Grande do Sul e da Tesouraria da província de Pernambuco. *Orçamento previsto pela Lei Orçamentária da província de São Paulo.

É possível pela análise das receitas provinciais confirmar as proposições acerca das respectivas trajetórias econômicas das províncias. É nítido que entre 1850 e 1870 as receitas pernambucanas são maiores do que as paulistas e sul rio-grandenses, enquanto na década seguinte elas se mantêm equilibradas com as das outras províncias, mas com inequívoco viés de baixa. No fim da década de 1870, São Paulo e Rio Grande do Sul já apresentam receitas maiores do que as pernambucanas, seguindo exatamente a trajetória das respectivas economias. Por fim, na última década do Império, houve um progressivo descolamento das receitas paulista, que terminam o período sendo significativamente maiores do que as das outras duas regiões. Ou seja, a decadência da economia açucareira pernambucana explica, a partir da década de 1870, a relativa queda das receitas locais, assim como a reorganização da economia sul rio-grandense a partir do crescimento da agricultura do norte da província voltada ao mercado interno – tanto nacional, quanto regional -, a partir de meados da mesma década, ajuda a explicar os motivos pelos quais, a partir daí, as receitas provinciais sul rio-grandenses foram maiores do que as pernambucanas. E por fim, a trajetória das receitas mostra também que a modernização da economia paulista, potencializada pelo crescimento da produção e da demanda internacional por café, pela mudança interna relacionada à expansão geográfica, à expansão das ferrovias e a crise da escravidão e à imigração, ocorreu de forma progressiva, cujos resultados mais eloquentes na ampliação das receitas foram vistos nos momentos finais da década de 1870 e durante a década seguinte, a última do Império. Outra maneira de avaliar o comportamento das receitas é estabelecendo uma razão entre elas, de modo a identificar como uma se comportou em relação à outra. Vejamos:

Gráfico 1. Comportamento das receitas de Pernambuco e São Paulo, 1850-1889

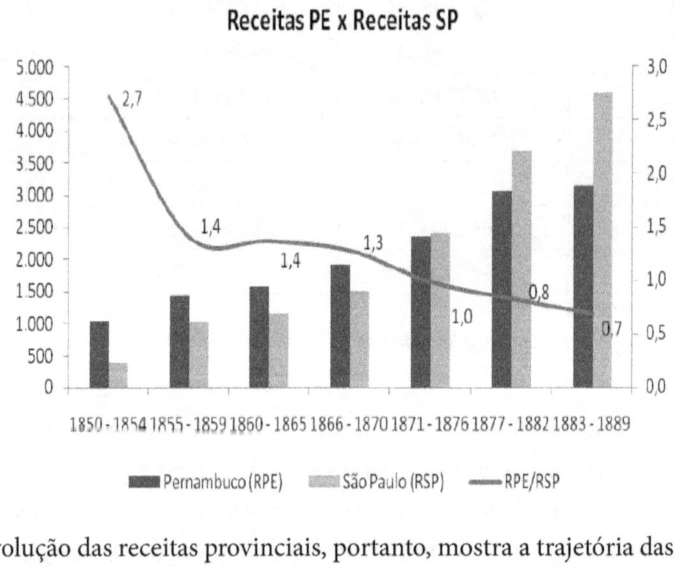

A evolução das receitas provinciais, portanto, mostra a trajetória das economias provinciais, retratando a inversão que ocorreu entre a economia pernambucana, que até a década de 1870 era a mais rica entre as três províncias e, a partir daí, enfrentou uma relativa decadência, assim como São Paulo e Rio Grande do Sul vivenciaram, relativamente, uma ascensão.

Além disso, a comparação entre as receitas provinciais revela que, durante a década de 1850, a renda pernambucana chegou a ser 3,1 vezes maior que a de São Paulo, mantendo-se até 1867, no mínimo, 20% maior do que a paulista. Esta relação diminui durante a década de 1860, mesmo mantendo-se favorável à Pernambuco. Durante os anos de 1870 houve um equilíbrio entre elas, o que se inverte na década de 1880 favoravelmente a São Paulo. Durante a última década do Império, as receitas paulistas chegaram a ser, em 1886 e 1888, maiores do que o dobro das receitas pernambucanas. Porém, mesmo a renda paulista sendo maior do que a pernambucana durante os anos finais do Império, ela nunca foi o triplo.

Gráfico 2. Comportamento das receitas de Pernambuco e Rio Grande do Sul, 1850-1889

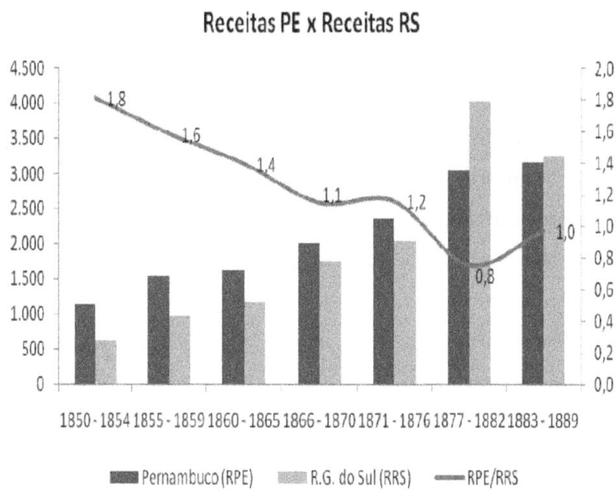

Gráfico 3. Comportamento das receitas de São Paulo e Rio Grande do Sul, 1850-1889

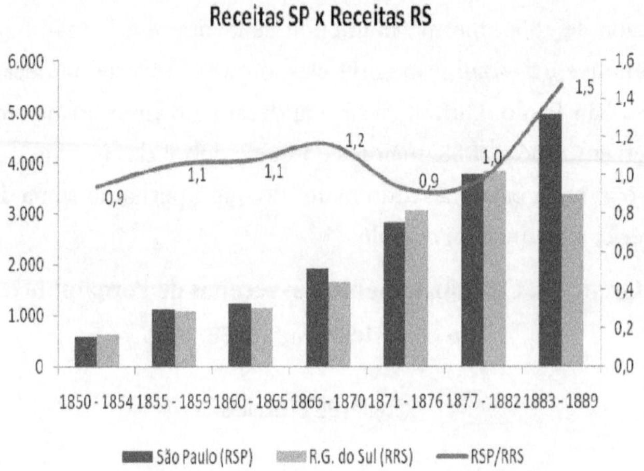

Ou seja, nos anos avaliados, Pernambuco foi, em seu auge, relativamente mais rica, ao menos em termos de receitas, do que São Paulo em seus dias de maior renda. A mesma conclusão pode ser aplicada à relação entre Pernambuco e Rio Grande do Sul. Em outros termos, quando Pernambuco teve receitas maiores que São Paulo e Rio Grande do Sul, apresentou uma diferença mais ampla do que quando o Rio Grande do Sul e São Paulo superaram suas receitas. Entre esses dois últimos, a relação entre as receitas, durante todo o período analisado, não apresentou diferenças tão grandes quanto àquelas apresentadas por Pernambuco durante as décadas de 1850 e 60. As mesmas relações feitas pelo critério *per capita* apresentam alguns resultados diversos.

Tabela 11. População livre em Pernambuco, São Paulo e Rio Grande do Sul, 1858 – 1890

Ano	Pernambuco	São Paulo	Rio Grande do Sul
1858	630.000	410.000	390.000
1872	841.539	837.554	446.962
1890	1.030.224	1.384.753	897.455

Os números da população anteriores a 1872 são baseados em estimativas frágeis, feitas pelas províncias a partir das informações enviadas pelos municípios e usadas e divulgadas pela burocracia pública de cada uma delas. Os números da população para o ano de 1858 foram retirados dos relatórios de presidente das respectivas províncias. Já os dados de 1872 e 1890 foram retirados dos respectivos Censos realizados e divulgados pelo IBGE (Séries Estatísticas)

Tabela 12. Receita per capita das províncias (PE, SP, RS), 1858-1890

Ano	Pernambuco	São Paulo	Rio Grande do Sul
1858	2:285$000	2:532$000	2:310$000
1872	2:919$000	2:520$000	2:667$000
1890	3:263$000*	4:342$000*	4:116$000*

*As receitas usadas para o cálculo referente ao ano de 1890 foram as de 1889.

As receitas *per capita* revelam certa semelhança entre as províncias, na medida em que nos dois primeiros anos selecionados, 1858 e 1872, elas eram próximas, não obstante os dados populacionais para 1858 serem frágeis e não oficiais. Considerando, então, os dados para 1872 e 1890, as receitas *per capita* seguem a trajetória das respectivas economias, ou seja, mostram a decadência pernambucana relativamente à paulista e sul rio-grandense. Contudo, merece destaque o caso rio grandense, já que a província tinha uma receita *per capita* próxima à de São Paulo mesmo não sendo uma representante da tradicional economia exportadora brasileira. Ou seja, a estrutura econômica do Rio Grande do Sul, historicamente vinculada ao mercado interno, da mesma forma que era nos momentos finais do Império, era suficiente para gerar receitas que, calculadas sobre a população, eram tão altas quanto às de São Paulo, então a região próspera do país. Já o caso paulista evidencia que a posição de região mais rica do país só pôde ser confirmada durante a década de 1880.

Outro modo de avaliar a trajetória econômica das províncias é ver qual era a contribuição de cada uma à receita do Império. Os números referentes às receitas do Império indicam o quanto cada província contribuía e aponta para uma diminuição progressiva da contribuição de Pernambuco e uma ampliação da contribuição de São Paulo e do Rio Grande do Sul. Mesmo assim, a relação não é linear, já que a contribuição sul rio-grandense às receitas imperiais não condiz com o crescimento que apresentou a província do Rio Grande do Sul no período. De qualquer modo, há uma nítida mudança na hierarquia das economias provinciais e na relativa participação que tinham na economia nacional. São Paulo, que durante a década de 1830 representou pouco menos de 2% da receita do Império, terminou o período monárquico contribuindo com 8,4%; já Pernambuco, que na década de 1830 contribuía com pouco mais de 12%, na década de 80 contribuiu, em média, com 8,88%. A relativa decadência da economia pernambucana, na esteira da queda das exportações de açúcar, explica parcialmente tal diminuição em sua participação nas receitas do Império, valendo o mesmo raciocínio, só que inverso, para São Paulo: a ampliação da riqueza paulista, derivada em boa parte da expansão da produção e exportação do café, explica a maior participação de São Paulo na composição das receitas imperiais. O caso rio-grandense apresenta diferenças significativas, já que contribuiu muito pouco, relativamente à sua riqueza, às receitas imperiais. Mesmo tendo um indicador de riqueza - como a receita - comparável às de São Paulo e Pernambuco durante os últimos vinte anos do Império, contribui com 5,33% das receitas imperiais durante a década de 1870 e com pouco menos de 5,0% durante a década seguinte. A menor variação entre as três províncias na participação que tinham na formação das receitas do Império foi aquela apresentada pelo Rio Grande do Sul, que contribuiu com 3,55% durante a década de 1830 e com 4,97% durante a década de 1880. Novamente, não ser uma província tradicionalmente exportadora e ter uma estrutura econômica e produtiva parcialmente diferente do que aquela que correspondia à principal característica da economia brasileira pode ter sido decisivo para que a contribuição sul rio-grandense aos cofres centrais não tenha sido tão alta relativamente à sua riqueza. São Paulo apresentou variação que o colocou como uma das três províncias, já excluída a Corte, que mais contribuíram às receitas do Império durante a década de 1880, muito próxima de Bahia e Pernambuco, todas com contribuição entre 8% e 9% na composição das receitas do Império.

Tabela 13. Contribuição das províncias (PE, BA, SP, RS) na formação das receitas do Império, em % da Receita Imperial, 1830-1889

Período	PE	BA	SP	RS
1830-39	12,32	16,56	1,94	3,55
1840-49	12,64	14,73	2,13	6,91
1850-59	14,39	13,55	2,15	5,40
1860-69	13,58	11,46	3,39	5,92
1870-79	10,50	9,73	5,02	5,33
1880-89	8,88	8,56	8,40	4,97

Fonte: Balanço das Receitas e Despesas do Império.

Vale reforçar que as receitas provinciais são formadas a partir de arrecadação de impostos que são exclusivos e não se confundem, portanto, com aquilo que o governo central arrecadava nas províncias. Assim, a participação das províncias na formação das receitas imperiais é independente das receitas provinciais.

Esses números revelam ainda outra questão. A comparação entre a participação das três províncias na formação das receitas e na participação das despesas imperiais revela que, em média, entre a década de 1830 e a de 1880, o Rio Grande do Sul participou na formação das receitas imperiais numa proporção muito próxima da que foi beneficiado pelas despesas imperiais: 5,34% das receitas do Império saíram do Rio Grande do Sul enquanto 5,64% das despesas do Império foram alocadas na província sul rio-grandense. Já São Paulo e Pernambuco tiveram diferentes relações com o governo central.[31] A província paulista recebeu do 1,57% de tudo o que o Império despendeu, contudo contribuiu com 5,31% das receitas imperiais. Já Pernambuco recebeu 4,15% de todos os gastos imperiais nas províncias, enquanto contribuiu com 11,08% da composição das receitas do Império. Sendo assim, a hipótese de que houve transferência de riqueza das províncias do Norte às do Sul por meio da desigual maneira com que eram tratadas pelo governo central não se sustenta. A tese de que na razão entre aquilo que recebiam do governo central e aquilo que contribuíam para as receitas imperiais as províncias do Norte tinham superávit (ou seja, contribuíam com valores maiores do que recebiam) que eram transferidos às províncias do Sul não é sustentável, ao menos para os casos das sulistas províncias do Rio Grande do Sul e São Paulo.

Por fim, vale ressaltar que a conclusão sobre a independência das receitas provinciais em relação àquilo que cada uma das províncias contribuía na formação da receita imperial é semelhante ao caso das despesas. Ou seja, as despesas do Império nas províncias eram decididas pelo governo central, assim como as províncias tinham autonomia para usar os recursos que lhes eram próprios. Dessa forma, as despesas do Império nas províncias não se confundiam com os gastos que a própria província definia e efetivava.

Tabela 14. Participação das províncias (PE, SP, RS) na despesa e receita Imperial, 1830-1889, em %

Província	Receita	Despesa	Receita/Despesa
Pernambuco	11,08	4,15	2,66
São Paulo	5,31	1,57	3,39
Rio Grande do Sul	5,34	5,64	0,94

Fonte: Balanço das Receitas e Despesas do Império.

O que pode ser afirmado é que a província sul rio-grandense manteve um déficit (ou seja, recebeu mais do Império do que contribui às suas receitas) suficientemente

31 O estudo mais completo sobre a origem das receitas e a destinação das despesas imperiais é o de Adalton Diniz. Nele, o autor afirma que a posição de destaque que o Rio Grande do Sul recebeu nas despesas do governo imperial deveu-se à posição estratégica da província, fronteira meridional brasileira. Ver Diniz, Adalton Franciozo. *Centralização política e concentração de riqueza. As finanças do Império Brasileiro no período de 1830 a 1889. História e Economia*. São Paulo: Brazilian Business School, vol. 1, nº 1, 2º semestre de 2005, p. 55.

pequeno para que associemos essa diferença às causas do desenvolvimento rio-grandense. São Paulo, por sua vez, apresentou uma situação superavitária semelhante à de Pernambuco; ou seja, São Paulo foi tão explorado pelo Império quanto foi Pernambuco.

A mesma comparação para Pernambuco revela que a província contribui com valores aproximadamente 2,2 vezes maiores do que recebeu do Império. Novamente, parece ser exagero afirmar que São Paulo, província do Sul, foi beneficiado pelos repasses do governo central em prejuízo das províncias do Norte, tal como Pernambuco. Maior ainda parece o exagero afirmar que o crescimento e desenvolvimento das províncias do Sul eram financiados pelos saldos gerados pelas províncias do Norte; ou que as províncias do Sul cresciam em detrimento das do Norte a partir dos desiguais repasses do governo central, que beneficiavam as primeiras e prejudicavam as segundas.[32]

Há ainda mais duas maneiras de verificar o comportamento das províncias e avaliar suas trajetórias: por meio das despesas e do equilíbrio com as receitas e em sua distribuição entre os vários serviços e/ou investimentos sob a responsabilidade das províncias.

No primeiro caso, a trajetória das despesas orçadas, em geral, segue a das receitas, já que a leis orçamentárias buscavam o equilíbrio das contas públicas a partir da semelhança entre os dois itens. A partir da aprovação do orçamento, o esforço era arrecadar mais do que o previsto e gastar menos, de modo a formar saldos orçamentários nas províncias. Em outras palavras, o equilíbrio fiscal estava sob a responsabilidade das províncias e, portanto, apontar como cada uma delas se comportou diante disso pode identificar como cada uma tratava os recursos públicos.

Nesse caso, não era incomum que as receitas e despesas orçadas fossem diferentes daquelas que eram efetivadas. Assim como também não era incomum que as

---

32 Os repasses feitos pelo governo Imperial às regiões eram amplamente desequilibrados, na medida em que apenas a Corte recebeu 55,66% de todas as despesas do Império entre 1830 e 1889. Como a Corte era uma considerada parte do Sul, a região acabou por receber muito mais do que a região Norte. De qualquer forma, foi a Corte que desequilibrava a distribuição das despesas imperiais em favor do Sul e, portanto, em prejuízo do Norte. Esses dados estão em Diniz, Adalton F. *Op. cit.* p. 60. André Vilela, ao desagregar as despesas do Império nas regiões por Ministério, conclui que a maior diferença foi nos gastos do Ministério da Fazenda e a explica pelo fato da maior parte dos gastos com o serviço da dívida interna se concentrar na Corte. Além disso, também afirma que o Ministério da Fazenda tinha o maior orçamento entre todos os Ministérios do Império (aproximadamente 35% do orçamento total). O outro ministério relevante, ainda segundo o autor, seria o da Agricultura, já que sob ele estariam as despesas imperiais em infraestrutura. Nesse caso, a região Norte recebeu 15,5% das despesas do Ministério da Agricultura enquanto a Região Sul, incluindo a Corte, recebeu 19,9%. A diferença, portanto, não parece tão significativa. Vilela, André. *Distribuição regional das receitas e despesas do Governo Central no II Reinado, 1844-1889. Estudos Econômicos.* São Paulo, v. 37, nº 2, abril-junho de 2007, p. 258.

províncias acumulassem déficits ou superávits em seus balanços. O que é possível perceber por meio dos dados sobre as receitas e despesas das províncias é que em alguns períodos o equilíbrio entre receita e despesa não foi alcançado, mas em geral, as províncias mantinham seus gastos compatíveis com suas rendas. E mesmo assim, muitos dos déficits (e também dos superávits) produzidos pelo desequilíbrio entre as receitas e as despesas eram pequenos, em geral de 10%. Ou seja, em situações nas quais as despesas provinciais ultrapassavam as receitas, aquelas excediam em 10%, e quando eram inferiores, também em poucas vezes foram em mais do que 10% das rendas. (Anexo A,tabela 1, 2 e 3)

Na comparação entre províncias em relação aos equilíbrios orçamentários que apresentaram percebe-se que as dificuldades Pernambucanas estiveram concentradas entre 1871 e 1876. Algumas são as manifestações feitas no período sobre as causas deste desequilíbrio. Entre elas, algumas são apresentadas pelos relatórios da Comissão das Finanças Provinciais de Pernambuco, que revelam que, não obstante o reconhecimento da fragilidade das fontes de receitas, principalmente aquelas ligadas à exportação de açúcar e algodão - ambas em decadência -, a solução proposta era invariavelmente a redução das despesas. Entre as reduções de despesas defendidas pelo diretor da Tesouraria destacam-se aquelas ligadas à segurança pública, à instrução e ao pagamento dos membros do legislativo provincial. Em 1878, o relatório da Comissão das Finanças Públicas de Pernambuco assim tratava a questão do desequilíbrio das finanças pernambucanas:

> (...) a Comissão se refere às conclusões apresentadas no parecer do seu ilustrado membro, Sr. Henrique Milet, na exposição de sua primeira parte, na qual fica demonstrado que todo o acervo dos impostos provinciais, não formulando sistema algum, somente nele sobressai o fato primordial de que os organizadores dos nossos orçamentos não hão pautado a despesa pela renda dos impostos, e sim criado taxas e aumentos de outras para fazer despesas com as quais a província não comportava, sem que por elas se verifique terá riqueza pública paralelamente aumentado, e antes ficando o contribuinte sobrecarregado anualmente com uma soma excessivamente superior à suas forças, tende a receita enfraquecer-se pela exinanição das forças produtivas, mal que mais se agrava com, o defeituoso processo de arrecadação.[33]

33 Relatório da Comissão de Finanças Públicas de Pernambuco, 1878, reproduzido no Anexo ao Relatório Anual do Presidente da Província, Sr. Adolpho de Barros Cavalcante de Lacerda, 1878.

E mais adiante, ao propor algumas soluções, afirma que:

> Verificado, como está, que exportação da província há decrescido sucessivamente de vinte e oito a onze mil contos de réis, e que hoje se exige do contribuinte mais de 40% do que pagava ante da crise de 1873 acabrunha as fontes da riqueza pública, que assenta em grande parte nos dois ramos mais importantes da agricultura - o algodão e a cana de açúcar -, a comissão, convencida de que os recursos até então explorados da criação de novos impostos, da agravação dos artigos e de empréstimo, cuja soma se calcula em quatro mil contos de réis, pesando os respectivos juros com uma verba onerosa no orçamento, não podem mais ser utilizados para fazer frente ao déficit de quinhentos contos de réis que se calcula haver no orçamento provincial, lembra, como principal medida que há de concorrer para estabelecer o equilíbrio entre a receita e a despesa, o emprego de profundas, convenientes e indispensáveis supressões ou cortes nos dispêndios dos dinheiros públicos, sem o aparecimento de desorganização na regularidade do serviço, podendo colher-se essa utilidade com a transformação do corpo policial, que atualmente tem todos os defeitos de uma batalhão de linha sem as suas vantagens, e com o qual se despende perto de 30% da renda provincial, convertendo-o em uma força de guarda cívica, localizada nas sedes dos termos ou comarcas, não se despendendo com essa conversão quantia superior a exigida antes de 1873 para a corporação de semelhante natureza. (...)[34]

O mesmo relatório ainda trata de outra questão, ou seja, da necessidade de diminuição das despesas com o Poder Legislativo Provincial:

> Além das economias que se espera obter com as reformas indicadas no presente relatório, uma outra seria aceitável, qual a diminuição do subsídio dos membros da Assembleia Provincial, sendo decretado antes como um prêmio à disposição do Ato Adicional do que como uma compensação dos trabalhos do mandato popular.[35]

34 *Idem.*

35 *Idem.*

A questão referente às despesas com segurança pública aparece novamente no relatório de 1878 do Inspetor da Tesouraria provincial, Sr. Antônio Pinto Bandeira e Acioli de Vasconcelos, que afirma: "Com efeito, a província não pode suportar que, da renda anual, pela média dos últimos três anos (1775/76 a 1777/78), 35% sejam despendidos exclusivamente na segurança pública."[36]

E no relatório do mesmo Inspetor da Tesouraria provincial, publicado no ano anterior, há mais um sinal de que algumas despesas eram vistas como responsáveis pelo desequilíbrio orçamentário da província:

> E finalmente, deste movimento de ascensão das despesas nos dois referidos ramos do serviço público resulta ainda que entre a despesa realizada no ano de 1874-75 e a orçada para o de1878-79 elevou-se referente ao professorado primário na proporção de 33,211% e a relativa à força pública na de 86,509%.[37]

De qualquer modo, reconhecia-se a dificuldade da economia pernambucana devido à queda das exportações de seus dois principais produtos, o açúcar e o algodão, e, portanto, também na associação entre receitas débeis, comprometidas pela crise agrícola exportadora, e despesas exageradas e mal distribuídas entre as variadas responsabilidades da província, como o motivo do desequilíbrio orçamentário vivenciado pela região durante a década de 1870. O que se viu nos anos posteriores foi menos a diminuição das despesas e mais a ascensão das receitas. Tal situação esteve ligada aos resultados imediatos promovidos pela tentativa de modernização da economia canavieira em Pernambuco e pela maior entrada de capital estrangeiro vinculado a essa tentativa. Como visto, os resultados de médio prazo dessa modernização da produção de cana de açúcar em Pernambuco não foram suficientes para inverter uma trajetória de decadência relativa que a região enfrentava na segunda metade do século XIX, mas aparentemente o foi para reequilibrar as finanças provinciais durante a última década do Império.[38] (Anexo A, Tabela 1)

---

36 Relatório do Inspetor da Tesouraria da província de Pernambuco, Sr. Antônio Pinto Bandeira e Acioli de Vasconcelos, 1878.

37 Relatório do Inspetor da Tesouraria da província de Pernambuco, Sr. Antônio Pinto Bandeira e Acioli de Vasconcelos, 1877.

38 Sobre a entrada de capitais estrangeiros em Pernambuco vinculados às tentativas de transformações produtivas em fins da década de 1870 e durante a década seguinte, ver Oliveira, Fábio Lucas Pimentel de. *Frações de capital em Pernambuco: do isolamento relativo ao limiar da integração*

A mesma comparação entre as receitas e despesas no caso paulista revela que, em geral, a província manteve as receitas e despesas equilibradas, apresentando déficits ou superávits significativos em apenas alguns anos isolados. Nos três exercícios fiscais entre 1867 e 1869, São Paulo apresentou receitas maiores que as despesas em 20%, sendo 30, 40 e 30%, respectivamente. (Anexo A, tabela 2). Nenhum deles recebeu comentário mais específico sobre a possível causa nos Relatórios da Tesouraria Provincial, assim como no caso rio-grandense, que, dos trinta e seis anos disponíveis, apresentou déficits em apenas cinco (1857, 1858, 1868, 1869 e 1872).[39] (Anexo A,tabela 3)

Portanto, foi possível às províncias manterem suas finanças equilibradas com a autonomia garantida a elas pelo Ato Adicional e pela divisão entre as rendas gerais e provinciais, estabelecida no ano seguinte e mantida por todo o período Monárquico. Sendo assim, é possível avaliar o modo que cada província utilizou tais rendas e autonomia a partir da maneira que distribuíram suas despesas entre os vários ramos do serviço público que mantiveram sob suas responsabilidades. A próxima seção dedica-se a essa distribuição.

3.2. A qualidade dos gastos provinciais

Outra maneira de avaliar o comportamento provincial em relação às receitas e despesas de que dispunham é por meio da análise da qualidade dos gastos, ou seja, em que setores, como e com quais prioridades usavam os recursos que tinham. Identificar os serviços públicos que mais recursos recebiam, assim como comparar os gastos dos variados setores, como obras públicas, saúde, iluminação, força policial, salários do funcionalismo, administração pública provincial, educação primária e secundária, entre outros, pode revelar como cada província hierarquizava suas prioridades, assim como indicar diferenças entre elas no que respeita ao desenvolvimento de setores que estavam sob sua responsabilidade.

Essa questão torna-se mais relevante após a conclusão de que a autonomia provincial não era tão pequena a ponto de tornar insignificante a atuação de cada uma delas em serviços públicos que estavam sob sua responsabilidade, assim como essa autonomia - definida em meados da década de 1830 - manteve-se por todo o Império

produtiva. Artigo apresentado no Fórum BNB (Banco Nacional do Nordeste), 2011. http://www.bnb.com.br/content/aplicacao/eventos/forumbnb2011/docs/2011_fracoes.pdf

39 Em todos os casos, considerei déficit ou superávit quando a diferença entre as receitas e despesas excedia 10%, ou seja, quando a razão entre a receita e a despesa era de 0,9 ou menos (déficit) ou 1,1 ou mais (superávit). Para valores menores do que esses, foi considerado que receitas e despesas estavam equilibradas.

e, portanto, foi responsável por boa parte das decisões que cada província tomava em âmbito local. Além disso, identificar e avaliar como cada província usava a autonomia que lhes foi garantida pelo Ato Adicional de 1834 e pela lei que determinava a divisão de rendas torna-se ainda mais relevante quando se descarta a possibilidade de identificar o desenvolvimento de cada uma delas como sendo resultado das transferências feitas pelo governo central. Em outros termos, ao contrário da hipótese que identifica a desigual captação de recursos pelo governo imperial nas províncias e pela também desigual transferência dos recursos sob a administração do poder central às regiões brasileiras como origem das desigualdades entre as províncias, a maneira como cada uma delas tratava seus recursos pode identificar uma hipótese alternativa que explique a origem e a ampliação dessa desigualdade.

Ou seja, se a autonomia provincial foi suficiente para que as decisões tomadas em âmbito regional sejam consideradas relevantes e determinantes no desenvolvimento de cada uma delas, e a arbitragem feita pelo governo central não foi suficiente para explicar a trajetória da desigualdade entre as províncias, o comportamento de cada uma delas pode ter sido mais influente no desenvolvimento que apresentaram do que o comportamento do Império em relação a elas. Nesse sentido, identificar quais eram os setores que estavam sob a responsabilidade das províncias e como elas trataram tais setores revela como cada uma comportava-se em relação aos seus recursos e responsabilidades. Neste caso, a instrução primária era um dos setores do serviço público que estava nas mãos das províncias, ao mesmo tempo em que era considerada, como apontam uma série de documentos e declarações já apresentadas no capítulo 1, como das mais importantes áreas de atuação do poder público. Como visto, essa relevância da instrução no processo de consolidação e desenvolvimento das nações era tão conhecida no Brasil, como debatida em variados países europeus e americanos. Dessa maneira, a análise dos recursos públicos destinados à educação pode esclarecer como cada uma delas tratou esse ramo do serviço público.

Gráfico 4. Percentual das despesas com educação primária nas províncias (PE, SP e RS) em relação às despesas totais, 1850-1889

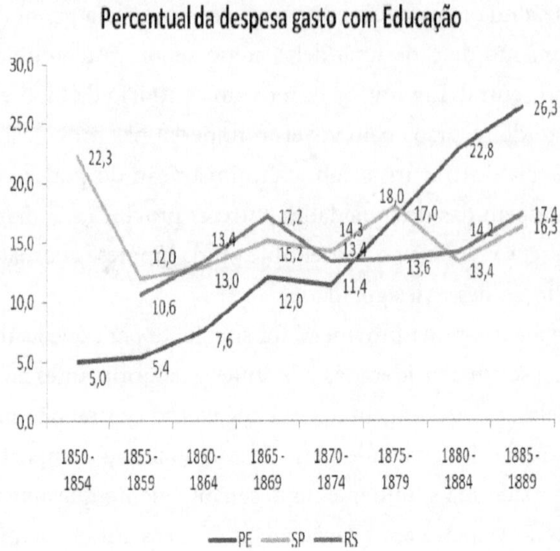

Os números referentes aos gastos com instrução primária em Pernambuco mostram o comportamento da província em relação a esse setor do serviço público; comportamento esse que pode ser dividido em três fases: de 1850 até meados da década seguinte, os gastos em educação básica mantiveram-se em torno dos 5% das despesas da província, enquanto que na segunda fase, esses gastos subiram para a faixa entre 10 e 15% de todas as despesas provinciais. A partir de 1878, até o final do Império em 1889, os gastos com instrução em Pernambuco sobem consideravelmente, mantendo-se nos finais da década de 1870 na faixa entre 15 e 20%, e durante a década de 1880, na faixa entre 25 e 30%, sendo esse último para o ano de 1887. (Anexo C, tabela 1)

A significativa ampliação das despesas voltadas à instrução primária em relação às despesas totais da província pernambucana poder ser vista por inúmeras hipóteses diferentes, mas que, no fim, se complementam. Havia um reconhecimento, manifestado diversas vezes por representantes do poder público provincial, de que Pernambuco avançava pouco na questão educacional e, em partes, esse relativo atraso era resultado dos parcos recursos públicos dedicados a este ramo do serviço público. O crescimento das despesas em educação, portanto, serviria para que a província fizesse um *catching-up*, ou seja, se aproximasse das outras províncias quanto ao número de escolas e alunos matriculados. Durante a década de 1880, já apresentando números altos relativos às despesas com instrução, os mesmos representantes do poder público da província reconheciam a ampliação dos gastos, mesmo mantendo certa lamentação em relação aos resultados.[40] Contudo, os resultados são condizentes com a ampliação dos investimentos: a oferta de instrução pública ampliou-se de modo a colocar a província em situação menos desfavorável em relação ao Rio Grande do Sul e São Paulo quanto ao alcance da educação básica, assim como na dianteira entre as três províncias quanto ao gasto *per capita* em educação, ambos apresentados na seção seguinte.

Outra hipótese refere-se às constantes reivindicações dos responsáveis pela instrução pública pernambucana por uma melhor estrutura burocrática voltada à fiscalização das escolas, o que de fato foi feito em meados da década de 1870. Em duas oportunidades, uma em 1873 e outra no ano seguinte, a Assembleia Provincial aprovou leis e regulamentos que instalavam a obrigatoriedade das famílias em matricularem seus filhos nas escolas de educação primária e uma reforma na inspeção das escolas, ampliando a estrutura burocrática vinculada à instrução básica.[41]

---

40 Há inúmeras manifestações nos relatórios anuais da Instrução Pública de Pernambuco acerca da falta de recursos destinados pela província à educação básica. Por exemplo, no Relatório de 1860, o Diretor da Instrução Pública da província de Pernambuco, Sr. Joaquim Pires Machado Portela assim escreveu: "Sobre os males apontados e sobre outros a que minhas limitadas habilitações não tenham porventura podido atingir, chamo a vossa esclarecida atenção para que procureis provê-los de remédio, como o bom senso e os altos interesses da província reclamam. Reconheço que temos de lutar com um grande embaraço, tratando-se do aumento de cadeiras e dos ordenados dos mestres – a deficiência da renda provincial: mas entendo que devemos poupar acuradamente o dinheiro público a outras despesas de um interesse secundário, como infelizmente há tantas, para não faltarmos aquela grande obrigação econômica, negando aos contribuintes esse primeiro condimento da vida de relações." Essa situação mostrou-se algo diferente em manifestações apresentadas em documentos de 1886, portanto, no final do período Imperial. Nelas, pode-se ler que mesmo com a ampliação das despesas com educação básica na província pernambucana e com as mudanças legais que, a partir de 1874, criaram, de direito, condições mais favoráveis à carreira docente, à fiscalização das escolas e ao aumento do número de escolas oferecidas pela província, não foram obtidos resultados condizentes com o esforço despendido. O relatório da Inspetoria da Instrução Pública de Pernambuco de 1885, sob o comando do inspetor geral, Sr. João barbalho Uchôa Cavalcanti, incluído no Relatório de presidente da província de 1886, sob a responsabilidade do presidente José Fernandes da Costa Pereira Junior, apresenta essa aparente contradição, já que reconhece a ampliação das despesas, do número de escolas e de matrículas nas escolas primárias de Pernambuco e a importância das mudanças legislativas operadas desde 1874 ao mesmo tempo em que lamenta os resultados, considerados aquém do esforço feito.

41 Entre 1874 e 1885 a Assembleia Legislativa de Pernambuco aprovou uma série de leis voltadas ao melhor funcionamento da instrução pública na província. Entre elas destacam-se aquelas voltadas à ampliação dos salários pagos aos docentes como forma de melhorias na capacidade de atração exercida pela carreira, à ampliação da estrutura burocrática voltada à fiscalização das escolas, item considerado deficiente e responsável por parte do relativo atraso apresentado pela

Por fim, os gastos com educação básica em Pernambuco acompanharam a tentativa de modernização econômica e da infraestrutura da província. Como visto, durante as décadas de 1870 e 80 a decadência da economia pernambucana foi o contexto das tentativas de modernização das condições de produção, principalmente de açúcar e da ampliação dos gastos em infraestrutura. Esse contexto pode ter sido também influente sobre as decisões relativas às despesas com educação, até pelo amplo reconhecimento da relevância desse ramo do serviço público ao desenvolvimento regional.[42] De qualquer modo, o atraso relativo de Pernambuco na questão educacional, reconhecido pelos representantes da burocracia pública da província, justificou a ampliação dos gastos voltados à instrução.

Já os números referentes aos gastos com instrução primária nas províncias de São Paulo e do Rio Grande do Sul revelam que, no caso paulista, esses gastos foram relativamente maiores do que em Pernambuco durante o período entre 1850 e 1870, equilibrando-se durante a década de 1870 e sendo maiores em Pernambuco durante a última década do Império. Os números de São Paulo ainda mostram um comportamento que, mesmo oscilante durante os quarenta anos apresentados, foi menos irregular que o pernambucano: ficou na faixa dos 20% durante boa parte da década de 1850, manteve-se na faixa dos 15% na década seguinte, mesmo patamar apresentado durante a década de 1880. (Anexo C, tabela 2)

---

província na questão educacional, e à obrigatoriedade escolar, ou seja, à obrigação, passível em caso de desobediência, das famílias em matricularem e manterem seus filhos em idade adequada nas escolas. Certamente, tais leis, mesmo que com pouca eficiência, contribuíram para o aumento das despesas provinciais com educação básica durante as décadas de 1870 e 80. Esse debate foi apresentado pelo presidente da província, Sr. José Fernandes da Costa Pereira Junior, em seu relatório de 1886. Vale destacar a opinião do presidente provincial em relação às dificuldades para ao avanço da oferta de instrução pública em Pernambuco. Para ele, um dos problemas residia na concentração das escolas na cidade de Recife e, portanto, na má distribuição das escolas pelo território da província. No relatório lê-se que: "Existem irregularmente distribuídas no território provincial 491 escolas públicas de ensino primário" No mesmo relatório, adiante, o presidente provincial faz uma interessante consideração acerca da concentração das escolas em Recife, afirmando ter na capital uma proporção de uma escola para 900 habitantes da capital enquanto no restante da província essa proporção seria de uma escola para 3820 habitantes. Ver Relatório de presidente da província de Pernambuco, 1886, p. 22-23.

42 As tentativas de modernização da economia pernambucana estiveram ligadas às mudanças, já comentadas, no processo produtivo açucareiro com a organização dos engenhos centrais e das usinas, e com a ampliação da infraestrutura ferroviária. Para tais mudanças, ver Mello, Evaldo Cabral de. *O Norte agrário e o Império. 1871-1889*. Rio de Janeiro: Topbooks, 1999, cap. 4 (A açúcarocracia pernambucana e os engenhos centrais) e 5 (As províncias do Norte e os melhoramentos materiais).

No caso rio-grandense destaca-se a pequena variação e, portanto, a manutenção dos níveis de gastos em instrução primária durante todos os quarenta anos apresentados. Ao contrário das outras duas províncias, o Rio Grande do Sul não apresentou mudanças significativas no quanto reservava de suas receitas à educação. Por todo o período manteve tais gastos na faixa dos 15% do orçamento, com pequenas variações para baixo e para cima. Dos trinta e cinco exercícios fiscais disponíveis, em dezesseis a província sul rio-grandense dedicou entre 15 e 20% de suas receitas à instrução primária; enquanto que em outros dezoito dedicou entre 10 e 15%. Em apenas um exercício gastou acima dos 20% de suas receitas totais com instrução primária: em 1872, com 23%. (Anexo C, tabela 3)

Outra maneira de entender o comportamento das províncias em relação às despesas sob suas respectivas responsabilidades é hierarquizar os gastos de modo a identificar as prioridades determinadas por cada uma delas. Assim, é possível perceber como cada uma usava a autonomia que lhes cabia e como tratavam as questões que identificavam como sendo mais relevantes, entre elas a instrução primária. Em outros termos, não só a quantidade - absoluta e percentual - de gastos em instrução primária, mas também o estabelecimento de uma hierarquia, que revela o comportamento das províncias em relação ao tratamento que dedicavam à educação básica.

Tabela 15. Principais despesas da província de Pernambuco, anos disponíveis

Ano	Segurança	Obras públicas	Instrução pública	Administração da fiscalidade
1860	Não disponível	437:492$481	78:440$000	Não disponível
1863	229:483$330	380:802$653	161:339$748	120:190$803
1864	232:278$836	535:533$742	188:833$038	123:439$014
1865	220:718$026	527:663$009	216:600$676	140:850$811
1869	271:939$212	525:726$266	325:282$725	205:100$144
1870	389:157$948	499:550$282	358:799$079	205:971$183
1871	518:997$286	1.257:900$208	418:971$939	251:419$813
1878	665:529$133	131:984$997	525:193$345	374:324$012
1880	691:714$802	379:018$951	605:166$935	322:293$399
1882	750:991$580	232:062$093	782:776$054	279:634$192
1885	704:586$728	227:353$993	883:725$474	342:680$380
1887	711:987$810	184:065$900	900:665$900	340:330$083
1890	1.743:098$000	1.681:000$000	683:000$000	Não disponível

Fonte: Livros da tesouraria provincial de Pernambuco.

Tabela 16. Principais despesas da província de São Paulo, anos selecionados

Ano	Segurança	Obras públicas	Instrução pública	Administração da fiscalidade
1850	93:950$200	110:552$798	68:822$658	45:272$000
1855	116:027$500	110:691$560	117:776$620	73:840$000
1861	170:000$000	129:300$000	125:117$010	71:000$000
1863	210:813$300	98:500$000	144:143$030	32:680$000
1865	206:627$000	333:183$912	172:573$530	142:970$000
1870	427:446$900	1.574:900$000	207:086$970	127:288$000
1875	597:468$250	786:600$000	440:045$999	217:356$090
1880	911:929$000	420:000$000	532:816$580	264:294$500
1883	1.028:994$000	437:700$000	425:940$000	448:545$000
1885	982:235$000	605:984$160	600:800$000	344:321$000
1888	1.385:975$800	460:000$000	875:500$000	390:440$000

Fonte: Os dados sobre Segurança e Administração da fiscalidade são referentes às previsões de gastos e foram retirados das Leis Orçamentárias da província de São Paulo. Os dados sobre Obras Públicas foram retirados dos Relatórios de presidente da província de São Paulo. Para os dados sobre os gastos com instrução foram consultados os relatórios anuais (Anuários) da Instrução Pública.

Tabela 17. Principais despesas da província do Rio Grande do Sul, anos selecionados

Ano	Segurança	Iluminação pública	Instrução pública	Administração da fiscalidade
1855	114:009$444	45:043$564	94:103$988	108:009$444
1857	150:604$003	59:962$349	101:069$982	134:604$003
1860	113:279$388	55:631$848	101:692$566	117:644$806
1862	123:629$679	77:745$230	163:959$574	135:649$986
1865	102:731$988	61:991$029	173:658$387	137:894$399
1867	136:591$457	56:691$975	192:033$359	159:881$794
1870	264:172$148	65:576$784	235:045$489	218:709$134
1873	278:077$114	57:455$904	287:077$114	218:607$508
1875	597:468$250	786:600$000	392:689$201	217:356$090
1877	273:460$970	112:303$358	452:918$900	348:028$925
1880	411:487$006	194:171$804	578:723$236	337:442$796
1883	445:199$551	215:574$042	518:779$851	435:894$086
1885	470:563$722	238:279$689	523:346$628	381:323$658
1889	631:312$979	261:629$624	642:533$760	410:895$287

Fonte: Livros da Contadoria da província do Rio Grande do Sul

Os números apresentados mostram que em vários exercícios fiscais os gastos em instrução primária no Rio Grande do Sul eram os maiores entre as principais despesas da província. Dos quatorze anos contemplados na tabela, em nove os dispêndios em educação básica foi maior do que os outros gastos. Já em São Paulo, dos onze exercícios, em apenas um o gasto em educação básica foi o maior entre os principais dispêndios da província; enquanto que em Pernambuco, dos treze anos contemplados, em apenas três a educação recebeu a maior fatia do orçamento se comparada aos principais gastos provinciais.

Portanto, chama a atenção, na distribuição das despesas das províncias, o fato de os gastos com instrução estarem sempre entre os mais altos. No caso paulista, entre 1850 e 1865, há um claro equilíbrio entre os gastos em Instrução, Obras e Segurança. Já entre 1865 e 1885, há um aumento dos gastos em Segurança e Obras, diminuindo, relativamente aos gastos com estes setores, os dispêndios com a Instrução. Já para o Rio Grande do Sul, os gastos com Instrução foram menores durante a década de 1850 se comparados aos gastos com Segurança, mas durante a década de 1860, 70 e 80 cresce na comparação e passa a ser, em vários exercícios, o maior gasto da província. Por fim, os gastos com Instrução em Pernambuco, mesmo tendo crescido significativamente a partir da década de 1870, nunca serão os mais altos, com exceção do exercício 1885-86: em alguns exercícios menores do que os gastos com Obras Públicas, em outros menores do que os gastos com Segurança; e em alguns, principalmente durante a década de 1860, menor que os dois.

Os dados confirmam a estabilidade sul rio-grandense, a relativa queda paulista e o crescimento de Pernambuco, que nas décadas de 1870 e 80 ampliou seus investimentos em educação e no fim do período, como veremos na próxima seção, alcançou resultados muito próximos aos das outras duas províncias. Os números mais específicos da província sul rio-grandense durante a década de 1860 apontam para o lugar privilegiado que a instrução primária ocupava na divisão das despesas da província. Durante o período, em apenas dois anos (1862 e 1870) os gastos com educação básica na província sul rio-grandense foram menores do que qualquer outro; em todos os outros oito anos foram os maiores gastos da província. (Anexo D, tabela 1)

As trajetórias das três províncias mostram que o comportamento de cada uma delas variou em relação ao modo que organizaram suas despesas e as hierarquizaram a partir da distribuição de recursos que fizeram entre os itens do serviço público que estavam sob suas respectivas responsabilidades. A educação básica era um desses itens, segundo a divisão feita pelo Constituição de 1824, reforçada pelo Ato Adicional de 1834. Não obstante a divisão de rendas e matéria tributável ser amplamente favorável ao governo central foi possível às províncias manterem suas receitas equilibradas com suas despesas e, dessa forma, tomarem decisões relativas ao funcionamento de suas estruturas burocráticas, investimentos e dispêndios independentemente das relações que mantinham com o Império. Em outras palavras, o modo como as províncias distribuíram suas despesas entre os serviços públicos que estavam sob suas responsabilidades foi decidido internamente e por cada uma delas. Portanto, pode revelar uma diferença entre elas no que diz respeito às prioridades que deram aos serviços que estavam no escopo provincial. E isso, por seu lado, pode revelar mais sobre o desenvolvimento das províncias do que apenas a identificação de uma excessiva centralização dos recursos disponíveis no país em mãos do governo Imperial. O caso da educação básica é um importante indicador do comportamento das províncias e das diferenças entre elas pelos três motivos já anunciados: porque foi um dos itens que ficaram sob a responsabilidade das províncias, porque é visto como um dos itens fundamentais que explicam as trajetórias de desenvolvimento de países e/ou regiões e, principalmente, porque era assim reconhecido e divulgado pela sociedade do século XIX, tanto brasileira como de outros inúmeros países. E os resultados educacionais estiveram relacionados, como expostos na próxima seção, ao comportamento das despesas provinciais durante a segunda metade do século XIX.

3.3. Escolas e matrículas: alguns resultados educacionais

Uma das maneiras de mensurar os resultados dos dispêndios com instrução pública é por meio da contabilização do número de escolas e de matrículas efetivadas nessas escolas. Estes números indicam a amplitude da oferta educacional em uma região, além de explicarem, ao menos parcialmente, as taxas de alfabetização registradas nas províncias brasileiras. Vejamos alguns números relacionados ao número de escolas e matriculados:

Tabela 18. Evolução do número de escolas públicas e alunos matriculados em escolas primárias públicas em Pernambuco, 1850-1885

Ano	Escolas	Alunos
1850	Não disponível	2138
1855	85	3801
1861	101	4703
1865	112	5893
1870	269	9822
1875	361	13.664
1880	423	12.178
1885	496	19.738

Fonte: Anuários da Instrução Pública de Pernambuco.

Tabela 19. Evolução do número de escolas públicas e alunos matriculados em escolas primárias públicas em São Paulo, 1850-1885

Ano	Escolas	Alunos
1850	102	4001
1855	155	5667
1860	219	7254
1865	248	7276
1870	348	8859
1875	644	12.962
1880	736	13.210
1885	1039	23.245

Fonte: Anuários da Instrução Pública de São Paulo.

Tabela 20. Evolução do número de escolas públicas e alunos matriculados em escolas primárias públicas no Rio Grande do Sul, 1850-1885

Ano	Escolas	Alunos
1850	95	3532
1855	120	3764
1861	154	5828
1866	187	5856
1870	212	7019
1875	383	10.301*
1880	479	14.721
1885	510	15.150

*número de alunos que frequentaram as escolas. Em geral, menor que os matriculados. Fonte: Anuários da Instrução Pública do Rio Grande do Sul.

Percebe-se pelos números que Pernambuco, entre os anos apresentados, teve mais alunos matriculados em suas escolas públicas primárias que São Paulo apenas em 1870 e 1875; e que o Rio Grande do Sul, em termos absolutos, termina a década de 1870 com um número levemente maior de alunos matriculados do que Pernambuco e São Paulo. Durante a década seguinte, tanto São Paulo amplia significativamente suas matrículas, como Pernambuco também ultrapassa a província sul rio-grandense. Já em números de escolas, Pernambuco termina o período com um número menor de do que as outras províncias, o que indica maior concentração de alunos e regiões contempladas pela oferta pública de educação básica, notadamente Recife em prejuízo das regiões interioranas, conforme já comentado. São Paulo, por sua vez, manteve por todo o período um número maior de escolas.

Certo é que os números absolutos de escolas e matrículas, se podem, por um lado, manter relações positivas com os gastos em instrução feitos pelas províncias, por outro são limitados se não confrontados com os dados populacionais, como população total, população em idade escolar e população livre.[43]

Contudo, os dados populacionais do século XIX brasileiro são frágeis, na medida em que apenas em 1872 foi feito um Censo oficial contendo tais dados. Antes disso, os números eram especulativos, mesmo sendo muitas vezes resultados de pequenos levantamentos feitos pelos governos provinciais com base em dados oferecidos pelos municípios. Apenas em 1890 foi feito outro Censo, o que permite que comparações entre os dois indiquem as mudanças ocorridas no período, mas não as ocorridas ao longo do período.

De qualquer forma, os dados disponíveis podem ajudar a desvendar o comportamento das províncias em relação às despesas que dedicavam à educação básica. Uma das informações relevantes, nesse caso, é o gasto *per capita* de cada província em relação à população. Revela-se nesse caso, uma diferença muito significativa dos gastos em educação básica entre as províncias, sendo Pernambuco a que menos gastava até 1872 e a que mais gastava no momento final do Império brasileiro, coerentemente com a ampliação dos gastos em educação verificado na província do Norte durante a década de 1880. Vejamos alguns números:

43 A oferta de educação básica não contemplava a população escrava e, portanto, não obstante ser possível estabelecer uma relação entre a população escrava e as características sociais e econômicas de uma região, ter mais ou menos escravos, objetivamente, não impactava os dados educacionais, tais como número de matrículas. Portanto, os dados apresentados são sempre referentes à população livre.

Tabela 21. Estimativas de população livre das províncias de São Paulo, Rio Grande do Sul e Pernambuco e gastos em Educação Primária, 1858

Província	Ano	População aproximada	Gastos com Educação	Gastos com Educação (per capita)
São Paulo	1858	410.000	128:799$980	314$146
Rio Grande do Sul	1858	390.000	113:370$484	290$693
Pernambuco	1858	630.000	66:413$000	105$417

Fonte: Relatório do presidente da província do Rio Grande do Sul, 1858.

Tabela 22. Estimativas de população livre das províncias de São Paulo, Rio Grande do Sul e Pernambuco e gastos em Educação Primária, anos disponíveis na década de 1860

Província	Ano	População aproximada	Gastos com Educação	Gastos com Educação (per capita)
São Paulo	1864	600.000	177:322$000	295$533
Rio Grande do Sul	1863	315.000	176:285$685	559$637
Pernambuco	1861	900.000	82:137$000	91$263

Fonte: Relatórios dos presidentes das províncias para os casos pernambucano e rio-grandense (1862 e 1864, respectivamente) e Relatório da Inspetoria da Instrução Pública para o caso de S. Paulo, 1865.

Tabela 23. População livre e gastos com Educação em São Paulo, Rio Grande do Sul e Pernambuco, 1872

Província	Ano	População aproximada	Gastos com Educação	Gastos com Educação (per capita)
São Paulo	1872	680.742	344:592$660	506$201
Rio Grande do Sul	1872	367.022	272:811$513	743$311
Pernambuco	1872	752.611	272:811$513	479$518

Fonte: Censo geral de 1872 e Anuários da Instrução Pública das províncias de São Paulo, Pernambuco e Rio Grande do Sul.

Tabela 24. População livre e gastos com Educação em São Paulo, Rio Grande do Sul e Pernambuco, 1890

Província	Ano	População aproximada	Gastos com Educação*	Gastos com Educação (per capita)
São Paulo	1890	1.384.753	875:500$000	632$242
Rio Grande do Sul	1890	897.455	578:512$035	644$613
Pernambuco	1890	1.030.224	825:436$030	801$219

Fonte: Censo geral de 1890. *Gastos com Educação Primária do ano de 1888, retirados dos Anuários de Instrução Pública das províncias de São Paulo e Rio Grande do Sul e Livro da Tesouraria da província de Pernambuco.

Outra forma de comparar o tratamento dispensado por cada província à questão educacional é por meio do número de escolas e alunos matriculados em relação à população. Mesmo que os dados populacionais sejam frágeis até 1872, como já comentado, algumas indicações ajudam a mostrar o alcance que cada província conseguiu ter em relação à oferta de instrução básica. Segundo os dados populacionais apresentados extra-oficialmente pelos presidentes das províncias, a relação entre a população total, o número de escolas e de alunos matriculados é favorável ao Rio Grande do Sul, se comparado às outras províncias. Enquanto que, em 1870, Pernambuco tinha uma escola a cada 101 e um aluno matriculado para cada 3717 habitantes da província, São Paulo tinha no mesmo ano, uma escola para 90 e um aluno matriculado para 2298 habitantes. Já na província sul rio-grandense, essas relações eram de uma escola para cada 52 e um aluno matriculado para 1886 habitantes.

Tabela 25. Comparação entre anos diferentes para a província de Pernambuco, em números aproximados (População, Alunos e Escolas)

Ano	População Total (P)	Alunos (A)	Escolas (E)	P/A	P/E
1858	630.000	5912	92	106	5625
1861	900.000	4703	238	191	3781
1870	1.000.000	9822	269	101	3717

Fonte: Relatórios de presidentes da província de Pernambuco, anos selecionados.

Tabela 26. Comparação entre anos diferentes para a província de São Paulo, em números aproximados (População, Alunos e Escolas)

Ano	População Total (P)	Alunos (A)	Escolas (E)	P/A	P/E
1858	410.000	6264	215	65	1906
1864	600.000	7232	248	83	2419
1870	800.000	8859	348	90	2298

Fonte: Relatórios de presidentes da província de São Paulo, anos selecionados.

Tabela 27. Comparação entre anos diferentes para a província do Rio Grande do Sul, em números aproximados (População, Alunos e Escolas)

Ano	População Total (P)	Alunos (A)	Escolas (E)	P/A	P/E
1858	390.000	4120	152	94	2565
1861	266.000	5828	154	45	1727
1863	315.000	6012	167	52	1886

Fonte: Relatórios de presidentes da província do Rio Grande do Sul, anos selecionados.

Tais dados puderam ser confrontados quando da publicação do Censo de 1872. Nele, algumas informações relacionadas à questão educacional foram apresentadas, principalmente relativas à população e às taxas de alfabetização. Entre a população livre, os números rio-grandenses são mais favoráveis que os paulistas e pernambucanos, principalmente no percentual da população livre alfabetizada e na quantidade de crianças em idade escolar atendida pela instrução oferecida pela província. O Rio Grande do Sul atendia, relativamente à sua população livre em idade escolar, aproximadamente o dobro do que Pernambuco. Em termos percentuais 20,5% e 10,5%, respectivamente. Em São Paulo, esse número era intermediário, 14%. Em números absolutos, a província pernambucana atendia um número menor de crianças livres em idade escolar em suas escolas do que São Paulo e Rio Grande do Sul, mesmo tendo população maior, tanto no total quanto nessa faixa etária, se comparada ao Rio Grande do Sul. Na comparação com São Paulo, Pernambuco tinha população total maior e em idade escolar menor. Ou seja, Pernambuco alfabetizara um número relativamente menor de adultos e, em 1872, projetava uma alfabetização de um número menor de suas crianças, se comparado a São Paulo e Rio Grande do Sul.

Tabela 28. Escolaridade e alfabetização da população livre, segundo o Censo de 1872

Local	Homens	Mulheres	Total	Alfabetizados	Não alfabetizados	Total (%) alfabetizados
Brasil	4.818.699	4.100.973	8.419.672	1.563.078	6.856.594	18,5
R.G do Sul	191.022	176.000	367.022	95.303	271.719	26
São Paulo	348.304	332.438	680.742	141.067	539.675	20,7
Pernambuco	381.565	371,046	752.611	147.323	605.288	19,5

Fonte: Censo Geral de 1872.

Tabela 29. Crianças em idade escolar 06-15 anos, segundo o Censo de 1872

Local	Meninos	Meninas	Total	Meninos em escola	Meninas em escola	Total	Total (%)
Brasil	941.782	960.672	1.902.454	155.851	163.098	318.949	16,7
R.G do Sul	46.169	41.239	87.408	9.947	7.947	17.894	20,5
São Paulo	86.340	82.458	168.798	15.069	8.544	23.613	14
Pernambuco	50.691	49.724	100.415	6.630	3.894	10.524	10,5

Fonte: Censo Geral de 1872.

Vale ressaltar novamente que o Censo de 1872 e as informações sobre alfabetização e escolarização nele contidas contemplam a população livre. Mesmo assim, os dados sobre população escrava apresentados pelo Censo revelavam que, em números absolutos, São Paulo era a província, entre as três aqui analisadas, que mais tinha escravos. Pernambuco, por sua vez, tinha maior relação entre homens livres e escravos; ou seja, um número maior de livres para cada escravo, o que aponta para a inexistência de relação negativa entre a quantidade de população escrava e a de escolas, matrículas e pessoas alfabetizadas.

Tabela 30. População de escravos nas províncias de São Paulo, Pernambuco e Rio Grande do Sul, 1872

Província	Número de escravos	Número de livre para cada escravo
São Paulo	156.612	4,35
Pernambuco	89.028	8,45
Rio Grande do Sul	67.791	5,41

Fonte: Censo Geral de 1872.

A tendência verificada em 1872 foi confirmada em 1890, no segundo Censo oficial produzido pelo governo brasileiro. No primeiro ano da República, os números relativos à população alfabetizada em cada província apontavam que, em números absolutos, o Rio Grande do Sul tinha mais habitantes nessa condição do que São Paulo e Pernambuco, mesmo tendo uma população consideravelmente menor. Os dados do Censo de 1890 ainda mostram que a vantagem que o Rio Grande do Sul apresentava na alfabetização de seus habitantes independia da parte da população estrangeira, presumidamente formada por imigrantes. Os números mostram que considerando apenas os brasileiros residentes no Rio Grande do Sul, a região apresentava números maiores de alfabetizados do que as outras províncias.

Tabela 31. População total e alfabetizada em Pernambuco, São Paulo e Rio Grande do Sul, 1890

Província	População geral	População alfabetizada	População alfabetizada (%)	População nacional alfabetizada	População estrangeira alfabetizada
Pernambuco	1.030.224	146.285	14	143.162	3.123
São Paulo	1.384.753	195.665	14	164.393	31.272
Rio Grande do Sul	897.455	226.944	25	192.455	34.499

Fonte: Censo Geral de 1890.

Em suma, a razoável estabilidade da província sul rio-grandense, seja no uso de seus recursos seja na maneira como tratou a questão educacional resultou em maiores taxas de alfabetização, assim como, proporcionalmente, em um número maior de escolas e matrículas do que as províncias de São Paulo e Pernambuco. O Rio Grande do Sul manteve seus orçamentos mais equilibrados, gastou maiores recursos com a instrução primária e de modo frequente ou menos oscilante que as outras duas províncias. As despesas com instrução na província sul rio-grandense foram, com poucas exceções, as maiores entre todos os gastos sob a responsabilidade provincial durante o período entre 1850 e 1889.

São Paulo e Pernambuco oscilaram no tratamento que dispensaram à instrução pública, sendo a província paulista mais cuidadosa durante as décadas de 1850, 60 e 70 e Pernambuco durante a década de 1880. Essa trajetória, mesmo que nos anos finais mostre uma ampliação dos gastos em educação feitos por Pernambuco, apresentou em seu balanço final números muito próximos entre as duas províncias. Os dados do final do Império, assim como o Censo de 1872 e de 1890 confirmam essas posições, já que aponta para uma maior amplitude do atendimento da população em idade escolar pela instrução pública paulista ante a pernambucana, assim como um número maior de alfabetizados, de escolas e de alunos matriculados. Por outro lado, Pernambuco apresentava maiores gastos *per capita* em educação no final do Império, assim como uma trajetória de aproximação em relação à província de São Paulo, atestada pelo percentual de alfabetizados que alcançou, segundo os dois censos.

De qualquer forma, parece que a trajetória e o comportamento das províncias em relação ao modo como cada uma delas tratou a questão da instrução básica oferecida pelo poder público foi fator de diferenciação na obtenção de resultados ligados à educação, tais como número de escolas, de alunos e taxas de alfabetização.

Sendo, como já foi destacada, a educação básica um item tratado como relevante não só no Brasil, mas também em boa parte do mundo ocidental e, no caso nacional, deixada às administrações provinciais, o Rio Grande do Sul, nesse sentido, foi o maior destaque. O que confirma a hipótese de que a autonomia provincial durante o Império brasileiro não era tão tímida para ser considerada tão pouco relevante: o modo como cada província tratou os serviços que estavam sob suas responsabilidades foi determinante para alguns resultados que obtiveram ao longo do tempo.

4. Mudanças e Continuidades na Primeira República (1889 - 1930): despesas e resultados educacionais

4.1 Elementos da Crise Monárquica, 1870-1889

O ano de 1870 é visto por boa parte da historiografia como sendo o início da crise que levaria a Monarquia brasileira à queda, o que de fato aconteceu em novembro de 1889, quando da Proclamação da República. Esse período de dezenove anos foi marcado pela progressiva diminuição do apoio à Monarquia e ao Imperador, o que ocorreu tanto como resultado da ampliação das desavenças entre setores relevantes da sociedade brasileira, tais como os militares e parte significativa da elite rural, como, concomitantemente, da formação de novos projetos relativos à organização política, social e econômica do país.[1]

Entre os motivos que construíram e, em alguns casos, ampliaram as desavenças entre a Monarquia e tais setores da sociedade, foram determinantes aqueles que envolviam as posições militares referentes à política de libertação os escravos, à própria organização do Exército, assim como alguns itens circunstanciais sobre direitos dos militares; o ressurgimento dos debates sobre a divisão de competências entre o governo central e os regionais, nesta época, já caracterizados pela influência exercida pelos EUA; a questão escravista, que envolvia a projeção do fim da escravidão, a indenização reivindicada pelos proprietários de escravos caso, de fato, viessem a perder seu escravos

---

1 É realmente frequente a identificação do ano de 1870 como sendo o início da crise que levaria à queda do Império em 1889. O fim da Guerra da Tríplice Aliança, 1865-1870 (ou Guerra do Paraguai), o Manifesto Republicano e, três anos depois, a Convenção de Itu, reunião que fundou o Partido Republicano Paulista (PRP) e oficializou a posição favorável ao modelo republicano entre muitos dos que compunham a elite cafeeira paulista, são elementos que reforçam tal identificação. Johh Schulz assim define: "Uma generalizada desilusão com a guerra, combinada com este choque político contribui para dar origem ao Clube da Reforma, de 1869, e ao Manifesto Republicano, no ano seguinte. Diversos poderosos grupos que emergiram por volta de 1870 tornavam-se cada vez mais insatisfeitos com a elite imperial: os plantadores de café de São Paulo, os industriais e os militares. Em escalas diferentes, todos estes três grupos contribuíram para a agitação que levou à abolição da escravatura, seguida por uma decorrência de pensamento chamada à Proclamação da República." Ver Schultz, John. *O Exército e o Império*. Holanda, Sérgio Buarque de (org.) *História Geral da Civilização Brasileira*. Tomo II (*O Brasil Império)*, Volume 4 (*Declínio e queda do Império*). Rio de Janeiro: Bertrand Brasil, 1995, p. 252.

com a abolição, e a necessidade de ampliação da mão-de-obra face tanto ao possível fim da escravidão (e como consequência do fim do tráfico desde 1850), como também, e principalmente, ao avanço da produção de café em São Paulo.[2]

No primeiro caso, a chamada Questão Militar, o progressivo descolamento entre o Exército e a Monarquia tem seu ponto de inflexão justamente em 1870, ano de término da Guerra da Tríplice Aliança. Este conflito escancarou uma incongruência estrutural vivenciada pelo Exército brasileiro que, fundamentado na tese de ser o detentor do monopólio do uso da força, conviveu, durante todo período monárquico, com a manutenção de, não só, organizações paralelas que diminuíam tal monopólio, como a Guarda Nacional, mas, principalmente, com a sobrevivência da ordem escravista, fundada sobre o uso da violência particular dos senhores contra seus escravos. Se, pelo lado estrutural, esta ambiguidade parece ter sido central na dificuldade alegada pelo Exército em legitimar seu papel no Estado brasileiro, historicamente, a relação estabelecida e divulgada entre a adoção da forma monárquica e a manutenção da escravidão foi fundamental para que o Exército se afastasse da Monarquia. Em outras palavras, a vinculação entre a Monarquia e a manutenção da escravidão fez com que, parcialmente, o Exército, que via na escravidão um empecilho à sua própria formação e legitimação, enxergasse, consequentemente e a partir de 1870 com maior ênfase, a Monarquia como, também ela, um empecilho. Esta percepção ampliou-se durante a Guerra da Tríplice Aliança justamente, pois o Exército viu suas fileiras alargadas pela presença de escravos e ex-escravos – muitos deles liberados de sua condição de cativos por meio de indenização paga pelo Estado brasileiro aos antigos proprietários[3]- o que o colocou ao lado dos defensores da abolição da escravidão. Essa situação, por sua vez, aproximava o Exército do movimento republicano, principalmente quando manifesta-

2 A mais abrangente obra que trata desses e de outros itens que compuseram a crise da Monarquia e seu fim em 1889 é de Costa, Emília Viotti da. *Da Monarquia à República: Momentos Decisivos*. São Paulo: Ed. Unesp, 1998. Nela, a autora, principalmente nos capítulos 8, 10 e 11, faz uma exposição dos itens destacados como essenciais para o enfraquecimento da Monarquia e para o crescimento do ideal republicano no Brasil durante a segunda metade do século XIX.

3 Francisco Doratioto assim retratou a questão do recrutamento de escravos para a Guerra: "Por decreto baixado em 6 de novembro de 1866, os "escravos da nação", do Estado, que servissem no Exército em guerra ganhavam a liberdade, enquanto os donos que libertassem os seus, para esse mesmo fim, eram recompensados com título de nobreza. O governo imperial também desapropriou escravos para enviá-los para o Paraguai, pagando indenizações generosas, as quais não deixavam de causar inconvenientes aos fazendeiros, pois era difícil a substituição desse trabalho nas lavouras." Ver: Doratioto, Francisco. *Maldita Guerra. Nova história da Guerra do Paraguai*. São Paulo: Editora Companhia das Letras, 2002, p.272.

do pela classe média urbana. Em geral, os republicanos urbanos associavam a possível queda da Monarquia à abolição da escravidão. Por isso eram abolicionistas.

Além disso, o Exército, até pela sua hierarquização interna e pelo expressivo '*esprit de corp*' que desenvolve e cultiva, via na manutenção da escravidão a sua própria inadequação à Monarquia, dado o seu relativamente grande número de soldados cuja origem era o cativeiro. Wilma Peres Costa, em uma breve passagem, resume o progressivo afastamento entre o Exército e a Monarquia. Vejamos:

> Do contato desenvolvido durante a Guerra (da TrípliceAliança) entre a oficialidade, recrutada majoritariamente na classe média e a tropa representativa das camadas subalternas da população, emergiria, nos anos subsequentes, um Exército sensível às demandas populares e às bandeiras progressistas como a Abolição e a República. A origem da classe da oficialidade e a intensificação da permeabilidade entre ela e as camadas populares, particularmente os ex escravos, durante a Guerra, seriam os principais fatores para explicar o engajamento político dos militares nos anos que antecederam a República e o papel decisivo por eles assumido naqueles acontecimentos.[4]

Portanto, se havia uma questão estrutural que afastava o Exército da Monarquia, havia outra, histórica, que aproximava o Exército do movimento abolicionista e republicano.

Além disso, o republicanismo do Exército também foi fruto da influência que o Positivismo exerceu nas Escolas Militares, não obstante ter sido, segundo Joaquim Nabuco,[5] resultado do contato entre membros do Exército brasileiro com os ideais re-

4 Costa, Wilma Peres. *A Espada de Dâmocles. O Exército, a Guerra do Paraguai e a Crise do Império.* São Paulo: Ed. Hucitec/Ed. Unicamp, 1995, p. 272. A obra de Wilma Peres Costa faz uma aprofundada análise sobre a formação do Exército brasileiro durante o século XIX, tanto em sua relevância como o representante de um dos pilares do Estado Nacional (o monopólio do uso da força), como sua ambiguidade, justamente por ter tal monopólio em um país escravista. Interessa, especialmente, para este trabalho o capítulo VII *(Os Fundamentos da Questão Militar).*

5 Wilma Peres Costa, ao citar e resumir a posição de Joaquim Nabuco em relação aos resultados da Guerra da Tríplice Aliança afirma que, para Nabuco, a influência do republicanismo platino foi fundamental para ação política favorável à queda da Monarquia levada adiante pela oficialidade durante a crise da Monarquia. Ver, Costa, Wilma Peres. *Op. cit.*,p. 266. De fato, em uma passagem, Nabuco cita a propaganda republicana, em parte devida à influência platina, sobre a oficialidade brasileira como um dos itens que compõe, o que ele chama, de momento ambíguo do Império que seria a Guerra da Tríplice Aliança; ou seja, o auge e o início da decadência do

publicanos dos países do cone sul – Argentina, Uruguai e Paraguai – durante a Guerra da Tríplice Aliança. Esta influência do Positivismo sobre o Exército nacional justificou, filosoficamente, a opção republicana adotada pelos militares, já que tal filosofia em sua hipótese sobre o progresso defendia, como um dos itens que garantiria a evolução da sociedade, o fim da escravidão.[6] Desta forma, o Exército estruturalmente se afastava da Monarquia na medida em que nela via a manutenção de uma ordem escravista que, contraditoriamente à função do Exército, privatizava parte do uso da força e dificultava a legitimação do Exército frente à sociedade brasileira. Historicamente, ter em suas fileiras membros cuja origem era a escravidão fez do Exército uma força menos comprometida com o que enxergava ser uma elitista Monarquia e, por isso tornou-se mais simpático aos ideais que na época pareciam ter maior apelo popular, tais como o abolicionismo e o republicanismo. E, por fim, a influência do Positivismo justificava filosoficamente a posição republicana adotada pelo Exército, o que culminou com a derrubada do Imperador e da Monarquia sendo diretamente ligada à posição militar: a Proclamação da República, em 15 de novembrode 1889, foi um golpe militar.

Todavia, se o abolicionismo foi uma das peças que aproximou o Exército do movimento republicano, outro item que compunha as demandas daqueles que se intitulavam republicanos ou de outros muitos que, mesmo se mantendo fieis à Monarquia, defendiam uma revisão de seu aparato administrativo e político, foi o federalismo.

Império brasileiro. Ver Nabuco, Joaquim. *Um Estadista no Império*. Rio de Janeiro: Topbooks, 1997 (5ª Edição). Vol. I, p. 511-512.

6 O Positivismo, filosofia de origem francesa e associada a seu fundador, Auguste Comte, foi umas das mais importantes influências teóricas sobre o republicanismo brasileiro, principalmente na sua faceta militar. No Brasil, teve em Benjamin Constant, destacado oficial do Exército, seu maior divulgador. Segundo Wilma Peres Costa, "era o Positivismo (...) que permitia, ao mesmo tempo, soldar a solidariedade da 'classe', fazer a crítica das instituições sociais e políticas do Império e abrir vias de aproximação com outros segmentos da sociedade opositores da Monarquia." Isso porque, "o Positivismo, ao combater a escravidão, era um caminho para essa aproximação. (...) A Influência do Positivismo como uma via de aproximação entre militares e camadas médias foi, provavelmente, muito mais importante pela crítica que a doutrina fazia da ordem social do Império." Ver Costa, Wilma Peres. *A Espada de Dâmocles*, p. 291 e 300-301, respectivamente. A tese de Wilma Peres Costa, então, defende que a influência do Positivismo se deu indiretamente ao movimento Republicano pela defesa do abolicionismo; ou seja, o Exército, defensor do abolicionismo, principalmente após a Guerra da Tríplice Aliança, aproximou-se, por isso, dos movimentos republicanos, já que esses eram, parcialmente, ligados também aos defensores do fim da escravidão. Dessa forma, o Positivismo, também contrário à escravidão e muito divulgado entre a oficialidade, teria sido o vetor que aproximou Exército e republicanos.

A retomada do debate sobre a ampliação da autonomia das províncias e, a partir dela, da reorganização administrativa do país,[7] deveu-se a três fatores fundamentais: a ascensão da riqueza do centro-sul, destacadamente a paulista, capitaneada pelo avanço da produção e exportação de café; o alegado desequilíbrio político, decorrente em parte dessa mesma ascensão econômica paulista; e a ampliação do americanismo, pautado pelo aumento da influência norte-americana.

A redistribuição da relevância econômica das regiões brasileiras, representada pela ascensão da economia paulista em decorrência da ampliação da produção e exportação do café, retomou o debate sobre a maior autonomia provincial, já que essa nova situação fazia com que muitos dos interesses dos fazendeiros paulistas fossem vistos, por eles mesmos, como sendo incompatíveis com a maneira como o governo monárquico administrava o país. Três eram os itens reclamados pela elite paulista, principalmente aquela que, associada ao chamado oeste de São Paulo, diferenciava-se da tradicional elite cafeeira do Vale do Paraíba: a maior autonomia no manejo dos recursos fiscais, dada a significativa ampliação das atividades econômicas da província; o baixo alinhamento dos interesses provinciais com as decisões tomadas no plano nacional, principalmente aquelas relacionadas à política monetária e aos investimentos em infraestrutura; e as divergências relacionadas às políticas de imigração, em um momento cuja demanda por mão de obra estava em alta.

O (re) surgimento de manifestações favoráveis à ampliação da autonomia provincial a partir do início dos anos de 1870 coincide com a ascensão da economia paulista, principalmente daquela vinculada à produção cafeeira no chamado 'oeste paulista'. Para Viotti da Costa estas reivindicações por maior autonomia deveram-se ao desequilíbrio entre o poder político e o econômico de São Paulo. Segundo ela:

> analisando os componentes dos ministérios verifica-se igualmente que foram raros os representantes do Oeste Paulista que figuraram como Ministros. O mesmo se observa no Conselho de Estado, onde predominavam representantes deoutras regiões, principalmente do

7 O debate sobre o real alcance da adoção oficial do federalismo pelo Brasil pela Constituição republicana de 1891 será retomado adiante. De qualquer modo, as ideias contidas nas manifestações favoráveis ao federalismo não eram nem novas, nem estavam muito distantes do que seria o arranjo já vigente na Monarquia, sendo que a novidade seria a ampliação – e não uma implantação – da autonomia regional. Viotti da Costa afirma que ideia federativa 'não se tratava de uma ideia nova, apenas ganhava nova substância'. Já Dolhnikoff diz que 'as mudanças introduzidas pela República, no que diz respeito ao elemento federal, talvez não tenham sido tão inovadoras como se supõe'. Ver, respectivamente: Costa, Emilia Viotti da. *Da Monarquia à República*. p. 470 e Dolhnikoff, Mirian. *O Pacto Imperial*. p. 297.

> Vale do Paraíba, Minas, Bahia e Rio Grande do Sul. O que era mais grave é que, até mesmo na presidência da província, obedecendo, aliás, a uma norma seguida na época, predominavam elementos oriundos de outras regiões. De tudo isso resultava profundo descontentamento dos paulistas, que se sentiam ao mesmo tempo orgulhosos de suas empresas, prejudicados em seus interesses e cerceados em suas iniciativas, pela excessiva centralização. A ideia de federação encontraria assim, entre eles, numerosos defensores. Os mais extremados chegariam a falar em separação. A maioria consideraria a república a solução ideal para esses problemas.[8]

Já para Furtado, em um capítulo chamado de 'A descentralização republicana e a formação de novos grupos de pressão' no qual apresenta sua versão sobre as origens dos descontentamentos que derivaram na defesa do federalismo por parte da elite brasileira em fins do século XIX, o descompasso entre os interesses econômicos das províncias, principalmente as sulistas, e a capacidade do governo central em responder a esses interesses estão na base do aumento da defesa do federalismo visto na época. Esta incapacidade seria a de

> dotar o país de um sistema monetário adequado, bem como sua inaptidão para encaminhar com firmeza e positivamente a solução do problema da mão-de-obra, refletem em boa medida divergências crescentes de interesses entre distintas regiões do país. Nas etapas anteriores, mesmo que fossem reduzidas as relações econômicas entre essas regiões, nenhuma divergência de interesses fundamentais as separava. (...) Nos últimos decênios do século, as divergências começam a aprofundar-se. A organização social do sul transformou-se rapidamente, sob a influência do trabalho assalariado nas plantações de café e nos centros urbanos, e da pequena propriedade agrícola na região da colonização das províncias meridionais.[9]

Estas questões foram vistas na formação do Partido Republicano Paulista, em 1873, e nas manifestações da elite paulista que, em geral, defendia a adoção da for-

---

8 Ver Costa, Emilia Viottida. *Da Monarquia à República*, p. 473.

9 Ver Furtado, Celso. *Formação econômica do Brasil*. São Paulo: Cia Editora Nacional. (19ª edição), 1984, cap. XXIX, p. 171.

ma republicana e federativa, mas que, em alguns casos, chegou a ensaiar discursos separatistas.[10]

Já a questão da imigração foi uma, se não a principal, bandeira da elite paulista, receosa em relação ao fim da escravidão que aparecia no horizonte da Monarquia. As reivindicações para que o governo monárquico estabelecesse uma política de imigração para suprir a necessidade de braços da lavoura de café paulista foram constantes durante a segunda metade do século XIX, pautadas principalmente pelas reclamações acerca da aprovação de legislações específicas que facilitassem a entrada de trabalhadores estrangeiros, assim como autorizassem a subvenção do governo central à imigração.

A reivindicação por "braços para a lavoura" feita por parte dos produtores rurais brasileiros, destacadamente pelos cafeicultores paulistas, foi tema constante na segunda metade do século XIX, principalmente após a aprovação de legislação contrária à escravidão (Eusébio de Queirós, 1850; Ventre-livre, 1871; Sexagenário, 1885; e Lei Áurea, 1888). Contudo, após a breve experiência de imigração patrocinada pela iniciativa privada, o debate centrou-se, segundo João Antônio de Paula, na possibilidade da formação de núcleos coloniais, subvencionados pelo governo imperial e notadamente efetivados na região Sul, e na oferta de mão de obra imigrante às lavouras cafeeiras paulistas. Nesse último caso, a subvenção da imigração coube ao governo provincial, principalmente por meio da atuação da Sociedade Promotora da Imigração, entidade formada, em 1866, pela elite cafeicultora paulista e financiada por recursos públicos provinciais.[11]

10 A questão separatista, retomada pelos paulistas nas décadas de1870 e 80, é vista como pouco relevante por Viotti da Costa. Contudo, segundo a própria historiadora, em 1887 duas obras defensoras do ideal separatista foram lançadas, ambas com o título A Pátria Paulista. Uma de Alberto Salles, irmão do futuro presidente Campos Salles; e outra de J. F. de Barros, pseudônimo de Francisco Eugênio Pacheco e Silva, membro tradicional do PRP desde sua fundação. Ver Costa, Emilia Viotti da. *Da Monarquia à República*. p. 477. Ver também Salles, Alberto. *A Pátria Paulista*. Campinas: Tipografia da Gazeta, 1887; Barros, J.F. de *A Pátria Paulista*. São Paulo: Tipografia da Província, 1887; e um estudo mais recente sobre o separatismo paulista no final do Império brasileiro. Aducci, Cassia Chrispiniano. *A Pátria Paulista: o separatismo como resposta à crise final do Império*. São Paulo: Imprensa Oficial, 2000.

11 Ver: Paula, João Antônio de. *O Processo Econômico*. Em: Carvalho, José Murilo de. *A Construção Nacional. 1830-1889*. Coleção *História do Brasil Nação: 1808-2010*, sob a direção de Lilia Moritz Schwarcz. Rio De Janeiro: Ed. Objetiva, 2012, p. 200. O capítulo de Paula é ambíguo quanto à divisão de responsabilidades entre os governos provinciais e o Imperial acerca da subvenção à imigração. Já Silva é enfático ao afirmar que São Paulo assumiu todos os custos relativos á imigração à partir de 1870. Ver Silva, Sérgio. *Expansão cafeeira e Origens da Indústria no Brasil*. São Paulo: Alfa-ômega, 1995, p. 38. Há, no entanto, uma vasta bibliografia sobre o tema da imigração no Brasil, em geral, e sobre as formas para a efetivação da imigração, assim como sobre o trabalho dos imigrantes nas lavouras paulistas, além de capítulos ou seções dedicadas ao tema em obras de maior amplitude.

Contudo, o que de fato ocorreu foi uma regionalização da questão, já que tais medidas foram majoritariamente criadas pelas esferas de poder provincial. Tal regionalização da questão relacionada à chegada dos imigrantes apontava para uma maior autonomia paulista, confirmando a tendência à ampliação da descentralização e a aproximação com o federalismo.

Dessa forma, a distribuição do poder político, vista como desequilibrada por representantes da elite paulista da época, refletia a anterior distribuição, ainda no contexto que marcara a primeira metade do século XIX. Portanto, a ascensão da economia paulista foi, de fato, a senha para a ampliação da tendência federalista, dando novas cores ao debate sobre centralização e descentralização durante o final do Império brasileiro, ou seja, novos contextos, principalmente relacionados à crise da escravidão e à concomitante ascensão da economia cafeeira paulista, foram fundamentais para a renovação das reivindicações descentralistas: ampliação da autonomia que desse às regiões maior controle sobre os recursos por elas gerados e, assim, garantissem maior poder decisório às elites regionais em questões como a substituição da mão de obra escrava e a subvenção da imigração. No caso paulista, dado o momento de ampliação de sua fatia na economia nacional por meio do aumento da produção e exportação de café, tais considerações pareciam, à época, fundamentais para setores da elite vinculados a esta nova economia. Os dados sobre a imigração no Brasil e sobre a economia cafeeira são reveladores, na medida em que demonstram a ampliação do número de imigrantes, a forte concentração deles em São Paulo, assim como a ampliação das exportações de café e a sua participação na economia brasileira.[12]

Nesse caso, ver: Prado Jr, Caio. *História Econômica do Brasil.* São Paulo: Ed. Brasiliense, 1980 (25ª edição), cap. 19, p. 183-191. Entre as obras que tratam especificamente do tema da Imigração, foram consultadas: Santos, Ivison Poleto dos. *A Sociedade Promotora de Imigração e o financiamento público do serviço de imigração (1886-1895).* 2007. Dissertação (Mestrado em História) – Departamento de História, FFLCH/USP, São Paulo, 2007; Holloway, Thomas H. *Imigrantes para o café: café e sociedade em São Paulo (1886-1934).* Rio de Janeiro: Paz e Terra, 1984; Martins, José de Souza. *A imigração e a crise do Brasil agrário.* São Paulo: Pioneira, 1973; Stolcke, Teresa. *Cafeicultura: Homens, Mulheres e Capital (1850-1980).* São Paulo: Brasiliense, 1986.

12 Os dados sobre imigração, apresentados por Almeida, confirmam, em ordem de grandeza, as afirmações de Viotti da Costa, que calcula que 80% da população estrangeira residente no Brasil em 1890 concentrava-se em quatro regiões: Distrito federal (Rio de Janeiro), São Paulo, Minas Gerais e Rio Grande do Sul. Destes, ainda segundo Viotti da Costa, 50% concentrava-se em São Paulo. Ver Costa, Emilia Viotti da. *Da Monarquia à República*, p. 253.

Tabela 32. Imigrantes entrados no Brasil, 1850 - 1910

Década	Quantidade	Variação (%)
1850	106.888	-
1860	96.508	-9,71
1870	177.659	84,08
1880	445.630	150,83
1890	1.211.076	171,76
1900	640.660	-47,09
1910	835.768	30,45

Fonte: Revista de Imigração e Colonização, 1940. Reproduzida por Almeida (2001)

Conforme a tabela abaixo, é perceptível como durante o século XIX o café tornou-se o principal produto nas exportações brasileiras. Outros produtos tradicionais, como o açúcar, algodão, cacau e fumo, entre outros, não ameaçaram a preponderância econômica do café.

Tabela 33. Imigração na província de São Paulo, 1850-1889

Período	Total de Imigrantes	Período	Total de Imigrantes
1850-1854	2.301	1875-1879	10.055
1855-1859	4.009	1880-1884	15.841
1860-1864	521	1885-1889	167.664
1865-1869	1.160	1890-1894	304.844
1870-1874	1.275	1895-1899	303.575

Fonte: IBGE, Séries Estatísticas, vol. 3, 1987.

Tabela 34. Principais produtos de exportação do Brasil, 1821-1900 (%)

Período	Café	Açúcar	Algodão	Couro	Fumo	Cacau	Borracha	Mate	Total
1821-30	18,6	32,2	19,9	13,7	2,4	0,4	0,1	-	87,5
1831-40	43,8	24	10,9	7,8	1,9	0,6	0,3	0,5	90,6
1841-50	41,3	26,7	7,5	8,6	1,8	0,9	0,4	0,9	88,1
1851-60	48,8	21,2	6,2	7,2	2,6	1,1	2,2	1,5	90,8
1861-70	45,2	12,1	18,3	6,1	3,0	1,0	3,2	1,2	90,1
1871-80	56,4	11,9	9,5	5,5	3,4	1,2	5,5	1,5	94,9
1881-90	61,7	9,9	4,2	3,2	2,7	1,6	7,7	1,1	92,3
1891-00	63,8	5,6	2,5	2,5	2,3	1,5	15,8	1,4	95,6

Fonte: Palazzo, J. Estudos de Economia Internacional. Apresentada por Almeida (2001) p. 83

E os dados sobre exportação de café e participação do porto de Santos nas exportações totais de café pelo país confirmam a ascensão da participação paulista na economia nacional.[13]

Tabela 35. Exportação de café pelos portos do Rio de Janeiro e Santos, 1880-1899, em milhares de sacas de 60 kg e em % sobre o total exportado pelo Brasil (Rio de Janeiro, Santos, Bahia, Espírito Santo e Ceará)

Porto	1880-84	1885-89	1890-94	1895-99
RJ (sacas)	4020	3060	1895	3390
RJ (% sobre o total)	68	58	45	37
Santos (sacas)	1755	2025	3150	5080
Santos (% sobre o total)	30	38	49	56

Fonte: Secretaria dos Negócios da Agricultura, Comércio e Obras Públicas do Estado de São Paulo. Relatório apresentado ao Dr. Domingos Corrêa de Morais, Vice-presidente do estado, pelo Dr. Antonio Candido Rodrigues, Secretário da Agricultura, ano de 1901. Biblioteca do Arquivo Público do Estado de São Paulo. Acervo APESP.

Por fim, a presença norte-americana aumentava de forma a estimular no Brasil o sentimento de 'americanismo'. Este aumento, se por um lado era visto como uma

13 Ver Silva, Sérgio. *Expansão cafeeira e origens da Indústria no Brasil*, p. 43-44. Ver também: Fausto, Boris. *Expansão do café e política cafeeira*. Em: Fausto Boris (org.) *História Geral da Civilização Brasileira*. Tomo III (O Brasil Republicano). 1º Volume (Estrutura de Poder e Economia: 1889-1930). Rio de Janeiro: Bertrand Brasil, p. 198-199.

questão de afirmação da identidade americana do Brasil - único país Monárquico do continente - também refletia a ampliação da participação dos EUA na economia brasileira, tanto como mercado para as exportações quanto como origem das importações brasileiras. Esta mudança de rota do comércio brasileiro é também resultado de uma mudança de mentalidade entre a elite nacional, que enxergava, em fins do século XIX, os Estados Unidos como sendo o exemplo maior de país em progresso e desenvolvimento. Por caminhos diversos, a aproximação entre Brasil e Estados Unidos também refletia o crescente descontentamento apresentado por setores da sociedade brasileira em relação ao comportamento britânico, principalmente no que se referia ao tráfico de escravos e aos acordos que, acreditavam, haviam garantido vantagens exageradas às importações britânicas.

Tabela 36. Exportações brasileiras, por destino, 1840-1900 (%)

Países	1840	1860	1880	1900
Grã-Bretanha	28	38	23	13
Europa Ocidental	46	21	31	38
Estados Unidos	23	29	44	43
Diversos	3	12	2	6

Fonte: Leff, Nathaniel (1991), pág. 95.

Havia, portanto, um ambiente favorável à aproximação entre o Brasil e o vizinho norte-americano, atestado por inúmeras ações e discursos proferidos em fins do século XIX. Esta aproximação com os Estados Unidos reforçava o americanismo, afastava o país da Inglaterra e fortalecia a opção republicana e federalista tomada por parte da elite brasileira a partir de 1870.[14]

Um dos mais contundentes foi o próprio Manifesto Republicano, de 1870, que assim se posicionou:

14 Ver Almeida, Paulo Roberto de. *Formação da Diplomacia Econômica no Brasil.* São Paulo: Ed. Senac, 2001, p. 431-440. Ver Também Magnoli, Demétrio. *O Corpo Da Pátria. Imaginação geográfica e política externa no Brasil (1808-1912).* São Paulo: Ed. Da UNESP/Ed. Moderna, 1997. Escreveu Magnoli que "O novo curso imprimido nas décadas imediatamente anteriores à proclamação da República nutria-se do crescimento do comércio bilateral, que exibia saldos muito favoráveis ao Brasil, e do ambiente de entusiasmo ideológico pelos ideais americanistas, que contaminava líderes como Tavares Bastos e se espraiava pela Argentina de Juan Batista Alberdi e Domingos Sarmiento. Entretanto, a substituição da Grã-Bretanha pelos Estados Unidos como pólo de referência da política externa brasileira consumou-se apenas com o advento da República. No plano simbólico, o abandono do constitucionalismo monárquico representava a ruptura com a Europa e a adoção do sistema republicano traduzia-se como a reconciliação com a América." (p.205)

> Somos da América e queremos ser americanos. A nossa forma de governo é em sua essência e em sua prática, antinômica e hostil ao direito e aos interesses dos Estados Americanos.[15]

Esse 'americanismo', que apontava como superada a relação, tanto defendida pela Monarquia, entre essa forma e os interesses relacionados à paz e unidade interna, associava-se ao republicanismo ao federalismo, características da República norte-americana.[16]

Somavam-se, então, ao menos quatro questões que, mesmo tendo origens diferentes, resultaram na defesa da república e do modelo federalista: a crise da escravidão e o movimento abolicionista, a defesa pela maior autonomia regional, o progressivo distanciamento entre o Exército, e a ampliação da presença e influência norte-americana no Brasil.

Todas estas questões convergiam à crise final da Monarquia, já que a incapacidade do governo imperial em manter a escravidão e, neste caso, recusar-se a pagar indenizações aos proprietários de escravos pela liberação de seus cativos, empurrava os setores mais tradicionais da elite agrária e escravista brasileira à oposição ao governo de D. Pedro II. Além disso, o progressivo término da escravidão potencializava o movimento abolicionista, composto parcialmente por setores médios urbanos.[17] Para muitos dos abolicionistas, a associação entre a Monarquia e a escravidão havia sido

---

15 Trecho do Manifesto Republicano de 1870, documento lançado por dissidentes do Partido Liberal que, por ele, tornavam pública a defesa do modelo republicano e, consequentemente, pela queda da Monarquia.

16 Wilma Peres Costa assim comenta o Manifesto Republicano de 1870: "A inversão se fazia na equação que concluía o Manifesto, com a crítica da centralização monárquica: centralização-fragmentação; federalismo-unidade." Ver Costa, Wilma Peres. *A Espada de Dâmocles*, p. 286. Ver também: Wright, Antônia F. de Almeida. *Brasil-Estados Unidos*. Em: Holanda, Sérgio Buarque de e Campos, Pedro Moacyr. *História Geral da Civilização Brasileira*. Tomo II (O Brasil Monárquico) Volume 4 (*Declínio e queda do Império*). Rio de Janeiro: Bertrand Brasil, p. 171-203. Neste capítulo, Wright descreve o andamento das relações entre Brasil e Estados Unidos, identificando, entre outros, o desenvolvimento da nação norte americana após a guerra civil (1860-1865) como fator de admiração da elite brasileira ao modelo republicano dos EUA.

17 Para a participação de setores urbanos na divulgação e defesa dos ideais republicanos em fins do século XIX ver Saes, Décio Azevedo Marques de. *A Participação das massas brasileiras na revolução anti-escravista e anti-monárquica (1888-1891)*. *Revista Brasileira de História* (ANPUH), v.1, n. 1, 1981, p. 13-24. Ver também Carvalho, José Murilo de. *Os três povos da República*. *Revista USP*, São Paulo, n. 59, p. 96-115, setembro/novembro 2003. Sodré, Nelson Werneck. *Formação Histórica do Brasil*. São Paulo: Graphia, 2007. Basbaun, Leôncio. *História Sincera da República*. São Paulo: Alfa-ômega, 1976, v. 1. Gorender, Jacob. *A Burguesia Brasileira*. São Paulo: Brasiliense, 2004.

definida quando da independência brasileira e, por isso, associavam uma a outra de modo indelével. Sendo assim, derrubar uma era o mesmo que acabar com a outra.[18]

A questão abolicionista ecoava, ainda, no Exército que, defensor da continuidade da política de libertação dos escravos para transformá-los em membros de suas fileiras, distanciou-se da Monarquia, concomitantemente à aproximação que fez das teorias do Positivismo, defensoras da República como organização política superior à Monarquia. Por fim, a ampliação da influência norte-americana no Brasil não só projetou um sentimento de 'americanismo', que se traduzia na defesa pelo fim da Monarquia (identificada com os países europeus e cujo único país que a adotava em todo o continente era o Brasil), e pela ascensão da República, modelo visto como legitimamente americano, mas também serviu como inspiração, em sua forma federalista, para uma nova onda de reivindicações por maior descentralização na organização política e administrativa brasileira, ou seja, reivindicações por maior autonomia das províncias, defendida principalmente pelas novas elites paulistas, ligadas à produção cafeeira que viam, no modelo federalista a solução para suas reivindicações por mais liberdade decisória em questões como definição de investimentos em infraestrutura e voltados à subvenção da imigração e, portanto, da superação de um de seus principais problemas à época, qual seja, a falta de mão de obra para sua ascendente economia agrícola.

De fato, a abolição da escravidão, em 1888, antecedeu a Proclamação da República em 1889, e as discussões que se seguiram à queda da Monarquia tratavam sobre o modelo que seria adotado na nova ordem republicana. Por um lado, o Exército -responsável direto pelo golpe que derrubou o governo de D. Pedro II e a própria Monarquia em 15 de novembro de 1889, assim como a origem dos dois primeiros ocupantes da presidência da República, Deodoro da Fonseca e Floriano Peixoto – defendia a instalação de uma República unitária, forjada do plano nacional ao local, hierarquizada e centralizada, coerentemente com a defesa que fazia dos ideais do Positivismo. Por outro lado, os partidos republicanos que se espalharam pelo país – todos eles regionais e com suas estruturas fundadas nos poderes das elites estaduais (antigas elites provin-

18 A relação entre o fim da escravidão e a queda da Monarquia foi questionada por Emília Viotti da Costa, já que, não obstante reconhecer que nos momentos que antecedem à queda da Monarquia esta relação foi estabelecida por muitos e destacados homens públicos, como Joaquim Nabuco, eles – o fim da escravidão e a queda da Monarquia – fazem parte de um movimento histórico caracterizado por mudanças na estrutura econômica, política e social que culminou na Proclamação da República em 1889. No entanto, admite que é possível associar a abolição à queda da Monarquia na medida em que o fim da escravidão abalou parte das elites que, até então, serviam de suporte político e social ao Império. Ver: Costa, Emília Viotti da. *Da Monarquia à República*, p. 454-455.

ciais), principalmente aquele que representava a elite cafeicultora paulista, o Partido Republicano Paulista (PRP) – voltavam-se à consolidação do modelo federalista que garantiria a autonomia que buscavam ter em relação aos seus recursos regionais.

Dessa forma, após os primeiros turbulentos anos da República, foi promulgada em 1891 a Constituição republicana, primeira da História da República no país, consolidando o modelo federalista. O país passava a chamar Estados Unidos do Brasil, numa clara aproximação com o modelo dos EUA.[19]

4.2. Federalismo, Economia e Imigração

A tentativa de reconstruir os elementos que compuseram a crise da Monarquia brasileira em fins do século XIX, longe de ser uma análise aprofundada sobre os itens e eventos mais relevantes, buscou apenas identificar as ideias e os grupos que se destacaram na trajetória que levou à Proclamação da República em 1889. Entre todos os elementos identificados, dois deles foram destacados por alguns autores como sendo relacionados ao comportamento da educação primária nos estados brasileiros: o federalismo e a imigração.

O federalismo adotado no Brasil, mesmo que amplamente apoiado pela experiência norte-americana, é visto como sendo responsável pelo aprofundamento do poder das oligarquias regionais, que tiveram sob seus domínios responsabilidades e poderes decisórios que antes, mais amplamente, dividiam com o poder central. Esta situação teria sido parcialmente responsável pelo relativo atraso do avanço dos direitos sociais e políticos no país, marcadamente rural e agrícola. A descentralização promovida pelo federalismo, portanto, resultou, segundo parte importante da historiografia, na ampliação do poder das oligarquias regionais sem a contrapartida da ampliação dos direitos sociais, vistos como pilares da modernização que os republicanos então garantiam que o novo modelo de organização do país traria. O espaço mais privilegiado para a confirmação desta situação de baixa ampliação dos direitos sociais durante o período da chamada Primeira República é o político-eleitoral, já que a definição do sufrágio como aberto e restrito apenas aos alfabetizados

19 A adoção do federalismo, não obstante a franca associação com o modelo norte-americano, é vista como originalmente diferente daquilo que teria motivado os EUA a adotarem-no. Segundo Abrúcio, o federalismo brasileiro, por ter sido adotado em oposição ao centralismo imperial, diferenciava-se do norte-americano, por esse ser, ao contrário, o modelo que possibilitou a união de regiões que anteriormente eram autônomas entre si. Esta mesma opinião esteve, ainda segundo Abrúcio, na análise feita por Rui Barbosa e João Camilo de Oliveira Torres. Ver: Abrúcio, Fernando Luiz. *Os Barões da Federação. Os governadores e a redemocratização brasileira*. São Paulo: Ed Hucitec/Depto. de Ciência Política da USP, 1988, p. 32.

potencializava as fraudes eleitorais assim como limitava o acesso da população a esse direito. Estas características teriam, então, engendrado um sistema de dependência entre os três níveis, federal, estadual e municipal, assim como destacado por Vitor Nunes Leal. Nesse caso, o controle sobre o voto exercido no plano municipal pelos líderes locais, os coronéis, garantia a manutenção das oligarquias regionais no poder estadual. Elas, por seu turno, controlavam os recursos, ampliados pelo aumento da autonomia estadual, que eram repassados aos municípios.[20] Por fim, o plano federal, que mesmo parcialmente esvaziado pelo federalismo, mantinha sob seu controle ferramentas relevantes para a reprodução do modelo econômico dominante, ou seja, a exportação de produtos primários, especialmente o café. Por outro lado, a reprodução do poder oligárquico no plano federal era garantida pelo apoio que recebia das bancadas de deputados estaduais e dos próprios governadores dos estados.

Este arranjo, construído durante o governo de Prudente de Morais (1894- 1898) e consolidado durante o governo que o sucedeu, o de Campos Sales (1898-1902), ficou conhecido como 'política dos governadores' ou, como preferia o presidente que o consolidou, 'política dos estados'.[21] A política do 'café com leite', ou seja, o acordo entre as

20 Esta relação de dependência entre os níveis federal, estadual e municipal e, principalmente, o controle sobre o voto pelo coronel (líder antes conhecido como "mandão local") como elemento central deste modelo de reciprocidade entre os três níveis, é apontado como uma das maiores características do período da Primeira República. A obra consagrada como a mais importante a tratar desta relação e do papel exercido pelo coronel – e seu fenômeno relacionado, o coronelismo – é a de Leal, Vitor Nunes. *Coronelismo Enxada e Voto.* São Paulo: Ed. Alfa-ômega, 1986. Na página 43, assim diz Nunes Leal: "de um lado, os chefes municipais e os coronéis que conduzem os magotes de eleitores como quem toca tropas de burros; de outro lado, a situação dominante do estado, que dispõe do erário, dos empregos, dos favores e da força policial, que possui, em suma, o cofre das graças e o poder das desgraças."

21 Campos Sales assim escreveu: "Outros deram à minha política a denominação de política dos governadores. Teriam talvez acertado se dissessem política dos Estados. Esta denominação exprimiria melhor o meu pensamento." Em: Campos Sales. *Da Propaganda à Presidência.* Brasília: Ed. UNB, 1983, p. 120. Sobre este arranjo conhecido como 'política dos governadores', Resende assim o define: "Campos Sales vai aos poucos articulando o 'arranjo político' que denominava 'política dos estados'. Seu objetivo é o estabelecimento de relações de compromisso entre o executivo federal e os executivos estaduais, de modo a possibilitar a formação de um legislativo coeso no plano federal, visando a dar sustentação às políticas a serem implementadas em seu governo." Ver Resende, Maria Eugênia Lage de. *O processo político na Primeira República e o liberalismo oligárquico.* Ferreira, Jorge e Delgado, Lucília de Almeida Neves. Em: *O Brasil Republicano. O tempo do liberalismo excludente. Da Proclamação da República à Revolução de 1930.* Livro 1. Rio de Janeiro: Civilização Brasileira, 2011, p. 114. Ver também Cardoso, Fernando Henrique. *Dos Governos Militares a Prudente-Campos Sales.* Fausto, Boris (org.) *História Geral da Civilização Brasileira.* Tomo III (O Brasil Republicano), vol. I (Estrutura de Poder e Economia, 1889-1930).

oligarquias paulista e mineira para revezarem-se na condução do poder federal a partir do apoio que garantiam mutuamente aos candidatos à presidência que representavam esses estados, completava o quadro político de controle oligárquico durante a Primeira República.[22] Não obstante a posição muitas vezes crítica de oligarquias secundárias, mas influentes no plano nacional, como a sul rio-grandense e a fluminense, o revezamento entre paulista e mineiros no controle do poder federal foi dominante entre 1894, ano da ascensão do primeiro presidente civil, o representante da oligarquia paulista Prudente de Morais, e 1930, quando o eleito presidente, Júlio Prestes, não tomou posse, impedido pelo movimento golpista que colocou Getúlio Vargas na presidência. Nesses 36 anos, em onze eleições realizadas, o país teve nove eleições presidenciais vencidas por um candidato representante de São Paulo ou de Minas Gerais. Segundo Abrúcio,

> "A constituição do poder nacional, por meio das eleições presidenciais, passava por um acordo entre os principais estados da federação, São Paulo e Minas Gerais, e mais especificamente pelos governadores desses estados. Os estados médios, como o Rio Grande do Sul, o Rio de Janeiro e a Bahia, influenciavam o pleito nacional à medida que houvesse uma dissensão entre os parceiros do 'café com leite'. Em apenas uma eleição, a de Hermes da Fonseca, o esquema não funcionou plenamente."[23]

Rio De Janeiro: Bertrand Brasil, 1997, p. 14-50. Lessa, Renato. *A invenção Republicana. Campos Sales, as bases e a decadência da Primeira República Brasileira*. São Paulo/Rio de Janeiro: Vértice/IUPERJ, 1988. Há uma versão reduzida da obra de Lessa, publicada em forma de artigo. Lessa, Renato. *A invenção da República no Brasil: da aventura à rotina*. Carvalho, Maria Alice Rezende (org.). *República no Catete*. Rio De Janeiro: Museu da República, 2001, p. 11-60.

22 Sobre as oligarquias estaduais, principalmente a paulista e a mineira, e os acordos de apoio político mútuo entre elas, ver Love, Joseph. *Autonomia e Interdependência: São Paulo e a federação brasileira, 1889-1937*; e Wirth, John. *Minas e a Nação. Um estudo de poder e dependência regional, 1889 - 1937*. Em: Fausto, Boris (org.) *História Geral da Civilização Brasileira*. Tomo II (O Brasil Republicano), Volume 1 (Estrutura de Poder e Economia, 1889 – 1930). Rio de Janeiro: Bertrand Brasil, 1997, p. 51-75 e 76-98, respectivamente. Nos dois capítulos, os autores destacam a importância dos dois estados na política nacional do período, assim como os acordos entre eles que viabilizaram a chamada política 'do café com leite'. Este poder das oligarquias paulista e mineira é visto também como consequência da fragilidade econômica dos outros estados que, por isso, se filiavam ao predomínio dos estados do centro sul. Para isso, ver: Abrúcio, Fernando Luiz. *Os barões da federação*, p. 40.

23 Ver Abrúcio, Fernando Luiz. *Op. cit.*,p. 35. A ressalva ao texto de Abrúcio é o fato de a eleição de 1919 ter sido vencida por Epitácio Pessoa, político paraibano e não diretamente ligado à política do 'café com leite', mesmo que apoiado pelas oligarquias paulista e mineira. Por isso, considerei

Essas informações são vistas a partir de três diferentes, mas não excludentes, versões: a que identifica a prática constante de fraudes eleitorais que garantiriam a vitória dos candidatos representantes das oligarquias dominantes; outra, que identifica no federalismo adotado no país após 1891 a construção de uma hierarquia entre os estados; e, por fim, a de que houve, de fato, uma significativa ampliação da relevância dos estados no arranjo político e administrativo do país, resultando no destaque aos mais ricos e influentes estados, ou seja, São Paulo, dono da maior economia, e Minas Gerais, detentora do maior eleitorado absoluto entre todos os estados brasileiros.

No primeiro caso, a constante prática de fraudes eleitorais durante a Primeira República foi amplamente pesquisada, principalmente a partir do controle que o voto aberto permitia aos líderes locais, os coronéis, que em uma sociedade amplamente rural, mantinham seus 'liderados' sob uma forte pressão e coação social. Em outras palavras, os eleitores rurais pouca autonomia tinham em relação à escolha eleitoral que faziam, já que como declaravam publicamente seu voto, eram coagidos e ameaçados pelos mandões locais a votarem sempre nos candidatos que representavam as oligarquias dominantes locais e as preferências dos coronéis. Além disso, o critério da alfabetização como pré-requisito ao direito ao voto era facilmente burlado, muitas vezes por conta da fragilidade tanto da fiscalização (pessoas votavam mais de uma vez ou em nome de pessoas já falecidas) e mesmo da dificuldade de estabelecer com precisão o que definiria ser alfabetizado (escrever o nome, muitas vezes, era considerado suficiente para ser um eleitor visto como alfabetizado). Por fim, as eleições poderiam ser fraudadas quando ocorria sua confirmação por meio da ação da Comissão Verificadora dos Poderes, órgão responsável pela oficialização dos resultados das eleições parlamentares. Este órgão, controlado pelo governo federal, muitas vezes era usado para declarar ilegais as eleições de deputados que representassem movimentos oposicionistas, mantendo, portanto, o Congresso sob o controle dos deputados representantes das oligarquias estaduais dominantes.[24]

---

como duas as eleições vencidas por candidatos que não representavam diretamente o acordo entre paulistas e mineiros. Sobre as fissuras no modelo oligárquico controlado pelas elites paulista e mineira, ver Viscardi, Cláudia Maria Ribeiro. *O teatro das oligarquias: uma revisão da política do 'café com leite'*. Belo Horizonte: C/Arte, 2001.

24 Para a questão das fraudes eleitorais durante a Primeira República e sobre a atuação da Comissão Verificadora ver Carone, Edgard. *A Primeira República. Instituições e classes sociais (1889 – 1930).* Rio de Janeiro: Bertrand Brasil, 1988, terceira parte, cap. 2, item C. Ver também Resende, Maria Eugênia Lage de. *O processo político na Primeira República e o liberalismo oligárquico*, p. 113; e Magalhães, Maria Carmem Cortes. *O mecanismo das comissões verificadoras de poderes (estabilidade e dominação política, 1894-1930).* 1987. Dissertação (Mestrado em História) – Instituto de Ciências Humanas, Universidade de Brasília, 1986. Queirós, Maria Isaura Pereira de. *O mando-*

O segundo item, a hipótese de que a república federalista criada acentuou uma hierarquização entre os estados brasileiros, tem na própria engrenagem política que definia os arranjos nas eleições presidenciais e no plano federal a sua manifestação maior; ou seja, a sequência de eleições comandadas pelas oligarquias paulista e mineira refletiriam, por si só, a posição privilegiada que tinham esses dois estados da federação no arranjo político nacional.[25] E tal posição privilegiada seria reflexo, por sua vez, da desigual distribuição da riqueza nacional entre as várias regiões, com nítido destaque a São Paulo, então detentora de grande parte da riqueza nacional. Vejamos alguns dados:

Tabela 37. Participação da renda de São Paulo na renda nacional, 1911 -1929

Período	Rendas de todos os estados como % das rendas federais	Rendas de São Paulo como % das rendas federais	Rendas de todos os outros estados como % das rendas federais	Rendas de São Paulo como % das rendas de todos os estados
1911-1920	47,1	14,9	32,2	31,8
1920-1929	52,0	18,8	33,2	36,1

Fonte: Love, Joseph. (1997) p. 73. Por renda entende-se a receita primária, ou seja, a receita advinda da arrecadação fiscal, assim como por renda nacional entende-se como sendo toda a receita fiscal sob a responsabilidade do governo central.

Sendo assim, o modelo federalista adotado pela Constituição de 1891 teria sido, e de fato foi, amplamente favorável às regiões que, em fins do século XIX e início do XX viviam situações econômicas favoráveis, destacadamente São Paulo. A descentralização promovida pelo novo modelo não só garantiu aos estados maior autonomia sobre os recursos gerados por eles - sem a maior intervenção do governo nacional, assim como, em comparação, acontecia no Império – mas também, e exatamente por isso, ampliou as desigualdades entre as regiões brasileiras. Dessa forma, a desigual trajetória

nismo local na vida política brasileira. São Paulo: IEB, 1969. Da mesma autora, ver *O Coronelismo numa interpretação sociológica*. Fausto, Boris (org.) *História Geral da Civilização Brasileira*. Tomo III, Volume 1, especialmente seção 2 (A estrutura coronelística como uma estrutura de clientela política), p. 157-164.

25 Sobre a proeminência paulista durante a Primeira República ver: Love, Joseph. *A Locomotiva: São Paulo na Federação Brasileira, 1889-1937*. Rio de Janeiro: Paz e Terra, 1982. Sobre o papel de Minas Gerais, ver: Wirth, John. *O fiel da balança: Minas Gerais na federação brasileira (1889-1937)*. Rio de Janeiro: Paz e Terra, 1982.

que cada um dos estados apresentou durante o período em relação ao respectivo desenvolvimento econômico e às suas receitas e despesas seria resultado da ampliação da autonomia garantida pelo federalismo aos estados e, dessa forma, reflexo de como cada estado tratou suas responsabilidades. Contudo, tal descentralização teria ocorrido em um ambiente de aumento das desigualdades entre as regiões brasileiras, de modo que, efetivada sob o modelo federalista, garantiu às regiões em ascensão poderes ainda mais amplos, tanto às elites regionais sobre as decisões tomadas no âmbito regional, como no controle que tiveram sobre as decisões nacionais. São Paulo e Minas Gerais, nesse sentido, seriam os 'donos' da federação brasileira. Sobre o desequilíbrio entre as unidades da federação e a hierarquia que este desequilíbrio promovia, Abrúcio afirma que:

> A bandeira da autonomia financeira beneficiará desigualmente as unidades da federação, pois o projeto de discriminação das rendas vitorioso na Assembleia Constituinte trará ganhos basicamente aos estados exportadores - São Paulo, Minas Gerais, Rio de Janeiro, Bahia, Pará e Amazonas. O conceito de autonomia financeira servirá basicamente aos estados mais ricos - particularmente São Paulo - deixando claro o caráter originalmente hierárquico da federação brasileira.[26]

De fato, o federalismo ampliou significativamente a autonomia dos estados ao transferir alguns impostos, antes sob a responsabilidade do governo central, às administrações regionais. Esta ampliação dos recursos que ficariam em mãos dos estados possibilitou que, mais do que durante o Império, as diferenças entre os estados na condução respectiva que tinham de seus orçamentos, receitas e despesas, ficassem ainda mais visíveis. As receitas dos estados, assim como a participação relativa que tinham na riqueza nacional confirmam esta situação. Vejamos os números de São Paulo, Rio Grande do Sul e Pernambuco:

26 Ver Abrúcio, Fernando Luiz. Os Barões da Federação, p. 33.

Tabela 38. Receitas dos estados de São Paulo, Pernambuco e Rio Grande do Sul, 1892-1929

Ano	Receitas de São Paulo	Receitas de Pernambuco	Receitas do Rio Grande do Sul
1892	38.105:288$342	3.678:894$282	4.224:173$794
1895	50.172:167$479	8.588:647$674	8.235:673$437
1900	42.651:253$690	10.800:000$000	10.083:124$457
1905	67.346:641$040	9.120:000$000	9.368:076$064
1910	43.280:695$074	10.699:971$160	15.127:336$249
1915	79.315:931$168	14.686:383$670	18.026:857$337
1920	175.678:985$205	19.967:100$000	37.488:301$381
1925	353.270:978$407	38.912:291$880	130.512:050$134
1929	438.459:515$879	55.741:023$770	194.417:952$965

Fonte: Leis do Estado de Pernambuco, exceto para os anos de 1892, 1895 e 1900. Nestes casos, os números foram retirados do Relatório Anual do Ensino do Estado de Pernambuco, publicado em 1923 sob a responsabilidade do diretor da Instrução Pública, Sr. Aníbal Gonçalves Fernandes. Os dados do Rio Grande do Sul foram retirados dos balanços apresentados pela Secretaria de Estado dos Negócios da Fazenda e os de São Paulo dos Relatórios dos presidentes do Estado.

Tabela 39. Participação das receitas dos estados sobre a riqueza nacional, em %, 1892-1929

Ano	Participação de São Paulo	Participação de Pernambuco	Participação do Rio Grande do Sul
1892	17	1,7	1,9
1895	16	2,8	2,7
1900	14	3,5	3,3
1905	17	2,4	2,4
1910	8	2,0	2,9
1915	20	3,7	4,5
1920	19	2,1	4,0
1925	20	2,1	7,5
1929	20	2,3	8,1

Fonte: Love, Joseph. (1982) pág.415 e Miranda, Marcia Eckert. (1988) p. 228 e 232.

Ou seja, o federalismo e a ampliação das receitas estaduais que o acompanham de fato fizeram com que São Paulo apresentasse uma situação econômica privilegiada frente aos outros estados brasileiros. Os dados mostram também que Pernambuco esteve, relativamente à riqueza nacional, estagnado, enquanto o Rio Grande do Sul apresentou crescimento significativo.[27]

A Proclamação da República em 1889 e, principalmente a adoção do federalismo em 1891, apresentaram, portanto, resultados diversos entre as regiões brasileiras. Os debates que antecederam à Proclamação da República acerca da excessiva centralização monárquica, e que culminaram na descentralização federalista, já sinalizavam para o recrudescimento das posições favoráveis à ampliação de tal autonomia, principalmente entre os representantes da elite paulista, vinculados à crescente relevância da cafeicultura na economia nacional e local. De fato, a ampliação da autonomia, assim como reivindicada pela elite paulista, deu ao estado de São Paulo condições mais favoráveis de, a partir do maior controle que obteve sobre suas rendas de exportação, principalmente, ascender à posição não só de região mais rica, mas também a mais influente do país. Por outro lado, o federalismo e a ampliação da autonomia, que são seguidos pela ampliação também das responsabilidades, promoveram resultados diferentes daqueles vistos em São Paulo em outras regiões brasileiras. Em Pernambuco, as dificuldades econômicas já vivenciadas na segunda metade do século XIX ficaram ainda mais agudas, não tendo a região, portanto, condições de, pela ampliação da autonomia, dar cabo de algumas de suas fragilidades, tais como a diversificação e a modernização produtiva. Diferentemente do estado pernambucano, o Rio Grande do Sul, mesmo não sendo produtor e, portanto, sem ser beneficiado diretamente pelo aumento do mercado internacional de café – fator incluído entre os motivos do crescimento paulista – manteve-se entre os estados com melhores resultados econômicos. Já São

27 Um detalhado estudo sobre a perda relativa de poder de Pernambuco na federação brasileira pode ser vista em Levine, Robert. *Pernambuco e a federação brasileira*. Fausto, Boris. *História Geral da Civilização Brasileira*. Tomo III, Volume 1, p. 122 -151. É interessante notar como a análise de Levine, predominantemente política, aponta para um conflito entre o norte e o sul do país que, estimulado pela estrutura federalista, legava vantagens aos sulistas. Nas últimas linhas do texto, diz Levine: "Pernambuco manteve, portanto, seu domínio econômico no Nordeste durante todo o período de 1889 – 1937, embora a saúde econômica da região declinasse vertiginosamente em relação ao progresso registrado no centro sul. Mas, a estrutura constitucional da República também bloqueou os esforços de Pernambuco para dominar politicamente seu núcleo satélite (i.e estados ao redor). Não se pode afirmar que Pernambuco teria sido muito beneficiado com vantagens políticas adicionais, nem é evidente que um bloco do Norte, sob sua chefia, embora capaz de lidar em condições de maior igualdade com rivais sulinos, teria proporcionado importantes benefícios à vasta sub-região que se estende além das fronteiras do Recife e da Zona da Mata. De qualquer maneira, a variável interveniente de um sistema federal descentralizado dificultou o crescimento de Pernambuco e, por sua vez, o desenvolvimento do Nordeste como um todo." p. 151.

Paulo foi o estado que apresentou maiores variações positivas em seu crescimento no período da Primeira República.

Essas diferenças no que respeita aos impactos que cada região sofreu após a adoção do federalismo guardam relações com algumas questões que, não obstante terem íntima vinculação com a relevância de seus produtos no mercado internacional (ou nacional, no caso rio-grandense), também se relacionaram com o modo que cada região usou a autonomia ampliada após 1891, da mesma maneira que o fizeram após a relativa ampliação da autonomia a partir do Ato Adicional de 1834. Ou seja, os resultados obtidos pelas regiões após 1891 foram, também, influenciadas pelo o que ocorreu em cada uma delas ainda durante o Império.

Em São Paulo, a tendência de ascensão já identificada a partir de meados do século XIX confirmou-se após a implantação da República, potencializada pelas rendas obtidas por meio das taxas sobre exportação de café, antes em mãos do governo central. Também pela maior diversificação produtiva. São Paulo, em 1920 tinha 4.514 firmas industriais ante as 326 que existiam em 1907.[28] Quanto à população, a cidade de São Paulo passou de aproximadamente 23.000 habitantes em 1872, para cerca de 580.000 em 1920, período no qual o estado de São Paulo passou de 837.354 para 4.592.188.[29]

A combinação entre ascensão das exportações de café, descentralização federalista, crescimento da população e da imigração, industrialização e urbanização, fez de São Paulo, como vimos, a região mais rica do país, sendo responsável por parcelas consideráveis da riqueza nacional.[30]Contudo, como visto, a adoção do federalismo não

---

28 Os números referentes ao crescimento da indústria em São Paulo foram retirados de Dean, Warren. *A Industrialização de São Paulo*. Rio de Janeiro: Bertrand Brasil, 1991 (4ª edição), p. 99. O próprio autor, na p. 100, destaca que os dados apresentados pelo Censo de 1907 são frágeis, na medida em que, sendo um estudo empreendido por uma organização particular, não considerou uma série de empresas que, mesmo sendo fundadas antes de 1905, só foram apresentadas pelo Censo de 1920. De qualquer forma, não só consideramos os dados disponíveis como tais diferenças não comprometem as conclusões aqui apresentadas.

29 Os dados demográficos foram retirados dos Censos Gerais de 1872 e 1890 e reproduzidos por Marcílio, Maria Luiza. *História da Escola em São Paulo e no Brasil*. São Paulo: Instituto Fernand Braudel/Imprensa Oficial, 2005, p. 94.

30 Love assim descreve, parcialmente, o que chama de "gigantismo paulista": A situação de São Paulo no mercado de exportação era excepcional. A sua parte das exportações nacionais, por valor, ultrapassou sistematicamente a metade do total entre 1921 e 1940. Em meados da década de 1920, Santos, o principal porto do estado, exportava três vezes a quantidade embarcada para o estrangeiro pelo Rio de Janeiro, o segundo porto em importância. De início, naturalmente, foram as exportações de café que deram a São Paulo sua prosperidade. Em 1907, a metade do café do mundo era cultivada em São Paulo (e três quartas partes em todo o Brasil). Por volta de 1920,

só concorreu para a ascensão da economia paulista, mas também para a reorganização política nacional, de modo que o arranjo que caracterizou a Primeira República beneficiava o estado paulista, inclusive por adotar medidas no plano nacional que favoreciam a economia de São Paulo.[31]

De qualquer forma, o destaque paulista, em termos econômicos, amparava-se fundamentalmente na ascensão do café e na ampliação populacional proporcionada, em partes, pela imigração. Os dois fenômenos, ascensão do café e imigração, estiveram na origem da industrialização paulista, outra atividade que caracterizou a relevância paulista na economia brasileira no início do século XX.[32]

---

o estado também era o primeiro do país em produção industrial. O fato de São Paulo passar a exportar para outros estados brasileiros em 1931 – e assim continuando dali por diante – foi uma indicação importante, conquanto indireta, do seu desenvolvimento industrial. Em 1939, a indústria suplantara a agricultura em São Paulo como fator de produção." Love, Joseph. *Autonomia e Independência: São Paulo e a federação brasileira, 1889-1937*. Em: Fausto, Boris. *História Geral da Civilização Brasileira*. Tomo 3 (O Brasil Republicano), vol. 1 (Estrutura de Poder e Economia, 1889-1930). Rio de Janeiro: Bertrand Brasil, 1997, p. 54.

31 Conforme já comentado, tanto a defesa do federalismo quanto o arranjo político derivado de sua adoção no Brasil esteve intimamente ligado à elite paulista. A partir do governo de Campos Sales (1898-1902) tal arranjo funcionou de modo a dar, no plano nacional, a predominância dos representantes de São Paulo e de Minas Gerais, política conhecida como 'café com leite'. Dessa forma, não há exagero em afirmar que muitos dos interesses vinculados à elite paulista, como aqueles relacionadas à política de valorização do café, estiveram presentes em políticas nacionais, confirmando que São Paulo foi a região mais beneficiada pela adoção do federalismo e que tal arranjo impactou desigualmente as regiões brasileiras, não obstante Love afirmar que " Se São Paulo perdia para alguma combinação de outros poderes, podia ainda perseguir os próprios objetivos em virtude das suas imensas rendas estaduais e do seu poder de empréstimo. Na realidade, os estadistas paulistas esperavam consideravelmente menos do governo federal que os de Minas Gerais. As exigências básicas de São Paulo giravam em torno de serviços que somente o governo central poderia proporcionar – aval para os empréstimos feitos no estrangeiro, controle da política monetária e de divisas, e de canais diplomáticos. Como a economia de São Paulo avultasse sobremaneira na economia nacional, as crescentes rendas do estado eram uma garantia de que os interesses paulistas não seriam negligenciados, fossem quais fossem as políticas do governo no Rio." Ver Love, Joseph. *Autonomia e Independência*, p. 53. Sobre a relação entre os interesses paulistas contemplados pela política de valorização do café, ver Furtado, Celso. *Formação Econômica do Brasil*, cap. XXX, p. 180

32 Duas das hipóteses explicativas sobre as origens da industrialização de São Paulo apresentam, mesmo que não de modo excludente, ênfases diferentes. Enquanto parte da historiografia aponta no capital cafeeiro a origem da industrialização, outra parte lança luz no papel dos imigrantes no desenvolvimento da indústria em São Paulo. A primeira hipótese é defendida, entre outros, por Silva, Sérgio. *Expansão Cafeeira e Origens da Indústria no Brasil*. A outra hipótese pode ser vista na obra de Dean, Warren. *A Industrialização de São Paulo*.

No caso pernambucano, a dificuldade enfrentada devido à queda da exportação de açúcar desde meados do século XIX, somou-se às dificuldades enfrentadas também no mercado interno, não obstante a tentativa de reorganização do modelo produtivo do setor açucareiro.

Outro problema enfrentado por Pernambuco, como, em geral, pelos estados do Norte durante a Primeira República, foi a diminuição da influência política da região no cenário nacional. A perda progressiva de poder foi acompanhada pela diminuição do crédito federal ao financiamento, assim como pelas frequentes respostas negativas que Pernambuco obtinha do governo central quanto a uma possível ampliação dos repasses feitos ao estado. Esse problema, identificado pelos produtores pernambucanos desde a década de 1870, permaneceu presente nas reivindicações feitas pela elite regional, principalmente quando referiam-se aos frágeis subsídios do governo central à região. De fato, uma das mais significativas mudanças reivindicadas, ainda no Império, pelos defensores da maior descentralização, era o controle das províncias sobre as rendas de exportação. A República federativa incorporou tal reivindicação, dando aos estados o controle sobre as exportações e as taxas cobradas sobre elas. Porém, no caso pernambucano, a crise vivida pela exportação do principal produto, o açúcar, impedia com que esta mudança na distribuição dos recursos fiscais promovida pelo novo sistema fosse suficiente para que a região pudesse manter-se economicamente estável. Portanto, a combinação entre diminuição do poder político, dificuldades em obter vantagens relacionadas aos repasses feitos pelo governo central e a decadência das exportações de açúcar, criou um ambiente desfavorável ao funcionamento econômico do estado. Resultado disso foi a ampliação, de modo a compensar as restrições citadas, de impostos sobre outras atividades produtivas, estrangulando outros setores econômicos.[33]

Por fim, o surgimento das usinas de cana no centro-sul, notadamente em São Paulo, concorreu para diminuir ainda mais o potencial da economia açucareira pernambucana, já que competiam entre si pelo fornecimento do produto no mercado interno.[34]

---

33 A trajetória decadente da economia de Pernambuco, as dificuldades enfrentadas desde meados do século XIX e que permaneceram durante a Primeira República, foram detalhadas por Levine, Robert. *A velha usina. Pernambuco na federação brasileira.* Rio de Janeiro: Paz e Terra, 1980, especialmente cap. 2 (A Economia), p.57-90.

34 A ascensão das usinas de São Paulo foi descrita por Melo, já citado no capítulo 3. De modo geral, a crise do açúcar pernambucano incluía tanto a diminuição de sua participação no mercado externo quanto a concorrência do açúcar produzido no centro-sul. No primeiro caso, diz Levine que "Por volta de 1910, as usinas do Nordeste (inclusive seis em Alagoas) produziam um terço do açúcar refinado do Brasil. Mas a demanda imprevisível e desigual do mercado e a aversão dos compradores estrangeiros por açúcar de usina arruinaram as perspectivas de melhorias

Por outro lado, a pouca dinamização econômica do estado pernambucano e a resistência às mudanças por parte da elite local também compuseram o cenário de crise e decadência econômica da região. As tentativas de modernização e/ou de diversificação produtiva mostraram-se ou pouco efetivas ou de curta duração, como atesta o pouco sucesso da cultura do algodão e da indústria têxtil, que desde o período colonial era a segunda cultura mais importante da região, atrás apenas da canavieira. Além disso, a frágil infraestrutura de transporte, associada às dificuldades de financiamento e a fragilidade do mercado local contribuíam para a manutenção da tendência à decadência econômica que vinha desde meados do século XIX.[35]

A segunda dificuldade da economia pernambucana, a manutenção de estruturas sociais e a resistência às mudanças apresentada por partes da elite, pouco se alteraram, também, na passagem do Império para a República. Ao contrário, alguns itens, como aumento da concentração de terras, diminuição dos salários e, como exposto na próxima sessão, investimentos em serviços públicos que podem ser considerados sociais, como na educação básica, despencaram para níveis mais baixos.[36]

A situação econômica de Pernambuco, portanto, manteve sua tendência declinante já percebida na segunda metade do século XIX, não tendo a instalação da República causado impactos significativamente positivos na região. Ao contrário, a combinação entre diminuição da influência política no plano nacional, as dificuldades enfrentadas pelo seu principal produto, o açúcar, tanto no plano internacional quanto nacional, as fragilidades da infraestrutura e do crédito, o baixo investimento em áreas como educação e a manutenção de uma estrutura social desfavorável à maior parte da população acompanhada, entre outros, pela resistência da elite às mudanças necessárias à modernização da região, transformaram a que já fora con-

---

fundamentais, a longo prazo, da economia do Nordeste. Os produtores brasileiros exportaram 3.000.000 de sacas de açúcar refinado em 1901, ou seja, 60% da produção total de açúcar do país. Só três anos mais tarde, em 1904, as vendas para o exterior chegaram a 131.000 sacas, ou 4% da colheita. (...)mesmo em 1910, com efeito, um terço do açúcar importado pelo porto do Rio de Janeiro para consumo doméstico tinha como origem o porto de Recife. Mas a velha dependência dos mercados estrangeiros foi substituída por outra, não mais satisfatória, dos erráticos mercados internos. E o efeito era o mesmo: inibir o crescimento de mercado para as manufaturas do Nordeste." Levine, Robert. A velha Usina. p. 66. Para o crescimento das usinas em São Paulo, ver Melo, José Evando Vieira de. *O açúcar no café. Agromanufatura açucareira e modernização em São Paulo (1850-1910).* Tese de Doutorado. Programa de Pós Graduação em História Econômica. FFLCH-USP, 2009.

35 Ver Levine, *Op. cit.* p. 64-81.

36 Levine afirma que "os salários nos Estados do Nordeste caíram para 1$000 por dia ou menos, voltando ao nível de 1874.", *Op. cit.*, p.67.

siderada como a 'mais lucrativa empresa colonial de todos os tempos' em um estado que mal tinha recursos para sustentar sua população.[37]

Em franco contraste com a trajetória pernambucana esteve a economia sul rio-grandense. Durante as primeiras décadas republicanas, a economia sul rio-grandense manteve seu papel de principal fornecedor de charque no mercado interno, principalmente voltado às classes médias e média-baixas de regiões urbanas como Recife, Rio de Janeiro e Salvador, não obstante a desvantagem que os rio-grandenses tinham em relação à produção e comercialização de carne dos países platinos. Além disso, a diversificação da atividade econômica rio-grandense apresentou resultados satisfatórios durante as três primeiras décadas do século XX. Em 1920, o estado rio-grandense era o terceiro mais industrializado do país, atrás apenas de São Paulo e do Distrito Federal, mesmo que apenas 11% de sua força de trabalho estivesse empregada na atividade fabril. Essa ascendência da economia sul rio-grandense pôde também ser vista em outros setores econômicos. Durante a década de 1920, a economia sul rio-grandense superou a mineira em relação à arrecadação de imposto sobre consumo controlado pelo governo federal, assim como, em geral, a arrecadação do governo central no Rio Grande do Sul fosse maior que a executada em Minas Gerais. E por fim,o cultivo de arroz que, iniciado em terras sul rio-grandenses durante os anos iniciais do século XX, alcançou os melhores índices de produtividade do país, devido, principalmente ao sistema de irrigação implantado na produção.[38]

O crescimento da economia sul rio-grandense, já observado na segunda metade do século XIX e confirmado nas décadas iniciais do século seguinte, esteve amparado em alguns itens que compuseram a economia local. O primeiro deles foi a maneira que o Rio Grande do Sul consegui ampliar suas receitas, mesmo não sendo tradicionalmente uma região caracterizada por uma produção voltada ao mercado externo. Em outras palavras, a tradicional organização da economia sul rio-grandense voltada ao mercado

---

37 Levine, *Op. cit.* p. 57. Os dados sobre a decadência da economia pernambucana, principalmente relacionados às exportações de açúcar, estão em Eisenberg, Peter L. *Modernização sem mudança.* Especialmente Parte 1, item 2 (Crise econômica: o declínio das exportações), p. 41-58.

38 As informações sobre a economia do Rio Grande do Sul foram retiradas de Love, Joseph L. *Rio Grande do Sul and Brazilian Regionalism, 1882-1930.* Stanford University Press, 1971, especialmente cap. 4 (The republican order) e 5 (Rio Grande and the Federation).Há uma versão reduzida do texto de Love, também usada, sob o título *O Rio Grande do Sul como fator de instabilidade na República Velha.* Em: Fausto, Boris (org.) *História Geral da Civilização Brasileira.* Tomo III (*O Brasil Republicano*), vol. 1 (*Estrutura de Poder e Economia*, 1889-1930). Rio de Janeiro: Bertrand Brasil, 1997, p. 99-122. Ver também: Axt, Gunter. *Gênese do estado moderno no Rio Grande do Sul, 1889-1930.* Porto Alegre: Zaffari, 2011.

interno fez com que a autonomia garantida aos estados após a adoção do federalismo, principalmente aquela relacionada às taxas sobre exportação, pouco impactasse a capacidade de arrecadação do estado. Ao contrário, o estado rio-grandense (antes província) ampliou sua capacidade de arrecadação a partir da taxação sobre a propriedade e sobre a produção voltada ao mercado e consumo interno, fossem eles o consumo na região ou a 'exportação' para outras regiões brasileiras.[39]

Dessa forma, a ampliação da autonomia pela adoção do federalismo foi mais significativa no Rio Grande do Sul pela capacidade que garantiu aos estados de negociarem empréstimos e investimentos estrangeiros do que pelo controle sobre as taxas de exportação. De fato, a participação de estrangeiros na economia sul rio-grandense ampliou-se durante o início do século XX, principalmente a presença norte americana. Mesmo assim, a região manteve a maior parte de suas empresas em mãos de brasileiros se comparada a São Paulo. De qualquer forma, a ampliação da receita do estado pouco esteve relacionada com as exportações e as taxas sobre esse setor, ao contrário, portanto, de outras regiões brasileiras.[40]

Por isso, torna-se mais relevante o entendimento sobre como funcionou o mercado interno rio-grandense e como atuou o governo local em relação a ele. Nesse caso, a composição e o crescimento da população esclarecem algumas das características do mercado rio-grandense. O significativo crescimento demográfico do Rio Grande do Sul, amplamente amparado na imigração, foi acompanhado pela ampliação do número de empresas e de propriedades rurais em mãos de pequenos proprietários, ao contrário de Pernambuco e São Paulo, onde a propriedade era mais concentrada. Dessa forma, não só a riqueza era proporcionalmente melhor distribu-

39 Love assim descreve a questão fiscal gaúcha: "Outras fontes de força para o governo gaúcho em relação à maioria dos membros da federação era o seu poder de lançar tributos. As suas rendas globais figuravam em terceiro lugar entre as dos estados (depois de São Paulo e Minas Gerais) e, na década de 1920, o Rio Grande mais de uma vez ocupou o segundo lugar (que pertencia a Minas), apesar de ter Minas mais do dobro da população. (...) Introduzido em 1904, o imposto de propriedade foi a principal fonte de renda entre 1915 e 1918." Ver Love, J. *O Rio Grande do Sul como fator de instabilidade na República Velha*, p. 114.

40 O Rio Grande do Sul buscou empréstimos estrangeiros apenas em 1919, majoritariamente de bancos e investidores norte-americanos. A presença desse capital estrangeiro, envolvido principalmente nas ferrovias, nos serviços públicos e frigoríficos contribuiu para que as rendas estaduais pudessem ser usadas em outros setores do serviço público. Mesmo assim, segundo Love, o Rio Grande do Sul era o estado que tinha a maior porcentagem de bancos em mãos de brasileiros, assim como a menor taxa de depósitos em bancos controlados por estrangeiros, 1/11 do total. Love, Joseph. *Op. cit.*,p. 106 e 114.

ída como o mercado interno mais dinâmico.[41] E, por isso, a estrutura fiscal do estado rio-grandense pôde concentrar-se na ampliação dos impostos sobre consumo e propriedade e não sobre exportações, como, em geral, ocorria em regiões como São Paulo, Rio de Janeiro, Bahia e Pernambuco.

Essa distribuição menos concentrada da riqueza no Rio Grande do Sul foi amplificada pelo aumento demográfico ocorrido no estado, com destaque à região serrana, caracterizada pela vasta presença de imigrantes. O crescimento da população, principalmente na região serrana, reforçava a desconcentração da renda e da propriedade, dado que a colonização da região foi efetivada pelo modelo de pequenas propriedades gerenciadas pelos próprios donos. A tabela mostra o crescimento da população sul rio-grandense, por sub-região, entre 1890 e 1920.

Tabela 40. Variação da população do Rio Grande do Sul, por sub-região, 1890-1920

Área	População em 1890	% na população do estado	População em 1920	% na população do estado	Crescimento (%)
Serra	375.039	41,8	1.088.410	49,9	190,2
Campanha	244.195	25	436.594	20	94,7
Litoral	298.221	33,2	657.709	30,1	120,5
Estado	897.455	100	2.182.713	100	143,2

Fonte: Censo de 1890 e Censo de 1920, citado por Love (1997), p. 108.

Por fim, a combinação entre a troca, gradual, da relevância das taxas sobre exportação em favor do imposto sobre propriedade e a distribuição das receitas que, desde o Império, favorecia a educação básica, caracterizaram o Rio Grande do Sul, nas palavras de Love, como a região cuja política fiscal foi 'decididamente progressista em confronto com as dos outros membros da federação'.[42]

41 O modelo de colonização característico das regiões serranas do estado gaúcho, que privilegiava a pequena propriedade, foi potencializado pelas altas taxas de natalidade vistas na região, majoritariamente controladas por imigrantes alemães e italianos. Essa situação refletia-se na condição do estado de ser, entre todos os entes federativos, aquele que mais tinha fazendas geridas pelos próprios donos, assim como o maior número de fábricas sob propriedade individual, não obstante ter, assim como ocorria no resto do país, alta concentração de terras e negócios, principalmente nas áreas ligadas às principais atividades econômicas. Ver Love, *Op. cit.*, p.106-108.

42 Love, *Op. cit.* p. 114.

Sendo assim, a maior autonomia garantida aos estados pela adoção do federalismo assim como o arranjo político que caracterizou a Primeira República e que beneficiava São Paulo e Minas Gerais, produtores de café, não foram os principais motivos que deram à economia sul rio-grandense o destaque que fez dela a segunda maior renda do país em 1939 e, durante a década de 1920, a terceira maior produção agrícola, atrás apenas de São Paulo e Minas Gerais. Ao contrário, foi a capacidade de lançar impostos sobre uma estrutura essencialmente voltada ao mercado interno, fosse do próprio Rio Grande do Sul, fosse brasileiro, pela estrutura social e de distribuição da propriedade e pelos gastos do governo local que caracterizaram a ascensão da economia sul rio-grandense. E essa ascensão e suas características não foram características que surgiram após a Proclamação da República, e sim, estiveram presentes na província sul rio-grandense ainda no período monárquico.

Portanto, a adoção do federalismo, ao ampliar a autonomia dos estados, potencializou as características que já marcavam a trajetória econômica das regiões no período monárquico. No caso paulista, a ascensão econômica amparada na expansão das exportações de café, da generalização do trabalho assalariado e livre, associado à imigração, e da diversificação econômica e produtiva, alargando as atividades para outras atividades agrícolas, como a cana de açúcar, para as indústrias e para os serviços urbanos, fez da região a mais rica do país, assim como a politicamente mais influente durante a Primeira República. No caso pernambucano, a decadência da exportação de açúcar e a ambígua modernização da produção continuaram durante as décadas iniciais da república a caracterizar a fragilidade econômica da região. Já no caso rio-grandense, a progressiva ascensão econômica vista durante a segunda metade do século XIX confirmou-se durante o início do século posterior, mesmo que sua característica econômica maior, ou seja, de ter sua produção voltada ao mercado interno, tenha diminuído o impacto que a descentralização federalista promoveu. Além disso, a ampliação da capacidade fiscal rio-grandense a partir da criação progressiva de taxas sobre o consumo e propriedade deu ao estado, que tinha, entre seus pares brasileiros, a estrutura social e econômica menos desigual, possibilidade de ampliar suas receitas durante as décadas iniciais do século XX.

Essa situação que deu larga vantagem à São Paulo após a adoção do federalismo foi a origem, segundo Martínez-Fritscher, Mussachio e Viarengo, do significativo aumento de gastos com instrução primária visto em São Paulo durante as primeiras décadas do século XX. Na verdade, os autores apontam esse dado como a grande causa da ampliação dos gastos em educação pela província paulista, em particular, mas em geral, pelas regiões que mais se beneficiaram com a adoção do federalismo: a ampliação dos recursos em mãos dos governos locais.[43]

A ampliação dos recursos em mãos dos governos estaduais, alegam, foi favorável àqueles que apresentavam melhores retornos de suas exportações, notadamente a de café de São Paulo. Na verdade, os autores tentam inverter a lógica da hipótese da 'maldição da matéria-prima'[44], que diz que, em resumo, regiões que tiveram recursos naturais abundantes tenderam a apresentar, no longo prazo, baixo desenvolvimento econômico e social, dado que estimulavam o comportamento de curto prazo e rentista, ou seja, pouco favorável ao investimento em educação. O que os autores afirmam é que, diferentemente disso, no Brasil do início do século XX, regiões que mais ganharam com impostos sobre exportações mais investiram em educação pública e primária. Em suma, concluem que, com a adoção do federalismo e a ampliação dos recursos que ficavam em mãos dos estados, o comportamento de cada um em relação aos gastos com educação definiu seus resultados de longo prazo, como avanço da escolarização e

43 Ver: Martinez-Fritscher, André; Mussachio, Aldo; e Viarengo, Martina. *The great leap forward: The Political Economy of Education in Brazil, 1889-1930*. Banco de México. Documentos de investigación nº 2010-18, dezembro de 2010.

44 A hipótese da 'maldição da matéria prima' defende que países que têm economias baseadas em um ou alguns produtos primários tendem a apresentar menor desenvolvimento econômico e social em prazos maiores. Em geral, essa hipótese é parte do debate sobre o relativo atraso apresentado por países com grandes reservas de petróleo. Contudo, há uma adaptação voltada aos países produtores de matérias primas agrícolas presente em trabalhos como os de Acemoglu, Angrist, Bobbonis, Engerman, Mariscal e Sokoloff e Wegenast, entre outros. Esses autores associam concentração de poder político e de propriedade sobre a terra com o desenvolvimento de instituições pouco inclusivas, que podem ser vistas na baixa prioridade dada pelo poder público à questão educacional. Apontam, ainda, que tal trajetória institucional pouco inclusiva, é responsável, parcialmente, pelo relativo atraso no desenvolvimento educacional e, portanto, econômico e social desses países. Para uma definição da hipótese da 'maldição da matéria-prima' ver Frankel, Jeffrey E. *The natural resource curse: a survey.* Disponível em NBER (working paper n.15.836, Março de 2010) http://www.nber.org/papers/w15836.pdf. Para a relação entre economias primárias, concentração de poder político, baixa escolaridade e comprometimento do desenvolvimento econômico e social ver Acemoglu, D. e Angrist, J. *How large are the social returns to education? Evidence from compulsory schooling laws.*NBER (working paper, n. 7444, Dezembro de 1999). Disponível em http://www.nber.org/papers/w7444.pdf. Bobonis, G. *Endowments, coercion and the historical containment of education.* University of Toronto, 2008. Disponível em http://ipl.econ.duke.edu/bread/papers/0809conf/Bobonis.pdf. Engerman, S, Mariscal, E. & Sokoloff, K.*The evolution of schooling institutions in the Americas, 1800-1925*. Disponível em http://www.laisumedu.org/desin/fronteras/Mariscal.pdf. Wegenast, T. Of *Latifundia and Coronéis: agrarian structure and educational inequalities in Brazil.* Paper apresentado na Mini-Conferência *Comparative Approach to Inequality and Development: Latin America and Europe.* Fundación Ramón Areces and Instituto Figuerola. Madrid, 8-9. Maio de 2009.

alfabetização; e aqueles que mais investiram em educação foram os que mais recursos obtiveram por meio das exportações de matérias primas, destacadamente São Paulo e suas exportações de café.

Ou seja, para os autores, o comportamento dos estados em relação à educação pública durante a Primeira República alterou definitivamente a distribuição da instrução entre as regiões brasileiras, na medida em que as diferenças vistas entre as regiões moldaram os resultados que cada uma obteve em relação à abrangência escolar e da alfabetização de suas relativas populações no início do século XXI. Em outros termos, identificam que as regiões que menos gastaram em instrução primária pública entre 1890 e 1930, mesmo aquelas que antes da proclamação da república exibiam números relativamente altos em termos educacionais, são aquelas que, em 2007, apresentavam os piores índices educacionais. Alguns dados evidenciam o crescimento dos gastos paulistas *per capita* com instrução primária durante a Primeira República.

Tabela 41. Gastos com educação primária per capita em províncias/estados brasileiros (SP, PE e RS), 1875-1925

Província/ Estado	Gasto médio per capita entre 1875 e 1884 (em mil réis de 1913)	Gasto médio per capita entre 1885 e 1925 (em mil réis de 1913)	Variação do gasto per capita em %
São Paulo	0,7	3,6	441
Pernambuco	1,0	0,5	-46
R. G. do Sul	1,1	1,8	15

Fonte: Martinez-Fritscher, Mussachio e Viarengo (2010) p. 30

Contudo, se há uma relação entre a adoção do federalismo, a ampliação da autonomia dos estados (e os ganhos desiguais no que respeita aos recursos advindos das exportações) e o aumento dos gastos com educação, principalmente em São Paulo, ela não explica os motivos pelos quais os estados optaram por usar os maiores recursos que o federalismo lhes confiou na ampliação dos gastos com instrução pública. Martinez-Fritscher, Mussachio e Viarengo testaram algumas hipóteses, incluindo a possibilidade de ter sido a presença de imigrantes, a industrialização e a legislação eleitoral, que garantia o direito ao sufrágio apenas aos alfabetizados. Para os dois primeiros casos, não acharam resultados significativos; já para o terceiro, sim. Ou seja, a legislação eleitoral, ao conceder o direito ao voto apenas aos alfabetizados, teria estimulado uma competição por eleitores, favorecendo as elites estaduais que conseguissem em suas respectivas regiões ampliar o número de eleitores por meio da massificação da escolarização e da alfabetização.[45]

Já Carvalho Filho e Colistete, mesmo concordando com a relação entre o crescimento dos ganhos com as exportações de café e a ampliação dos gastos em educação primária em São Paulo, apontam para uma relação entre a presença de imigrantes e o aumento da demanda por instrução, o que teria influenciado a distribuição dos recursos voltados à educação por regiões com maior presença de imigrantes no estado paulista. Ou seja, a maior presença de imigrantes, principalmente de países que anteriormente já contavam com sistemas educacionais abrangentes – como Alemanha e, em menor escala, Itália e Japão – teria sido decisivo para a ampliação dos gastos em educação pelo estado de São Paulo em fins do século XIX e início do XX.[46]

Assim, as diferenças relacionadas à instrução primária (maior número de matrículas e de escolas), apresentadas pelas regiões que mais receberam imigrantes seriam reflexos da maior demanda por educação formal pelos imigrantes, o que teria influenciado o comportamento dos estados no modo como tratavam a questão educacional.

Portanto, os resultados obtidos pelos estados em relação ao avanço da instrução primária seria função da riqueza de cada um deles, já que o federalismo ampliou a autonomia estadual sobre os recursos e sobre as decisões quanto aos gastos de cada região. Dessa forma, o federalismo privilegiou os estados em ascensão, que poderiam com mais autonomia decidir sobre seus impostos e investimentos, em detrimento dos estados em decadência econômica, tal como Pernambuco, mais dependente dos repasses do governo central e com menor autonomia – dada sua situação econômica pouco privilegiada – para manter seus compromissos e investimentos.

Somada a isso, a presença de imigrantes foi fundamental para que houvesse um desigual aumento do alcance da educação primária, já que as regiões que mais receberam estrangeiros, mais distribuíram escolas de modo a atender as demandas feitas pelos imigrantes. Nesse caso, São Paulo teria sido duplamente privilegiado, já que foi a região que mais defendeu e se destacou sob o federalismo brasileiro do início do século XX, a que maior riqueza possuía e, portanto, manejava de maneira relativamente autônoma seus recursos e decisões sobre investimento e, também, a que mais recebeu imigrantes devido à pujança de sua economia e sua crescente necessidade de braços para a lavoura, apontada desde ao menos 1870.

45 Ver Martinéz-Fritscher, Mussachio e Viarengo, *Op. cit.*, p. 15-21.

46 Ver Carvalho Filho, Irineu e Colistete, Renato Perim. *Education Performance: Was it all determined100 years ago? Evidence from São Paulo, Brazil.* MPRA (Munich Personal REPEC Archive), Paper nº 24494, agosto de 2010, especialmente p. 9-12 e 14-15.

Contudo, conforme exposto na seção seguinte, o comportamento dos gastos públicos em educação básica não apresentou relação tão direta com a entrada de imigrantes, também como com a ampliação da autonomia dos estados após a adoção do federalismo, e sim manteve-se de modo muito parecido com aquele definido pelas províncias no período monárquico.

4.3. O comportamento dos gastos em educação como diferencial entre os estados

A Proclamação da República e a adoção do federalismo, em 1889 e 1891, respectivamente, poucas alterações promoveram na questão educacional no que respeita à divisão de responsabilidades entre os níveis de governo estabelecidos no país. Essa forma, assim como foi durante o período monárquico, aos municípios pouca responsabilidade foi destinada, enquanto que aos estados, antigas províncias, foi mantida a responsabilidade sobre a educação primária e ao governo central a responsabilidade sobre a educação superior. Os artigos 35 e 72 da Constituição de 1891 disciplinavam tal questão relacionada à divisão de responsabilidades dos entes federativos sobre a educação formal de modo que ao governo federal ficaria a competência sobre a criação, manutenção e administração de cursos superiores e secundários, enquanto os estados ficariam com a competência sobre a educação primária. Além disso, a educação escolar deveria ser, em qualquer nível, independente de escolhas religiosas, o que significava transformá-la em laica.[47]

A definição da divisão de responsabilidades sobre a educação foi alvo de debates em fins do Império e início da República, principalmente pela ampliação da percepção de sua relevância para a formação do país que enfrentava uma série de mudanças sociais e econômicas, como o fim da escravidão, a ampliação do crédito, a modernização tecnológica e o incentivo à imigração, além da aproximação, no plano das opções teóricas e filosóficas, entre o Republicanismo e as correntes cientificistas do século XIX, resumidas por Saviani como Iluminismo Republicano. Dessa forma,

47 A adoção da República em 1889 e do federalismo em 1891 não alteraram a divisão de competências sobre a educação entre os três níveis de poder que já estava definida no Império: Aos municípios pouco caberia, aos estados ficava a responsabilidade sobre a instrução primária (assim como já estava quando, no Império, os estados eram as províncias) e ao governo da União a responsabilidade sobre o ensino secundário e superior nos estados e na capital, Rio de Janeiro. Além da manutenção da divisão que deixava aos estados a responsabilidade sobre a instrução primária, a Constituição de 1891 também consagrou o princípio da laicidade da educação, coerentemente com os princípios gerais da organização política, jurídica e administrativa previstas por ela. Ver Saviani, Dermeval (org.). *O Legado Educacional do século XX no Brasil*. Campinas: Autores Associados, 2004, p. 22-23. Ver também Teixeira, Maria Cristina. *O Direito à Educação nas Constituições Brasileiras*. Revista do Curso de Direito. Universidade Metodista, vol. 5, nº 5 (2008), p. 152-154.

um dos itens do debate foi a criação de um sistema nacional de instrução básica, entendida a centralização da responsabilidade pela educação primária em mãos do governo da união como mais adequada para enfrentar aos desafios que surgiam no horizonte do país. Assim, ao menos, é como parte da historiografia entende tal questão, atribuindo à descentralização mantida pela república algumas das dificuldades enfrentadas pela instrução pública em fins do século XIX e início do XX, já que atribui à descentralização que deixava às antigas províncias, durante o Império, e aos estados, após a Proclamação da República, as responsabilidades relacionadas ao financiamento, manutenção e fiscalização da educação básica, o sinal da pouca importância dada, ao menos fora do plano do discurso, pelas elites nacionais. Sendo assim, identifica na centralização que ocorreu após as mudanças ocorridas na organização do país a partir do ano de 1930 como sendo fundamental para a ascensão de um modelo nacional de educação básica, que garantiria, segundo Cury, "a coesão nacional, o caráter nacional, patrocinados pela orientação também fornecida pela União".[48]

Contudo, há o argumento de que no Império, visto como altamente centralizado, a instrução primária estava sob a responsabilidade das províncias, e, portanto, em um regime republicano federalista, por definição mais descentralizado, não faria sentido ter a instrução básica sob os cuidados da União. Essa descentralização estava ainda sob a influência do federalismo norte-americano, assim como aos interesses das oligarquias regionais, ansiosas por ampliar o controle que tinham sobre os serviços públicos de suas respectivas regiões.[49]

Dessa forma, a instrução primária estaria, após a Proclamação da República e a adoção do federalismo, vinculada às decisões das elites locais que, assim como no Império, não só oscilavam suas decisões relacionadas aos serviços públicos que estavam sob o controle do poder regional – e, portanto, sob seu próprio controle – mas

48 O debate imediatamente anterior à promulgação da Constituição de 1891 apontava para a formação de um sistema educacional que deixaria todos os níveis da instrução, primária, secundária e superior, sob a responsabilidade da União. Contudo, a responsabilidade sobre a instrução primária ficou em mãos dos estados. Essa divisão foi vista de modo negativo por alguns autores ligados à História da Educação Brasileira, entre eles Anísio Teixeira e Carlos Roberto Jamil Cury. Para essa defesa que os autores fazem de um modelo nacional de educação, assim como as críticas à descentralização promovida pela Constituição de 1891 ver Cury, Carlos Roberto Jamil. *Cidadania republicana e educação: governo provisório do mal. Deodoro e Congresso Constituinte de 1890-1891*. Rio de Janeiro: DP & A, 2001, p. 101. Ver Também Cury, C.R J. *A educação na Revisão Constitucional de 1925-1926*. Bragança Paulista: EDUSF, 2003 e Teixeira, Anísio. *Educação no Brasil*. Rio de Janeiro: Companhia Editora do Brasil, 1969, especialmente p. 295-296.

49 Essa análise está em Saviani, D. *O Legado Educacional do século XX*, p. 30.

também pouco se interessavam em ampliar a oferta de serviços como instrução primária, presos como estavam às questões menores e que não respondiam aos desafios da Nação. Haveria, portanto, um descompasso entre as decisões das elites locais sobre aquilo que estava sob responsabilidade dos estados (e, consequentemente, sob controle dessa mesma elite) e as necessidades do país, situação que se intensificou a partir da ampliação da autonomia dos estados após a adoção do federalismo, oficialmente, pela Constituição de 1891. Isso mesmo considerando que, no plano do discurso, as justificativas apresentadas pelos representantes públicos à ampliação e relevância da educação no país fossem semelhantes tanto àquelas vistas em outros países, assim como no Brasil durante o período Monárquico.[50]

Por outro lado, há um reconhecimento que a instrução primária recebeu atenção diferenciada nos anos iniciais da República brasileira, principalmente no que respeita às suas estruturas físicas, tais como construções de espaços adequados ao seu desenvolvimento, à administração e racionalização da instrução oferecida e a definição de métodos de ensino e aprendizagem eficientes.[51]

50 É interessante notar como os discursos acerca da relevância da educação no desenvolvimento do país tenham sido no período republicano os mesmos divulgados no Império, assim como incluíam a comparação com experiências e modelos educacionais de outros países. Ao citar um Decreto de 12 de março de 1892, apresentado no estado de São Paulo, (1) a instrução pública bem dirigida é o mais forte e eficaz elemento do progresso; 2) de todos os fatores da instrução popular, o mais vital, poderoso e indispensável é a instrução primária, largamente difundida e convenientemente ensinada; 3) sem professores bem preparados, praticamente instruídos nos modernos processos pedagógicos e com cabedal científico adequado às necessidades da vida atual, o ensino não pode ser regenerador e eficaz), Saviani comenta que o Decreto em tela fixava a ideia republicana da relevância e prioridade da instrução pública, destacava a precedência do ensino primário e colocava a situação do professor como condição ao desenvolvimento de uma educação eficaz. Ou seja, nada muito diferente do que os discursos do século XIX afirmavam, assim como visto no capítulo 1 e 2. Em relação às experiências estrangeiras, Carneiro Leão, responsável pelas reformas educacionais realizadas em Pernambuco no final da década de 1920 e reconhecido estudioso da questão educacional, defendia uma educação voltada à formação e desenvolvimento de indivíduos capazes de contribuir com a ampliação da força produtora. Para tanto, recorre aos exemplos de Inglaterra, Alemanha, Escandinávia, Estados Unidos e Japão. Ou seja, sinaliza para a mesma associação entre educação e economia vista na Europa do século XIX e reproduzida nos discursos sobre educação feitos no Brasil monárquico, assim como reconhece nas experiências internacionais a realização de tal relação, do mesmo modo que ocorria no Brasil durante os oitocentos, como visto no cap. 1. Para o primeiro caso, ver Saviani, D. *O legado Educacional do século XX*, p. 24. Para a obra de Carneiro Leão, ver Araújo, Cristina. *A Escola Nova em Pernambuco: educação e modernidade*. Recife: Fundação da Cultura Cidade do Recife, 2002, p. 53-54 e 73.

51 Ver Saviani, D. *O Legado educacional do século XX* cap. 1 (O legado educacional do longo século XX brasileiro). Ver também Nagle, Jorge. *Educação e sociedade na Primeira República*. São Paulo: Editora pedagógica e Universitária, 1974.

No primeiro caso, a construção de prédios escolares esteve entre as prioridades dos governos estaduais, com destaque ao de São Paulo. Essa ampliação dos espaços escolares esteve ligada à racionalização da oferta de instrução pelo estado, assim como pela opção pelo aumento da quantidade de crianças em idade escolar que deveriam ser atendidas pelas escolas paulistas. Esse debate sobre a ampliação da oferta escolar de modo a alcançar parcelas mais significativas da população que seria atendida pelas escolas paulistas esteve presente durante as décadas de 1910 e 20, e versava principalmente sobre a limitação de recursos destinados à educação e a necessidade de popularização da instrução primária. Em outros termos, a expansão da escolarização em São Paulo dependia, segundo debate da época, da organização e/ou construção de espaços adequados ao atendimento de um número cada vez maior de pessoas sem a correspondente ampliação do número de escolas, ou seja, mais alunos concentrados em escolas maiores e, portanto, em um número menor de estabelecimentos escolares. Por isso, a construção dos prédios seria voltada tanto para a ampliação do sistema escolar paulista como também para a racionalização da administração escolar, já que diminuiria os custos de manutenção e fiscalização empreendidos pelo estado. Nesse sentido, a criação dos grupos escolares representou a maior tentativa de atender a esse dois intuitos, já que não só reunia escolas antes isoladas como também, ao concentrar os alunos antes divididos em várias escolas, diminuía o custo burocrático e administrativo ligados à fiscalização.[52]A criação do grupo escolar por São Paulo esteve entre as mais significativas mudanças apresentadas pela educação do estado durante o período da Primeira República, assim como foi inspiração para a organização do sistema educacional de outros estados brasileiros.[53]

---

52 Sobre as reformas educacionais feitas em São Paulo entre a 1892 e 1930 ver Antunha, Heládio César Gonçalves. *A Instrução Pública no Estado de São Paulo: A Reforma de 1920*. São Paulo: Universidade de São Paulo, 1976 (série Estudos e Documentos), especialmente cap. 1 "A situação anterior à Reforma". Ver também Marcílio, Maria Luiza. *História da Escola em São Paulo e no Brasil*, especialmente Segunda Parte, item 4.1 e 4.2 (As principais reformas da Primeira República a Revolução no ensino paulista. Surge a escola.) Marcílio identifica como as Reformas de 1892 e de 1920 como sendo as duas mais importantes reformas do ensino feitas no estado de São Paulo (p. 137). A primeira instituiu os Grupos Escolares, a segunda voltou-se à tentativa de erradicação do analfabetismo a partir de uma simplificação do sistema educacional, que transformava a educação básica em obrigatória por apenas dois anos e reduzia o conteúdo do ensino da instrução primária. Antunha trata a reforma de 1920, entre outras classificações que lhe atribui, como sendo a vitória da quantidade sobre a qualidade, mesmo que não faça tal consideração atribuindo à Reforma de 1920 (Reforma Sampaio Dória) algum tratamento negativo. (p.179-188).

53 A influência da organização educacional paulista sobre os outros estados é assim tratada por Saviani: "Considerando-se que o estado de S. Paulo detinha a hegemonia econômica, dada a sua

De fato, a situação paulista, então região de maior ascensão e desenvolvimento econômico, tornou-se modelo para outros estados e suas respectivas organizações da instrução pública. Pernambuco, por exemplo, em ao menos duas situações reformou sua estrutura educacional a partir de experiências paulistas: a reorganização burocrática, levada adiante em São Paulo pela Reforma de 1892, serviu de inspiração para a reforma do ensino em Pernambuco e de outros inúmeros estados que instituíram os grupos escolares, e a Reforma da educação pernambucana de 1928, conhecida pelo nome de seu autor, Sr. Carneiro Leão, considerada aquela que, de modo mais completo, apresentou uma proposta de modernização da estrutura educacional do estado. Essa reforma amparada, como foi, nas experiências amplamente influenciadas pelo movimento da Escola Nova, representava, ao menos parcialmente, a influência do modelo paulista, principalmente da Reforma empreendida por Caetano de Campos em 1892 e por Sampaio Dória em 1920-21.[54] Outras medidas tomadas por São Paulo, como o

condição de principal produtor e exportador de café e, com a República, alcançou também a hegemonia política posta em prática com a 'política dos governadores', a ele coube dar a largada no processo de organização e implantação da instrução pública, em sentido próprio, o que se empreendeu por meio de uma reforma ampla da instrução herdada do período imperial." (p. 23). Logo adiante afirma que "Deflagrado o processo a partir de 1893, ano em que se iniciou a implantação das medidas instituídas pela Reforma de 1892, os grupos escolares foram disseminando-se pelo estado de São Paulo, chegando, em 1910, a 101, sendo 24 na capital e 77 no interior. De São Paulo o modelo irradiou-se pelos demais estados. " (p. 28). E mais adiante, por fim, confirma que "No final do século XIX, os republicanos implantaram no Estado de São Paulo um sistema público de ensino considerado moderno, cujos princípios, instituições e organização administrativa e pedagógica serviram de modelo a reorganização do ensino público em vários estados brasileiros." em Saviani, D. *O legado educacional do século XX*. p. 112.

54 O Movimento conhecido como Escola Nova teve início na Europa no final do século XIX, mesmo tendo como um de seus maiores representantes o norte-americano John Dewey, defensor do que ficou conhecido como 'Escola Filosófica do Pragmatismo'. Algumas das ideias do Pragmatismo e da Escola Nova foram trazidas para o Brasil ainda em final do século XIX por Rui Barbosa, mas foram amplamente usadas nas reformas dos sistemas educacionais públicos estaduais durante a década de 1920. De modo geral, o ideário da Escola Nova referia-se às mudanças educacionais vistas como necessárias à sociedade liberal, burguesa e industrial, assim como defendido pelos representantes brasileiros, tais como Anísio Teixeira e Fernando de Azevedo. Mesmo já influente nas reformas da década de 1920, as ideias da Escola Nova, principalmente aquelas relacionadas ao tecnicismo e aos métodos pedagógicos, só foram amplamente usadas no Brasil durante a década seguinte, após a assinatura do Manifesto de 1932, no qual as diretrizes do sistema escolar brasileiro se inspiraram. Ver Hilsdorf, Maria Lucia Spedo. *História da Educação Brasileira: Leituras*. São Paulo: Thomson Learning, 2007, p. 79-83.

recenseamento escolar, também estiveram entre aquelas que, a partir da experiência paulista, foram adaptadas pelos outros estados.[55]

De qualquer modo, algumas mudanças significativas na estrutura educacional foram efetivadas em vários estados brasileiros durante as décadas iniciais da República, principalmente a partir das experiências paulistas. No plano geral, elas atenderam às intenções de racionalizar a estrutura burocrática voltada ao funcionamento da instrução pública, à necessidade de melhorias na estrutura física das escolas, à ampliação do atendimento por meio da ampliação das matrículas e à definição de melhores práticas pedagógicas e modelos de ensino e aprendizado. Da mesma forma, algumas outras características relacionadas à questão educacional mantiveram-se semelhantes ao que eram ainda durante o período monárquico. A Constituição republicana, como visto, manteve sob os governos subnacionais (antes provinciais, depois de 1889, estaduais) a responsabilidade sobre a instrução primária, característica que foi potencializada pelo federalismo, adotado como sistema pela Constituição republicana de 1891. O federalismo deixou as diferenças entre as regiões brasileiras mais nítidas ao ampliar a autonomia dos estados e a privilegiada situação econômica de São Paulo acabou por ser uma parceira das mudanças educacionais empreendidas pelo estado paulista, como atesta não só a influência que exerceu sobre os outros estados, mas também alguns resultados relacionados à instrução primária que obteve até 1930, como veremos na última seção do capítulo.

55 A influência das reformas paulista sobre vários estados, principalmente no que respeita à formação dos grupos escolares, pode ser vista na adoção que vários estados farão desse modelo de organização escolar. Diana Vidal identifica alguns estados que adotaram tal modelo sob a inspiração paulista, entre eles: Paraná e Maranhão (1903), Minas Gerais (1906), Bahia, Rio Grande do Norte, Espírito Santo e Santa Catarina (1908), Mato Grosso (1910), Sergipe (1911), Paraíba (1916) e Piauí (1922). Ver Vidal, Diana Gonçalves (org.). *Grupos Escolares: Cultura Escolar e Escolarização da Infância no Brasil (1893 1971)*. São Paulo: Mercado de Letras, 2009. Não obstante a autora não identificar Pernambuco e Rio Grande do Sul entre os estados que adotaram a estrutura dos grupos escolares, há menções em documentações e também na bibliografia sobre os grupos escolares desses estados. Em Pernambuco, no ano de 1915 já há menções aos grupos escolares no Relatório do presidente do estado. Já no Rio Grande do Sul, também há menções ao funcionamento de grupos escolares em 1915. Nesse caso ver Giolo, Jaime. *A Instrução no Rio Grande do Sul: Império e Primeira República*. Dissertação de Mestrado. PUC-SP, 1993, especialmente p.252. Para o caso pernambucano, principalmente acerca das reformas de fins da década de 1920, não só os escritores anteriores do autor das reformas, Carneiro Leão, apresentam inúmeras referências ao modelo de administração escolar de São Paulo, como também uma série de elogios e reconhecimentos sobre o avanço da educação no estado paulista. Para isso ver Araújo, Cristina. *A Escola Nova em Pernambuco*, p. 68-76.

Por outro lado, as manifestações acerca do papel e da relevância da educação primária na construção do país e na formação de mão de obra qualificada necessária para o desenvolvimento econômico, assim como no combate ao analfabetismo, assim como visto nas experiências de outros países, permaneceram sendo destaques nos discursos e debates acerca da instrução pública no Brasil, da mesma maneira que o debate acontecia no período monárquico. Além disso, a questão do financiamento da instrução e do comportamento de cada estado no que se refere ao alcance da oferta educacional também se manteve como item relevante no debate sobre a educação após a adoção do modelo republicano no país.

Dessa forma, não obstante a influência das reformas e da organização dada por São Paulo à sua estrutura educacional sobre os vários estados brasileiros, coube a cada um deles a definição sobre as despesas em instrução e a relativa importância que dariam à educação primária em seus gastos públicos. Por isso, a mesma análise das despesas provinciais em educação feita no capítulo anterior pode ser feita para o período republicano, assim como, da mesma forma que no Império, os resultados educacionais estavam sob a responsabilidade das províncias, estiveram, até 1930, sob a responsabilidade dos estados.

As hipóteses tratadas na seção anterior, ou seja, as que relacionam a ampliação da autonomia fiscal e financeira dos estados após a adoção do federalismo em 1891, a garantia do direito ao voto apenas aos alfabetizados e, por fim, a presença de imigrantes, à ampliação da oferta de instrução primária e pública no período da Primeira República não consideram o padrão dos gastos com educação, assim como não analisam tais gastos a partir da hierarquização das receitas estaduais. Em suma, não comparam o comportamento dos estados em relação aos dispêndios com educação com aquilo que as províncias faziam sobre o mesmo item do serviço público: nem em relação ao percentual de gastos disponibilizados pelas províncias e pelos estados para a educação, nem pela importância relativa que a educação tinha na composição das despesas províncias e estaduais.

A primeira hipótese sugere que antes da Proclamação da República e da adoção do federalismo, as províncias pouco tinham receitas e, por isso mesmo, pouco podiam fazer em relação às suas responsabilidades, entre elas, a instrução primária. Desta forma, reproduz o argumento já comentado daqueles que não veem no arranjo que caracterizou o Império e na divisão de poderes e responsabilidades entre o poder central e as províncias, alguma relevância para as ações provinciais. Além disso, associa a ampliação dos gastos em educação feita pelo estado de São Paulo ao aumento da riqueza – absoluta e relativa – do estado por conta do avanço da produção e exportação de café. De fato, o estado de São Paulo não só ampliou significativamente seu gasto *per capita* com educação, como operou uma transformação qualitativa na estrutura de sua educação primária e pública.[56]Dessa forma, tal hipótese se fortalece para o caso paulista e em relação aos gastos *per capita*.

Por outro lado, ao tentar responder sobre os motivos que levaram as regiões beneficiadas pela ampliação da autonomia estadual e pela ampliação de suas exportações a gastarem fatias maiores de seus orçamentos com educação, a hipótese aponta para uma relação positiva com a questão eleitoral e, ao contrário, não vê relação entre a presença de imigrantes e da industrialização com a ampliação da instrução pública. Por isso, suas conclusões são mais significativas quando apontam a relação entre ter maiores recursos e gastar mais com educação do que quando explica o porquê de esses gastos terem aumentado.

Com isso, tais hipóteses discordam da conclusão de Carvalho Filho e Colistete, que apontam uma relação positiva, ao menos no interior de São Paulo, entre a ampliação da oferta de educação e a presença de imigrantes. Contudo, Carvalho Filho e Colistete também não comparam o comportamento das despesas em educação das províncias com as dos estados e, portanto, não possibilitam que olhemos se a parcela relativa ao orçamento destinada à educação nas províncias passou por uma sensível transformação após a adoção do federalismo ou se, diferentemente, manteve-se no mesmo patamar. E, por fim, não hierarquizam os gastos com educação, comparando-os com outras despesas sob a responsabilidade dos estados. Vejamos alguns dados sobre imigração em São Paulo e no Rio Grande do Sul e os níveis de gastos em instrução primária feitos por ambos.

56 Estas mudanças qualitativas foram muito bem descritas e analisadas por Marcílio, Maria Luiza. *História da Escola em São Paulo e no Brasil*. Ver especialmente p. 128-136 e 159-204.

Tabela 42. Imigração no Rio Grande do Sul, por período e por origem, 1824-1914

Período	Alemães	Italianos	Poloneses	Total
1824-1874	24.873	X	X	24.873
1875-1879	2.440	8.579	X	11.019
1880-1884	1.257	8.993	X	10.230
1885-1889	2.159	26.133	X	28.292
1890-1894	6.065	21.591	16.188	52.370
1895-1899	1.648	4.613	2.082	10.437
1900-1904	1.036	2.336	466	5.182
1905-1909	2.068	1.687	6.498	12.893
1910-1914	6.498	2.256	17.308	31.735

Fonte: Costa e De Boni (2010)

Tabela 43. Total de imigrantes chegados ao Rio Grande do Sul e gastos com educação (% sobre as despesas totais), 1875-1914

Período	Total de Imigrantes	Gastos em educação (% das despesas totais)
1875-1879	11.019	13,5
1880-1884	10.230	13,5
1885-1889	28.292	20
1890-1894	52.370	XXX
1895-1899	10.437	15
1900-1904	5.182	22
1905-1909	12.893	20
1910-1914	31.735	20

Fonte: Costa e De Boni (2010) em relação aos imigrantes e Corsetti, Berenice (1988), para os gastos com educação.

Tabela 44. Imigração em São Paulo, por origem, 1827-1899

Período	Italianos	Portugueses	Espanhóis	Outros	Total
1827-1834				955	955
1835-1839				304	304
1840-1844		80			80
1845-1849				569	569
1850-1854		1.113		1.188	2.301
1855-1859		1.494	37	2.478	4.009
1860-1864				521	521
1865-1869		146		1.014	1.160
1870-1874	5	244		1.026	1.275
1875-1879	3.406	1.416	300	4.933	10.055
1880-1884	7.287	4.127	695	3.732	15.841
1885-1889	137.367	18.486	4.843	6.968	167.664
1890-1894	210.910	30.752	42.316	20.908	304.877
1895-1899	219.333	28.259	44.678	11.305	303.575

Fonte: IBGE Séries Estatísticas Retrospectivas, vol. 3, 1987, pág. 17, citado por Almeida (2001) p. 371.

Tabela 45. Entrada de imigrantes pelo Porto de Santos em números absolutos e gastos com educação em São Paulo, 1855-1920

Períodos	Entrada de Imigrantes	Gastos médios em educação (% das despesas totais)
1855-65	4.525	15
1866-76	7.026	15
1877-87	69.863	15
1888-98	717.794	8,5
1899-09	417.132	14
1910-20	474.306	14,5

Fonte: Relatório da Secretaria da Agricultura, Comércio e Obras Públicas de 1920 para os dados sobre Imigração; Relatórios de presidente de Província de São Paulo e Relatórios Anuais da Inspetoria da Instrução Pública da província de São Paulo para os dados sobre despesas com educação até 1888 e; Love, J. (1982), para os dados sobre despesas com educação após 1888.

Os dados sobre imigração e gastos com educação, portanto, não autorizam o estabelecimento de uma relação positiva entre o aumento da chegada (e presença) de imigrantes e o aumento dos gastos em educação relativamente às despesas totais.

Sendo assim, outra maneira de entender o comportamento dos estados em relação aos gastos públicos em educação é olhar para o comportamento que tinham ainda quando províncias, durante o Império brasileiro. Ao fazer isso, uma das conclusões sobre o comportamento relacionado aos investimentos em instrução pública é a instabilidade no padrão dos gastos, principalmente para o caso pernambucano. Isso porque, como veremos, se houve – e de fato houve – um aumento do esforço da província no que tange aos gastos com instrução nas duas últimas décadas do Império, este esforço não teve continuidade após a Proclamação da República. Em outras palavras, o *catching up* pernambucano ficou restrito ao período final do Império, não se reproduzindo por um prazo maior. Ao contrário, o caso pernambucano mostra que durante a Primeira República, os gastos em educação ocuparam o mesmo lugar que ocupavam durante a década de 1850 e 1860.

Ou seja, ampliando o prazo e respeitando o grau de autonomia das províncias/estados (no Império menor que na República), percebe-se que, afora um breve período, Pernambuco sempre gastou menos em instrução do que São Paulo e Rio Grande do Sul, assim como tratou a educação como sendo hierarquicamente inferior aos outros setores sob sua responsabilidade. Independentemente de ser mais rica, mais pobre, ter maior autonomia ou menor.

Percebe-se também que o patamar do investimento em relação à despesa e à receita geral e em relação aos outros gastos variava demais ainda no século XIX, o que se confirma no início do século XX. Esta característica pode ter sido o modo como a região lidou com o tema, ampliando a conclusão para outros itens, como, por exemplo, a legislação educacional. Em 1884, o inspetor geral da Instrução pública de Pernambuco, Sr. João Barbalho Uchoa Cavalcanti, escreveu em seu relatório anual:

> Esta inconstância da legislação do ensino tem trazido os maiores inconvenientes. Não há quem desconheça que não se pode administrar bem um ramo de serviço qualquer sem uma norma certa e estável. (...) Reformas se fizeram, em 1827, em 1847, em 1855, em 1864, em 1874, 1875, em 1879, em 1881 (quanto à escola normal) e por último veio a lei nº 1766 de 21 de julho de 1883, a que parece ter presidido o sensato pensamento de estacionar-se um pouco nesse singular e estéril trabalho de refazer o que já antes se fizera, para, entretanto, conservar-se o mesmo, senão ficar pior o estado das coisas.

Essa instabilidade e, mais grave, esse retorno aos níveis observados em meados do século XIX no plano dos investimentos públicos em instrução pode se revelar a grande diferença entre as províncias aqui contempladas.

Nota-se que a variação nos gastos em instrução pública primária na província pernambucana tem como ponto mais alto as décadas de 1870 e 80, quando o investimento era de aproximadamente 15% das despesas gerais. Antes e depois de 1870/80, o nível de investimento é de aproximadamente 4%. Mais sintomático ainda é que a queda mais agressiva é percebida em 1890, no início do período republicano. Ou seja, a variação, após uma nítida mudança de prioridades durante a década de 1870/80, é para baixo, notadamente após a Proclamação da República, período no qual a autonomia das regiões (estados, antigas províncias) ficou maior, dado o modelo federalista adotado. O nível de aproximadamente 4% da despesa geral voltado à instrução se manteve em Pernambuco por mais quatro décadas, até às vésperas de 1930.

Já no caso paulista, a variação nos gastos com instrução pública primária em relação às despesas gerais é menor e o nível do dispêndio se mantém em entre 9 e 16,5% por todo o período de oito décadas, entre 1850 e 1930. O Rio Grande do Sul, por seu turno, manteve os gastos em instrução primária entre os dois maiores do estado, assim como fez durante o período monárquico. (Ver Anexo E, tabelas 1, 2 e 3)

Vejamos alguns dados sobre investimentos em educação nas províncias, depois estados, entre 1850 e 1930.

Gráfico 5. Gastos com Instrução Pública em relação às despesas gerais de Pernambuco, São Paulo e Rio Grande do Sul, 1850-1930, em %

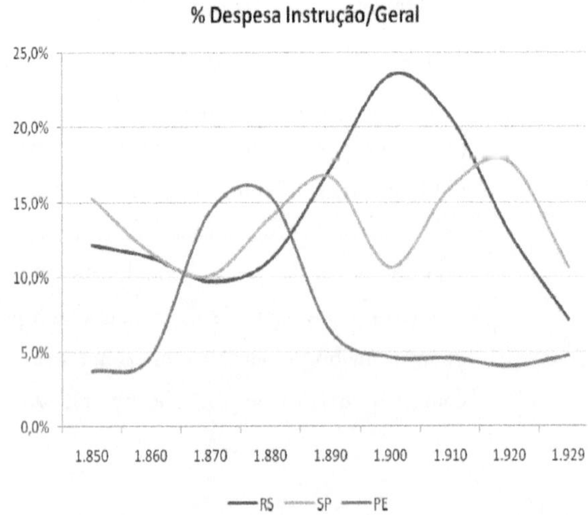

Os dados mostram uma razoável estabilidade dos gastos em educação em São Paulo e uma variação ampla no Rio Grande do Sul; ainda maior do que em Pernambuco. Porém, mesmo com tamanha variação, o Rio Grande do Sul – assim como São Paulo – reservava fatias muito maiores de seus gastos para a instrução do que Pernambuco.

Nota-se também uma abrupta queda dos gastos em instrução primária no Rio Grande do Sul durante a década de 1920. Tal queda reflete a ampliação das despesas com serviços de empréstimos obtidos pelo estado quando, em 1920, assumiu despesas que até então estavam sob a responsabilidade do governo central. Tais despesas referiam-se às obras e manutenção da viação férrea, do porto e da barra de Rio Grande. As despesas com essas novas obrigações assumidas em 1920 não estão contempladas pelas despesas ordinárias, porém, os serviços dos empréstimos feitos a viabilização destas novas responsabilidades, sim. Dessa forma, todas as principais despesas ordinárias do estado tiveram uma diminuição de sua participação nas despesas gerais, assim como mostra a tabela 54.[57]

Vale ressaltar que os números apresentados referem-se à instrução pública primária e não contempla, portanto, os gastos com educação secundária e superior, assim como com as escolas de formação de professores, as chamadas escolas normais, e nem as escolas particulares.

Outra conclusão retirada dos dados é que, não obstante Pernambuco ter despendido uma fatia maior de recursos para a instrução pública em alguns momentos do século XIX, a partir de 1890 retornou aos níveis percentuais de gastos que tinha em meados do século XIX, assim mantendo até 1930. Já São Paulo e Rio Grande do Sul mantiveram níveis mais altos de investimentos – o primeiro mantendo aproximadamente o mesmo nível percentual de gasto, e o segundo ampliando significativamente – desde meados do século XIX até o término do período aqui contemplado, às vésperas da revolução de 1930. A comparação também mostra que o comportamento dos gastos com instrução independeu da situação econômica de cada uma delas, ou seja, tanto no período em que eram relativamente mais ricas ou mais pobres, Pernambuco, São Paulo e Rio Grande do Sul gastaram proporcionalmente e aproximadamente as mesmas quantias. Os números referentes às escolas e matrículas confirmam o resultado dos baixos investimentos pernambucanos se comparados aos paulistas e rio-grandenses.

57 Essas informações estão na mensagem do presidente do estado do Rio Grande do Sul, ano de 1927.

Tabela 46. Número de escolas e de alunos matriculados em escolas públicas primárias estaduais, São Paulo, 1895 - 1929

Ano	Nº de escolas	Nº de alunos
1895	819	24.329
1900	579	30.831
1905	933	50.112
1910	1309	99.203
1915	1584	162.870
1920	1830	193.871
1925	1842	275.073
1929	3310	388.418

Fonte: Anuários da Instrução Pública do Estado de São Paulo, anos selecionados.

Tabela 47. Número de escolas e de alunos matriculados em escolas públicas primárias estaduais, Pernambuco, 1891 - 1929

Ano	Nº de escolas	Nº de alunos
1891	709	27.688
1900	579	30.831
1905	933	50.112
1909	174	XXXX
1917	XXXX	43.388
1923	989	51.864
1929	XXXX	40.420

Fonte: Anuários da Instrução Pública do Estado de Pernambuco, anos selecionados, exceto para os anos de 1909 e 1929, para os quais foram usados as mensagens do presidente do estado, respectivamente.

Em 1893, houve uma maior municipalização do ensino em Pernambuco. Por isso, os números que aparecem a partir deste ano são os resultados da soma entre escolas e alunos estaduais com escolas e alunos municipais, com exceção do ano de 1929, que contempla apenas os alunos em escolas estaduais. Nos outros estados também uma parte das escolas era municipal. No Rio Grande do Sul, por exemplo, em 1921 estavam matriculados 20.341 alunos em escolas municipais. Contudo, enquanto que os números relativos às matrículas e escolas de Pernambuco representam a soma dos alunos matriculados em escolas estaduais e municipais, pois assim os dados estão disponibilizados, em São Paulo e Rio Grande do Sul, os dados relativos às matrículas e números de escolas referem-se apenas à educação estadual, e, portanto, não contemplam a educação municipal. Dessa forma, as diferenças seriam ainda maiores. Por exemplo, somados os alunos matriculados em escolas municipais aos matriculados em escolas estaduais no Rio Grande do Sul, em 1921, o número total de matrículas seria de 94.557 e não de 74.216, conforme consta na tabela 48.

Tabela 48. Número de escolas e de alunos matriculados em escolas públicas primárias estaduais, Rio Grande do Sul, 1900 - 1928

Ano	Nº de escolas	Nº de alunos
1900	872	31.000*
1905	990	42.635
1910	1281	53.969
1915	1159	74.850*
1921	1736	74.216
1925	1772	95.133
1928	1900	98.393

*Números aproximados.
Fonte: Anuários da Instrução Pública do Estado do Rio Grande do Sul, anos selecionados.

Comparando esses números sobre a evolução das escolas e das matrículas às populações estaduais, temos uma estimativa do que significa em termos percentuais da população total o atendimento da educação básica em São Paulo, Pernambuco e Rio Grande do Sul. Vejamos a população dos três estados brasileiros em anos disponíveis:

Tabela 49. População de São Paulo, Pernambuco e Rio Grande do Sul, 1872 - 1928

Ano	São Paulo	Pernambuco	Rio Grande do Sul
1872	837.554	841.539	446.962
1890	1.384.753	1.030.224	894.455
1900	2.282.789	1.178.150	1.149.070
1912	3.700.750	1.649.623	1.682.736
1920	4.592.188	2.154.835	2.182.713
1928	5.606.618	2.557.285	2.619.566

Fonte: Séries Estatísticas IBGE.

Em 1920, 82% da população de Pernambuco era analfabeta. Em São Paulo, no mesmo ano, este índice era de 70% e no Rio Grande do Sul de 61%. Concluímos, portanto, que a estabilidade e os níveis de gastos da província/estado paulista em instrução primária, mesmo com o aumento significativo da população, manteve suas taxas de alfabetização mais altas do que Pernambuco, a região, entre as três aqui analisadas, que menos investiu em instrução primária entre os anos de 1850 e 1930. O Rio Grande do Sul, também sob efeito de um aumento significativo de sua população, apresentou desde 1850 variações nos níveis de gastos com instrução primária, mas sempre se manteve acima dos níveis pernambucanos de gastos com este serviço, com exceção das décadas de 1870 e 1880, quando a província de Pernambuco aumentou significativamente seus gastos com educação. Os resultados são inequívocos quando apontam um sucesso maior do Rio Grande do Sul em alfabetizar sua população, seguido de São Paulo, ambos à frente de Pernambuco. Se olharmos, segundo o censo de 1920, para a população em idade escolar teremos tais resultados ainda mais expressivos, indicando que em São Paulo, a população entre 07 e 14 anos alfabetizada correspondia a 28% da população total da mesma faixa etária, enquanto que em Pernambuco era de 14%. Já no Rio Grande do Sul, coerentemente com os outros dados aqui apresentados, este número chegava a 34%.

Tabela 50. População e população alfabetizada em Pernambuco, São Paulo e Rio Grande do Sul, 1920

Estados	População total entre 07 a 14 anos	População alfabetizada entre 07 e 14 anos	% da população entre 07 a 14 anos alfabetizada
Pernambuco	452.151	63.286	14
São Paulo	961.616	265.588	28
R. G. S.	470.123	161.612	34

Fonte: Censo de 1920.

Por fim, a comparação entre os gastos públicos em cada estado, assim como foi feito para o período monárquico, mostra a hierarquia entre eles, de modo a explicitar o lugar ocupado pela educação primária em Pernambuco, São Paulo e Rio Grande do Sul.

Tabela 51. Principais gastos de Pernambuco em % das despesas totais, 1896-1926

Ano	Instrução Pública	Obras	Força Pública	Judiciário*
1896	9,0	28	15	XXXX
1901	5,5	14	14	11,5
1906	4,0	6,0	19	8,0
1911	4,0	6,0	12	7,5
1916	5,0	9,0	17	5,5
1921	3,0	16	14	3,5
1926	6,0	25	21	3,5

Fonte: Relatório Anual do Ensino do Estado de Pernambuco, 1923, sob a responsabilidade do Diretor da Instrução Pública, Sr. Aníbal Gonçalves Fernandes. Leis e Decretos do Congresso Legislativo do Estado de Pernambuco. *Os gastos com o Judiciário são na verdade os gastos com os salários dos funcionários do Judiciário estadual. Para o ano de 1926 apenas os salários de Juízes, Desembargadores e Promotores.

Os dados mostram que em nenhum dos trinta e quatro anos apresentados, os gastos com instrução pública em Pernambuco foi o maior entre os principais gastos do estado. Entre todos os anos cujos dados disponíveis contemplam as quatro maiores despesas (23 em 34), a despesa com instrução só foi maior do que a despesa com o Judiciário em três anos (1922, 1925 e 1926) e iguais em mais dois (1923 e 1924). A comparação entre as despesas com instrução e os dois maiores gastos em Pernambuco revela ainda que em apenas um ano, 1904, o estado gastou um percentual maior com educação do que em obras públicas. Em nenhum ano a despesa com educação foi a maior, assim como também não foi a segunda maior. Ou seja, exceto em poucos anos que foi ligeiramente maior do que os gastos com o Judiciário e apenas um ano que foi maior do que os gastos com obras públicas, a instrução foi o setor público que menos recebeu recursos entre os quatro maiores gastos ordinários do estado pernambucano. (Anexo F, tabela 1)

Além disso, as diferenças entre os percentuais das despesas totais voltadas à instrução e aos outros setores destacados (Obras Públicas, Força Pública e Judiciário) são significativas: a maior fatia destinada à educação foi de 9,0% em 1896. Em todos os outros anos, os gastos com educação variaram entre 3,0 e 6,5%. Já os gastos com Obras Públicas foram, em vinte dos trinta e quatro anos apresentados, maiores ou iguais do que 10% das despesas totais, chegando a 28, 23, 25 e 20% em 1896, 1897, 1926 e 1929, respectivamente. Já as despesas em Força Pública foram efetivadas de modo que em apenas cinco dos trinta e quatro anos apresentados fossem menores do que 10% dos gastos totais. Mesmo assim, recebeu 8% das despesas ordinárias do estado em 1904 e 9,0% em 1905, 1909 e 1917. Em relação ao Judiciário, dos vinte e três anos cujos dados estão disponíveis, nos três que recebeu parcelas menores dos que as despesas com instrução, foi destino de 5,5 % dos gastos totais do estado ante 6,5 % despendido com educação em 1922; 4,5 ante 5,0% em 1925; e 3,5 ante 6,0% em 1926. Diferenças, portanto, muito pequenas sobre valores percentuais também muito baixos. Uma comparação entre os gastos absolutos em salários de funcionários do Judiciário e os gastos totais com instrução primária em Pernambuco revela que os custos com pessoal do Judiciário foram maiores do que todo o gasto com instrução primária no período, assim como que os gastos com salários de juízes, promotores e desembargadores no estado somavam valores muito próximos do que os gastos totais com instrução primária:

Tabela 52. Gastos com Instrução Primária e com salários dos funcionários do Judiciário em Pernambuco, 1904 – 1926

Ano	Despesas com Instrução Primária	Despesas com Funcionários do Judiciário
1904	486:665$000	799:150$000
1909	491:020$660	809:079$130
1914	596:013$040	808:312$500
1919	763:045$060	1.050:715$000
1924	1.723:101$728	1.607:412$000
1925	1.805:143$080	1.680:950$000
1926	2.436:493$680	1.425:948$680*

Fonte: Leis e Decretos Legislativos do Estado de Pernambuco, anos selecionados.
*Valores referentes apenas à soma dos salários de juízes, promotores e desembargadores.

Tabela 53. Principais gastos de São Paulo em % das despesas totais, 1896-1926

Ano	Instrução Pública	Força Pública e Polícia	Obras e Ferrovias
1896	9,5	13	34,5
1901	13,5	18	15
1906	12	13	33
1911	15	12	20
1916	21	16	9
1921	14,5	12	26
1926	10	10	42

Fonte: Love, Joseph. (1982). Anexos.

A mesma comparação em relação à hierarquia dos gastos paulistas mostra que em apenas três anos (1896, 1897 e 1927), dos trinta e quatro anos disponibilizados, as despesas com educação foram menores que 10% das despesas totais. Além disso, que os gastos com educação foram os maiores do estado em nove (1910; nos anos entre 1912 e 1918, incluindo o primeiro e o último, e em 1925) dos trinta e três passíveis de serem comparados com os gastos em Força Pública e Polícia, e com os gastos com Obras Públicas e Ferrovias. Em outros dezessete anos, os gastos com instrução pública ocuparam o segundo posto entre as despesas ordinárias do estado (1899 e 1900; 1902, 1903 e 1904; 1909 e 1911; o período entre 1919 e 1924, incluído o primeiro e o último; e entre 1926 e 1929, incluindo o primeiro e o último ano). Em apenas sete anos, os gastos com instrução foram menores que os gastos em Força Pública e Polícia e em Obras Públicas e Ferrovias (1896; 1898; 1901; entre 1905 e 1908, incluindo o primeiro e o último ano. Anexo F, tabela 2).

Já para o caso rio-grandense, pode-se ver que os gastos com instrução pública foi o maior entre todas as despesas ordinárias em dezesseis dos trinta e quatro anos disponibilizados (entre 1900 e 1914, incluindo o primeiro e o último ano; e em 1926); e o segundo maior nos outros dezoito anos. Em apenas sete anos, as despesas com instrução estiveram abaixo dos 10% das despesas totais do estado, todos eles entre 1923 e 1929. Por outro lado, em onze anos a parte do orçamento despendida com instrução pública esteve acima de 20% das despesas totais (entre 1900 e 1911, com a exceção do ano de 1907); enquanto que em apenas cinco anos a educação recebeu entre 10 e 15% das despesas totais (1896, 1897, 1920, 1921 e 1922. Anexo F, tabela 3).

Tabela 54. Principais gastos do Rio Grande do Sul em % das despesas totais, 1896-1926

Ano	Instrução Pública	Brigada Militar	Judiciário
1896	14	20	8,5
1901	20	19	9,0
1906	21,5	15,5	9,0
1911	20,5	16,5	11
1916	17,5	17,5	11
1921	11	14	7,5
1926	5,0	4,5	2,0

Fonte: Corsetti, Berenice (1988), p. 261

Portanto, se é possível falar que o comportamento dos gastos pernambucanos em educação, tanto em relação às receitas e despesas totais, como em relação aos gastos com outros serviços públicos, pouco mudou na passagem da Monarquia para a República, o mesmo pode ser dito para São Paulo e Rio Grande doSul. Nestes casos, não só mantiveram proporcionalmente aos seus orçamentos gastos mais elevados com educação, como, no caso rio-grandense, manteve a importância relativa dedicada à questão educacional, preservando-a como a recebedora das maiores despesas do estado, do mesmo modo que já ocorria durante a Monarquia.

Sendo assim, os resultados educacionais, medidos tanto pelo alcance da oferta escolar em termos de alunos matriculados e em relação às matrículas de crianças em idade escolar, quanto pelo número de escolas e pelas taxas de alfabetização da população do Rio Grande do Sul esteve ligado ao comportamento da região em relação aos gastos com educação.

No caso paulista, é evidente a ampliação do gasto *per capita* com educação após o aumento da autonomia garantido pelo federalismo: ampliação dos gastos absolutos, acompanhando o crescimento da riqueza amparada na produção e exportação de café. Contudo, mesmo antes do 'boom do café' ou, no mínimo, antes de ter tamanha riqueza, São Paulo comportou-se em relação aos gastos com educação de modo muito próximo do que o fez após a Proclamação da República; ao menos no que respeita a parcela de seu orçamento dedicada à educação primária e o lugar que ocupava a instrução pública entre todas as responsabilidades provinciais e estaduais. O crescimento da riqueza paulista fez com que a educação no estado alcançasse números superiores à quase todas as regiões brasileiras, mas proporcionalmente, São Paulo, enriquecido pelo café e povoado por imigrantes, gastou a mesma coisa com instrução pública que gastava antes da bonança.

Por fim, Pernambuco, que após um crescimento dos gastos proporcionais com instrução durante aproximadamente quinze anos entre 1860 e 1880, manteve seus orçamentos dedicados à educação sempre em níveis mais baixos do que as outras duas regiões aqui apresentadas. A parcela do orçamento dedicada à educação em Pernambuco do início do século XX era a mesma de meados do século XIX.

Conclusão

A construção de sistemas públicos de educação primária e a expansão de tais sistemas de modo que fossem universalizados ou, ao menos, incluíssem progressivamente a maior parte da população, foi tema de intenso debate e de inúmeras experiências em países ocidentais durante o século XIX. O debate, recorrente tanto na literatura quanto no ambiente político, atribuía à instrução primária duas das mais relevantes funções entre aquelas vistas como capitais para a criação e consolidação dos Estados Nacionais. A educação básica seria, então, responsável pela formação de cidadãos que pudessem, acima de suas particularidades sociais e preferências ideológicas e religiosas, participar de uma ordem cujas regras maiores estariam na lei e na capacidade de cumprimento da lei por parte tanto do aparato estatal, quanto pela própria obediência às leis por parte dos indivíduos. Além disso, seria também fundamental na formação da mão de obra, cuja qualificação cada vez maior era imprescindível para um ambiente econômico caracterizado pela expansão da tecnologia e do modelo industrial que então se consolidava. Desta forma, a educação primária e universal transformou-se em requisito tanto político, como cívico, social e econômico à formação e funcionamento dos Estados Nacionais no século XIX. Por isso, foi progressivamente sendo incluída na lista de serviços oferecidos e mantidos pelo Estado, tornando-se item obrigatório nos orçamentos públicos de países diversos, entre eles Alemanha, Inglaterra, EUA, Chile, Argentina e Brasil. A educação primária passou a ser, portanto, um direito da população e uma obrigação do Estado.

Entretanto, mesmo com o debate e as experiências relacionadas à criação, manutenção e ampliação de sistemas de educação primária sendo conhecidos e reconhecidos como fundamentais para o desenvolvimento dos países, nem todos eles obtiveram resultados semelhantes quando comparados em suas capacidades de incluir parcelas cada vez maiores de suas populações no ambiente educacional, ou seja, quanto de sua população cada país conseguiu colocar nos bancos escolares e, consequentemente, quanto de expansão da escolaridade básica e de sua melhor representação, a alfabetização, são dados que se mostram muito diversos. O alcance da escolarização em países europeus como Alemanha, Suécia, EUA e Canadá, se comparado com países latino-americanos, como Brasil, Colômbia, e mesmo Argentina e Chile, foram significativamente superiores, sendo que em muitos, entre os primeiros, os níveis de alfabetização chegavam a percentuais próximos a 90% da população na virada do século XIX para o XX.

Essas discrepâncias nos resultados educacionais obtidos entre os países possibilitam, então, que algumas comparações sejam feitas a fim de apontar quais as diferenças na trajetória destes países e, principalmente, como o modo com que trataram a questão educacional pode ajudar a explicar tal diversidade. Assim, pode-se identificar os motivos pelos quais alguns obtiveram resultados melhores do que outros. E, entre os itens passíveis de serem comparados, até pelo fato de a instrução básica ter se tornado no século XIX um direito oferecido pelo Estado, está a questão do financiamento e do tratamento orçamentário que a educação recebeu.

Neste caso, a particularidade brasileira relativa ao financiamento da educação cruza-se com o debate sobre a organização política e administrativa que caracterizou o período monárquico, já que a responsabilidade sobre a instrução básica recaiu, desde a outorga da Constituição de 1824, às províncias. Este debate, dominante no país principalmente durante a década de 1830, apresentava, por um lado, aqueles que defendiam uma maior centralização do poder em mãos do governo Imperial, de modo a garantir à Monarquia a estrutura e o controle necessários à manutenção daquilo que era visto como seus dois maiores pilares, a unidade territorial e a escravidão. Do outro lado, estavam os que defendiam um arranjo político que, não obstante a garantia de uma centralização que desse ao Império a capacidade de manutenção de seus alegados pilares, pudesse também dar às províncias uma relativa autonomia que lhes garantisse capacidade de cumprir seus compromissos e responsabilidades.

Contudo, as experiências descentralizadoras vivenciadas pelo país após a aprovação do Ato Adicional de 1834, nitidamente voltado à ampliação da autonomia provincial, mostraram-se temerosas em relação à manutenção da unidade territorial e, por isso, o processo de ampliação da descentralização em favor das províncias teria sido radicalmente abandonado em nome do 'regresso' conservador, movimento político que teria definido o modelo altamente centralizado do Império brasileiro e se mantido durante todo o período monárquico. Assim, os itens deixados sob a responsabilidade provincial teriam sido sacrificados, já que às províncias pouco sobrou de capacidade e autonomia para cumprir seus compromissos.

Esta conclusão é amplamente aceita pela historiografia brasileira que, a partir dela, enxerga uma série de questões relacionadas ao (sub) desenvolvimento brasileiro e algumas de suas características como sendo derivadas da organização imperial marcada por tamanha centralização. Entre as mais agudas conclusões está aquela que, ao considerar como irrelevante a autonomia provincial e, ao contrário, tratar a organização política e administrativa brasileira do século XIX apenas pelo viés da excessiva centralização, enxerga na relação desigual entre o governo central e as províncias os motivos das dificuldades apresentadas pelas regiões brasileiras em suas trajetórias de desenvolvimento. Em outras palavras, as regiões seriam tão exploradas pelo governo Imperial por meio da extração de suas riquezas, que a responsabilidade sobre o baixo desenvolvimento apresentado pelas províncias durante o século XIX seria exclusiva desta situação e, portanto, do governo central. Além disso, e também por isso, as regiões que apresentaram melhores resultados no que respeita ao desenvolvimento econômico teriam sido aquelas que, na distribuição dos recursos pelo governo central, foram beneficiadas por parcelas além dos valores com os quais contribuíam. Ou seja, dada a reduzida autonomia das províncias e sua inerente falta de recursos para cumprir seus compromissos e investimentos, a situação de penúria vivida por elas era diretamente originada na centralização excessiva dos recursos do país em mãos do Império, assim como as diferentes trajetórias apresentadas pelas províncias e a desigualdade entre elas seriam, também, frutos dessa centralização e da maneira como o governo monárquico distribuía seus recursos pelo país, privilegiando algumas províncias e regiões em detrimento de outras.

Por outro lado, a hipótese da excessiva centralização imperial ganhou nas duas últimas décadas uma série de críticas, principalmente relacionadas à suposta incapacidade das províncias em manter seus compromissos e alguma autonomia de investimento que as tenha tornado pouco responsáveis por suas respectivas trajetórias históricas. Estas críticas apontam que, ao contrário, a centralização imperial, mesmo que tenha garantido ao governo monárquico a melhor e maior parte dos recursos do país, não era suficiente para que as províncias não mantivessem uma relativa autonomia capaz de garantir-lhes alguma capacidade de investimentos e cumprimento de suas responsabilidades. Além disso, mesmo sendo relativamente pequena, esta autonomia era suficientemente larga para que possamos atribuir às próprias províncias algumas decisões que foram relevantes para o modo que se desenvolveram durante o século XIX. Sob essa perspectiva, é então possível e pertinente comparar alguns comportamentos provinciais, apontando algumas diferenças por elas apresentadas em relação ao tratamento dos itens que estavam sob suas responsabilidades.

Nesse caso, o tratamento dispensado pelas províncias à questão educacional é revelador, por ser ela um dos itens sob responsabilidade provincial e, principalmente, por ser vista já durante o século XIX como um dos mais importantes elementos do desenvolvimento social e econômico dos países. Este reconhecimento da importância da educação e o conhecimento sobre as experiências internacionais eram constantemente anunciados por homens públicos do Brasil do século XIX, assim como por representantes da burocracia estatal em seus níveis nacional e provincial. Estas manifestações revelavam um profundo conhecimento por parte dos homens públicos e burocratas do país sobre os modelos educacionais implantados em países europeus e nos EUA, inclusive em detalhes relacionados ao padrão de financiamento, organização administrativa, formação de professores, material didático e mesmo métodos pedagógicos e currículo escolar. Sendo assim, as províncias aparentavam ter plena consciência de que um dos setores que estavam sob sua responsabilidade era fundamental ao desenvolvimento social e econômico, de acordo com debate dominante da época. Por isso mesmo, a comparação entre as maneiras diferentes de como as províncias trataram a questão educacional durante o século XIX é não só um modo de entender como usaram a relativa autonomia que tinham e mantiveram durante todo o período monárquico, como também, e principalmente, como trataram um dos mais importantes - e reconhecidos como tal - itens relacionados ao desenvolvimento social e econômico.

Os resultados educacionais brasileiros, tais como alcance da oferta de escolas de educação primária e taxas de alfabetização, no plano geral apresentaram, como de regra na América Latina, números muito baixos se comparados aos países europeus e mesmo aos EUA e Canadá. Contudo, se vistos internamente e comparados entre as províncias, apresentaram resultados muito diversos. As três províncias aqui comparadas – Pernambuco, São Paulo e Rio Grande do Sul – comportaram-se de modo muito distinto se vistas por meio das parcelas de seus orçamentos que destinaram à instrução primária, assim como pelos números e alcance da oferta de escolas, números de matrículas e taxas de alfabetização. Pernambuco manteve seu gasto com instrução primária em níveis mais baixos do que São Paulo e Rio Grande do Sul, com exceção de um período de quinze anos entre 1870 e 1885. Durante o período entre 1850 e 1889, os gastos com educação na província pernambucana estiveram em torno de 5% de suas despesas totais, exceto nos anos indicados, apontando para uma oscilação momentânea que a colocou nos patamares de gastos com educação das outras províncias. Além disso, em Pernambuco os gastos com educação, novamente respeitando a exceção do período destacado, nunca foram os maiores da província: oscilaram entre a terceira e a quinta maior despesa. Já no caso paulista, os gastos com educação mantiveram-se por quase todos os anos, entre 1850 e 1889, acima dos 10% de suas despesas totais e, em muitos anos, acima dos 15%; assim como oscilou entre os três maiores gastos da província, sendo muitas vezes a segunda maior despesa. O caso rio-grandense é ainda mais exemplar, já que percentualmente manteve durante todo o período gastos acima dos 15% de suas despesas totais, com pequenas exceções, e assim como em quase todos os anos entre 1850 e 1889 os gastos com instrução foram os maiores entre todas as despesas da província.

Os resultados relacionados aos números de escolas e números de matrículas confirmam as diferenças nos gastos, já que, independentemente de seus orçamentos totais serem maiores ou menores que os pernambucanos, São Paulo e Rio Grande do Sul sempre apresentaram números maiores, com exceção, novamente, do período final da Monarquia quando Pernambuco ampliou significativamente, mas temporariamente, seus recursos voltados à educação. Ou seja, durante a Monarquia, as parcelas dos recursos públicos destinados pelas províncias à educação primária não estiveram relacionadas ao total de recursos que cada província tinha e nem com o fato de estarem relativamente mais ricas ou mais pobres.

Mesmo após a ascensão da República e do federalismo, em 1889 e 1891 respectivamente, o comportamento das três províncias pouco mudou em relação ao tratamento que dedicaram à questão educacional; ao menos se considerados os padrões dos gastos. Pernambuco, após elevar significativamente os recursos destinados à instrução básica no final do Império, retornou aos níveis de meados do século XIX, destinando aproximadamente 5% de suas despesas gerais à educação até 1930. Isso fazia com que, na hierarquia das despesas do estado, aquelas destinadas à educação ocupassem posições sempre abaixo de ao menos três setores públicos, como força policial, Judiciário e obras. Já São Paulo, enriquecido com a ascensão da economia cafeeira e privilegiado pela distribuição de poder que foi alargada pela adoção do federalismo, manteve os gastos com educação em níveis próximos àqueles do período monárquico, ou seja, na maior parte dos anos, acima dos 15%. Também manteve os gastos com instrução entre os três maiores do estado e, em muitos anos, como o segundo maior. Já o Rio Grande do Sul manteve suas despesas com educação básica em níveis acima dos 15% na maior parte dos anos, com alguns anos acima de 20% de seus gastos totais, e sempre entre os dois maiores gastos, com muitos anos sendo a despesa com educação a maior do estado.

Ou seja, a República e o federalismo não alteraram o comportamento das regiões em relação à educação, mesmo que a riqueza paulista tenha dado a São Paulo a possibilidade de ampliar o gasto *per capita* com educação e operar as transformações qualitativas e administrativas que ampliaram a oferta educacional no estado. Assim como a maior presença de imigrantes em São Paulo e no Rio Grande do Sul não foi suficiente para, em relação ao padrão dos gastos orçamentários, transformar significativamente o comportamento voltado à instrução básica das regiões.

Assim, um dos itens mais importantes para o desenvolvimento econômico de um país, a educação primária, reconhecida como tal e vista em inúmeras experiências internacionais, foi tratada de maneira diferente por aqueles que eram responsáveis por ela durante o período monárquico no Brasil. Entre as três regiões aqui apresentadas,

Pernambuco, São Paulo e Rio Grande do Sul, a província sul rio-grandense manteve, do ponto de vista orçamentário, a educação como sendo o grande destaque de sua administração pública regional. As despesas com instrução básica no Rio Grande do Sul mantiveram-se, proporcionalmente às despesas totais e relativamente às outras despesas ordinárias - como força policial e obras públicas - como destaques positivos. Em São Paulo, mesmo que proporcionalmente menores e relativamente com menor importância, as despesas com educação básica também mantiveram-se em níveis superiores se comparados àquelas determinadas por Pernambuco. Os números relativos à alfabetização indicam os resultados dessa diferença: segundo o Censo de 1920, o percentual da população entre 07 e 14 anos alfabetizada nas escolas sul rio-grandenses era de 34%, em São Paulo de 28% e em Pernambuco de apenas 14%.

Mesmo com as mudanças promovidas pela proclamação da República em 1889 e pela adoção oficial do federalismo em 1891, o comportamento dos estados em relação aos gastos proporcionais e a posição das despesas com educação na hierarquia dos gastos estaduais seguiu o padrão definido ainda no período monárquico. Sendo assim, não obstante a autonomia provincial durante a Monarquia ter sido pequena, ela foi suficiente para que possamos comparar o comportamento das províncias principalmente naquilo que não só estava sob a responsabilidade delas, mas que era reconhecido e amplamente divulgado como sendo um item fundamental ao desenvolvimento econômico, ou seja, a educação básica.

Certamente, os números relativos à educação no Brasil são e foram mais frágeis que os vistos em países desenvolvidos, como EUA, Canadá e Alemanha. Contudo, esses números também são muito diferentes se vistos entre regiões brasileiras. As origens dessas diferenças, que acompanham as desigualdades econômicas e sociais entre as regiões podem ser vistas ainda no século XIX, assim como são atribuídas, parcialmente, à centralização do Império e a má distribuição dos recursos e investimentos do governo central. Porém, a análise do comportamento regional, aqui vista a partir das experiências históricas de Pernambuco, São Paulo e Rio Grande do Sul, indica que as origens destas diferenças podem estar associadas não só à desigual e injusta distribuição dos recursos pelo governo central, em geral questionável; mas, sim à como cada região usou a autonomia que teve durante sua trajetória histórica em favor de seu desenvolvimento. No caso da educação básica, item do serviço público que sempre esteve sob a responsabilidade dos governos subnacionais (províncias e, depois, estados), as regiões aqui analisadas trataram-na de maneira muito diferente.

E, essa diferença pode ser vista como fundamental para o entendimento das desiguais trajetórias das regiões brasileiras; não só por certa literatura produzida após a segunda metade do século XX, que associa a ampliação quantitativa e qualitativa da educação de um país e/ou de uma região com seu desenvolvimento econômico (e, por isso, busca na História comprovar tal relação); mas, principalmente, pela consciência da relevância da educação básica e pelo reconhecimento da relação positiva entre educação e desenvolvimento econômico por homens públicos do século XIX e do início do século XX.

Anexos

Anexo A

Tabela 1: Receitas e despesas da província de Pernambuco, 1850-1889

Ano	Receitas (R)	Despesas (D)	Razão (R/D)
1850	1.076:200$289	1.066:577$807	1,0
1851	936:407$123	792:439$130	1,2
1852	1.031:208$926	803:548$211	1,2
1853	1.076:058$079	998:954$327	1,1
1854	1.093:004$104	1.061:503$735	1,0
1855	1.147:059$595	1.070:555$704	1,1
1856	1.455:366$665	1.258:366$665	1,1
1857	1.582:273$624	1.532:403$687	1,0
1858	1.440:286$038	1.434:788$923	1,0
1859	1.485:436$724	1.472:910$919	1,0
1860	1.673:880$379	1.665:998$986	1,0
1861	1.489:684$128	1.486:920$993	1,0
1862	1.307:966$793	1.280:522$412	1,0
1863	1.483:849$033	1.482:992$403	1,0
1864	1.720:534$880	1.687:501$847	1,0
1865	1.831:731$180	1.716:681$413	1,0
1866	1.784:426$919	2.156:801$447	0,8
1867	1.895:490$307	1.894:811$900	1,0
1868	1.865:022$276	1.839:304$317	1,0
1869	2.048:922$926	2.068:662$709	1,0
1870	1.928:745$172	2.048:213$913	0,9
1871	2.306:957$181	2.048:213$913	0,6
1872	2.457:052$375	3.361:546$996	0,7
1873	2.046:757$270	3.565:337$665	0,6
1874	2.430:433$000	3.410:442$221	0,7
1875	2.388:262$533	3.269:128$922	0,7
1876	2.425:219$261	3.378:450$659	0,7
1877	3.678:920$155	3.631:667$175	1,0
1878	2.723:432$563	3.102:021$024	0,9
1879	2.881:299$413	3.025:179$864	0,9
1880	3.647:473$607	3.289:923$936	1,1
1881	3.207:622$007	3.493:639$010	0,9
1882	3.207:622$007	3.143:588$832	0,7
1883	3.096:358$762	3.096:155$948	1,0
1884	3.437:481$329	3.433:611$458	1,0
1885	2.445:252$632	3.462:436$668	0,7
1886	2.828:993$902	2.826:725$827	1,0
1887	4.160:886$753	3.020:688$231	1,0
1888	3.024:278$623	3.437:481$329	0,9
1889	3.362:294$770	XXXXX	XXXXX

Fonte: Livros da Tesouraria da província de Pernambuco.

Tabela 2: Receitas e despesas da província de São Paulo, 1850-1889

Ano	Receitas (R)	Despesas (D)	Razão (R/D)
1850	378:621$000	420:562$194	0,9
1851	349:420$000	384:770$000	0,9
1852	354:122$000	397:730$000	0,9
1853	480:184$000	205:206$000	2,3
1854	357:600$000*	XXXX	XXXX
1855	841:267$441	853:664$306	1,0
1856	1.014:026$685	852:481$656	1,2
1857	991:667$121	1.087:294$081	0,9
1858	1.038:275$210	1.352:495$640	0,8
1859	1.184:991$441	1.039:637$205	1,1
1860	XXXX	XXXX	XXXX
1861	1.288:373$881	1.150:508$177	1,1
1862	1.090:365$073	1.039:310$269	1,0
1863	968:848$404	XXXX	XXXX
1864	1.205:030$055	XXXX	XXXX
1865	1.173:385$099	1.287:823$704	0,9
1866	1.205:381$908	1.074:245$481	1,1
1867	1.582:408$680	1.185:193$313	1,3
1868	1.653:761$856	1.156:753$889	1,4
1869	1.605:113$205	1.225:915$292	1,3
1870	1.420:097$635	1.579:226$061	0,9
1871	XXXX	3.636:595$553	XXXX
1872	2.110:787$000	1.870:594$491	1,1
1873	2.828:990$933	XXXX	XXXX
1874	2.475:778$745	XXXX	XXXX
1875	2.476:017$643	1.874:069$946	1,3
1876	2.079:721$661	XXXX	XXXX
1877	3.323:446$692	3.273:834$049	1,0
1878	3.761:863$811	3.758:804$471	1,0
1879	3.768:465$835	4.031:342$497	0,9
1880	3.520:594$000	3.300:898$665	1,1
1881	4.014:688$361	3.500:769$476	1,1
1882	3.695:230$130	3.789:018$973	1,0
1883	3.785:791$485	3.407:923$629	1,1
1884	3.463:928$684	3.802:109$858	0,9
1885	3.802:109$858	4.072:782$589	0,9
1886	5.700:937$620	5.461:740$189	1,0
1887	3.825:933$163	4.081:035$274	0,9
1888	6.869:159$213	XXXX	XXXX
1889	6.013:424$591	5.439:398$596	0,9

Fonte: Leis Orçamentárias da província de São Paulo, Relatórios de presidente da província de São Paulo.
*Previsão orçamentária.

Tabela 3: Receitas e despesas da província do Rio Grande do Sul, 1850-1889

Ano	Receitas (R)	Despesas (D)	Razão (R/D)
1850	439:540$000	XXXX	XXXX
1851	509:540$000	XXXX	XXXX
1852	617:960$358	578:396$049	1,1
1853	XXXX	XXXX	XXXX
1854	XXXX	XXXX	XXXX
1855	713:851$898	736:062$874	1,0
1856	837:726$768	760:857$447	1,1
1857	1.048:717$413	1.306:318$368	0,8
1858	901:134$976	1.201:146$783	0,7
1859	1.007:605$446	1.000:605$446	1,0
1860	865:828$850	843:703$753	1,0
1861	1.016:716$069	960:4324$31	1,0
1862	1.324:246$325	1.342:229$717	1,0
1863	1.287:942$188	1.285:309$635	1,0
1864	1.019:689$842	1.008:283$440	1,0
1865	1.075:399$022	1.070:628$546	1,0
1866	1.117:649$422	966:527$137	1,1
1867	1.198:964$948	1.141:527$406	1,0
1868	1.441:972$529	1.607:881$215	0,9
1869	1.514:233$388	1.742:629$208	0,9
1870	2.357:044$135	2.318:357$820	1,0
1871	2.235:508$865	2.150:573$769	1,0
1872	2.235:508$865	2.081:809$572	0,6
1873	1.782:450$979	1.770:111$403	1,0
1874	1.702:618$000	1.730:648$000	1,0
1875	2.608:165$727	2.571:445$056	1,0
1876	2.860:702$385	2.875:209$896	1,0
1877	3.771:880$121	3.752:682$529	1,0
1878	4.277:401$216	4.119:045$103	1,0
1879	3.173:930$439	3.214:059$163	1,0
1880	5.201:065$746	5.198:147$645	1,0
1881	4.935:551$131	5.110:281$397	1,0
1882	2.771:198$851	2.872:802$233	1,0
1883	2.974:395$289	2.959:969$314	1,0
1884	3.705:222$356	3.761:651$437	1,0
1885	2.901:154$467	3.048:429$774	1,0
1886	3.121:126$413	2.962:489$949	1,0
1887	2.969:740$129	2.981:812$043	1,0
1888	3.796:022$553	3.689:591$517	1,0
1889	3.694:799$165	3.730:463$294	1,0

Fonte: Livros da Contadoria da província do Rio Grande do Sul.

Anexo B

Tabela 1: Razão entre as receitas provinciais de Pernambuco e as de São Paulo, 1850-1889

Ano	Pernambuco (RPE)	São Paulo (RSP)	RPE/RSP
1850	1.076:200$289	378:621$000	2,8
1851	936:407$123	349:420$000	2,7
1852	1.031:208$926	354:122$000	2,9
1853	1.076:058$079	480:184$000	2,2
1854	1.093:004$104	357:600$000*	3,0
1855	1.147:059$595	841:267$441	1,4
1856	1.455:366$665	1.014:026$685	1,4
1857	1.582:273$624	991:667$121	1,6
1858	1.440:286$038	1.038:275$210	1,4
1859	1.485:436$724	1.184:991$441	1,2
1860	1.673:880$379	XXXX	XXXX
1861	1.489:684$128	1.288:373$881	1,1
1862	1.307:966$793	1.090:365$073	1,2
1863	1.483:849$033	968:848$404	1,5
1864	1.720:534$880	1.205:030$055	1,4
1865	1.831:731$180	1.173:385$099	1,5
1866	1.784:426$919	1.205:381$908	1,5
1867	1.895:490$307	1.582:408$680	1,2
1868	1.865:022$276	1.653:761$856	1,1
1869	2.048:922$926	1.605:113$205	1,3
1870	1.928:745$172	1.420:097$635	1,3
1871	2.306:957$181	XXXX	XXXX
1872	2.457:052$375	2.110:787$000	1,2
1873	2.046:757$270	2.828:990$933	0,7
1874	2.430:433$000	2.475:778$745	1,0
1875	2.388:262$533	2.476:017$643	1,0
1876	2.425:219$261	2.079:721$661	1,1
1877	3.678:920$155	3.323:446$692	1,1
1878	2.723:432$563	3.761:863$811	0,7
1879	2.881:299$413	3.768:465$835	0,8
1880	3.647:473$607	3.520:594$000	1,0
1881	3.207:622$007	4.014:688$361	0,8
1882	2.076:095$007	3.695:230$130	0,6
1883	3.238:842$088	3.785:791$485	0,9
1884	3.096:358$762	3.463:928$684	0,9
1885	2.445:252$632	3.802:109$858	0,6
1886	2.828:993$902	5.700:937$620	0,5
1887	4.160:886$753	3.825:933$163	1,1
1888	3.024:278$623	6.869:159$213	0,4
1889	3.362:294$770	6.013:424$591	0,6

Fonte: Leis Orçamentárias da província de São Paulo, Relatórios de presidente da província de São Paulo e Livros da Tesouraria da província de Pernambuco. *Previsão orçamentária.

Tabela 2: Razão entre as receitas provinciais de Pernambuco e as do Rio Grande do Sul, 1850-1889

Ano	Pernambuco (RPE)	R. G. do Sul (RRS)	RPE/RRS
1850	1.076:200$289	439:540$000	2,4
1851	936:407$123	509:540$000	1,8
1852	1.031:208$926	617:960$358	1,7
1853	1.076:058$079	XXXX	XXXX
1854	1.093:004$104	XXXX	XXXX
1855	1.147:059$595	713:851$898	1,6
1856	1.455:366$665	837:726$768	1,7
1857	1.582:273$624	1.048:717$413	1,5
1858	1.440:286$038	901:134$976	1,6
1859	1.485:436$724	1.007:605$446	1,5
1860	1.673:880$379	865:828$850	1,9
1861	1.489:684$128	1.016:716$069	1,4
1862	1.307:966$793	1.324:246$325	1,0
1863	1.483:849$033	1.287:942$188	1,1
1864	1.720:534$880	1.019:689$842	1,7
1865	1.831:731$180	1.075:399$022	1,7
1866	1.784:426.919	1.117:649$422	1,6
1867	1.895:490$307	1.198:964$948	1,6
1868	1.865:022$276	1.441:972$529	1,3
1869	2.048:922$926	1.514:233$388	1,3
1870	1.928:745$172	2.357:044$135	0,8
1871	2.306:957$181	2.235:508$865	1,0
1872	2.457:052$375	1.192:270$229	2,0
1873	2.046:757$270	1.782:450$979	1,1
1874	2.430:433$000	1.702:618$000	1,4
1875	2.388:262$533	2.608:165$727	0,9
1876	2.425:219$261	2.860:702$385	0,8
1877	3.678:920$155	3.771:880$121	1,0
1878	2.723:432$563	4.277:401$216	0,5
1879	2.881:299$413	3.173:930$439	0,9
1880	3.647:473$607	5.201:065$746	0,7
1881	3.207:622$007	4.935:551$131	0,6
1882	2.076:095$007	2.771:198$851	0,7
1883	3.096:358$762	2.974:395$289	1,0
1884	XXXX	3.705:222$356	XXXX
1885	2.445:252$632	2.901:154$467	0,8
1886	2.828:993$902	3.121:126$413	0,9
1887	4.160:886$753	2.969:740$129	1,4
1888	3.024:278$623	3.796:022$553	0,8
1889	3.362:294$770	3.694:799$165	0,9

Fonte: Livros da Contadoria da província do Rio Grande do Sul e da Tesouraria da província de Pernambuco.

Tabela 3: Razão entre as receitas provinciais de São Paulo e as do Rio Grande do Sul, 1850-1889

Ano	São Paulo (RSP)	R. G. do Sul (RRS)	RSP/RRS
1850	378:621$000	439:540$000	0,9
1851	349:420$000	509:540$000	0,7
1852	354:122$000	617:960$358	0,6
1853	480:184$000	XXXX	XXXX
1854	357:600$000*	XXXX	XXXX
1855	841:267$441	713:851$898	1,1
1856	1.014:026$685	837:726$768	1,2
1857	991:667$121	1.048:717$413	1,0
1858	1.038:275$210	901:134$976	1,1
1859	1.184:991$441	1.007:605$446	1,1
1860	XXXX	865:828$850	XXXX
1861	1.288:373$881	1.016:716$069	1,2
1862	1.090:365$073	1.324:246$325	0,8
1863	968:848$404	1.287:942$188	0,8
1864	1.205:030$055	1.019:689$842	1,2
1865	1.173:385$099	1.075:399$022	1,1
1866	1.205:381$908	1.117:649$422	1,0
1867	1.582:408$680	1.198:964.948	1,3
1868	1.653:761$856	1.441:972$529	1,1
1869	1.605:113$205	1.514:233$388	1,0
1870	1.420:097$635	2.357:044$135	0,6
1871	XXXX	2.235:508$865	XXXX
1872	2.110:787$000	1.192:270$229	1,8
1873	2.828:990$933	1.782:450$979	1,6
1874	2.475:778$745	1.702:618$000	1,4
1875	2.476:017$643	2.608:165$727	0,9
1876	2.079:721$661	2.860:702$385	0,7
1877	3.323:446$692	3.771:880$121	0,9
1878	3.761:863$811	4.277:401$216	0,9
1879	3.768:465$835	3.173:930$439	1,2
1880	3.520:594$000	5.201:065$746	0,7
1881	4.014:688$361	4.935:551$131	0,8
1882	3.695:230$130	2.771:198$851	1,3
1883	3.785:791$485	2.974:395$289	1,3
1884	3.463:928$684	3.705:222$356	0,9
1885	3.802:109$858	2.901:154$467	1,3
1886	5.700:937$620	3.121:126$413	1,8
1887	3.825:933$163	2.969:740$129	1,3
1888	6.869:159$213	3.796:022$553	1,8
1889	6.013:424$591	3.694:799$165	1,6

Fonte: Leis Orçamentárias da província de São Paulo, Relatórios de presidente da província de São Paulo e Livros da Contadoria da província do Rio Grande do Sul. *Previsão orçamentária.

Anexo C

Tabela1: Receitas, despesas e gastos com Instrução Primária da província de Pernambuco, 1850-1889

Ano	Receitas	Despesas	Gastos com Instrução	Gastos com Instrução sobre receita (%)	Gastos com Instrução sobre despesa (%)
1850	1.076:200$289	1.066:577$807	39:449$995	3	4
1851	936:407$123	792:439$130	37:683$330	4	5
1852	1.031:208$926	803:548$211	46:333$333	4	6
1853	1.076:058$079	998:954$327	46:743$333	4	5
1854	1.093:004$104	1.061:503$735	49:483$330	4	5
1855	1.147:059$595	1.070:555$704	84:108$330	7	8
1856	1.455:366$665	1.258:366$665	60:633$319	4	5
1857	1.582:273$624	1.532:403$687	65:545$831	4	4
1858	1.440:286$038	1.434:788$923	66:413$000	4	5
1859	1.485:436$724	1.472:910$919	73:315$499	5	5
1860	1.673:880$379	1.665:998$986	78:440$000	5	5
1861	1.489:684$128	1.486:920$993	82:137$000	5	6
1862	1.307:966$793	1.280:522$412	109:664$000	8	9
1863	1.483:849$033	1.482:992$403	161:339$748	11	11
1864	1.720:534$880	1.687:501$847	124:961$163	7	7
1865	1.831:731$180	1.716:681$413	216:600$676	12	13
1866	1.784:426$919	2.156:801$447	196:593$000	11	9
1867	1.895:490$307	1.894:811$900	228:400$000	12	12
1868	1.865:022$276	1.839:304$317	247:136$665	13	13
1869	2.048:922$926	2.068:662$709	268:880$000	13	13
1870	1.928:745$172	2.048:213$913	358:799$079	18	17
1871	2.306:957$181	3.680:070$798	310:831$000	13	8
1872	2.457:052$375	3.361:546$996	360:891$166	15	11
1873	2.046:757$270	3.565:337$665	394:309$666	19	11
1874	2.430:433$000	3.410:442$221	333:300$000	14	10
1875	2.388:262$533	3.269:128$922	XXXX	XXXX	XXXX
1876	2.425:219$261	3.378:450$659	XXXX	XXXX	XXXX
1877	3.678:920$155	3.631:667$175	XXXX	XXXX	XXXX
1878	2.723:432$563	3.102:021$024	525:193$345	19	17
1879	2.881:299$413	3.025:179$864	521:414$814	18	17
1880	3.647:473$607	3.289:923$936	605:166$935	16	18
1881	3.207:622$007	3.493:639$010	759:068$734	23	22
1882	2.076:095$007	3.143:588$832	782:776$054	37	25
1883	3.096:358$762	3.096:155$948	803:689$628	26	26
1884	3.437:481$329	3.433:611$458	XXXX	XXXX	XXXX
1885	2.445:252$632	3.462:436$668	883:725$474	36	25
1886	2.828:993$902	2.826:725$827	XXXX	XXXX	XXXX
1887	4.160:886$753	3.020:688$231	900:665$752	22	30
1888	3.024:278$623	3.437:481$329	825:436$030	27	24
1889	3.362:294$770	XXXXX	XXXXX	XXXXX	XXXXX

Fonte: Livros da Tesouraria da província de Pernambuco e relatórios anuais (Anuários) da Instrução Pública da província de Pernambuco.

Tabela 2: Receitas, despesas e gastos com Instrução Primária da província de São Paulo, 1850-1889

Ano	Receitas (R)	Despesas (D)	Gastos com Instrução Primária	Gastos com Instrução sobre receita (%)	Gastos com Instrução sobre despesa (%)
1850	378:621$000	420:562$194	68:822$658	18	16
1851	349:420$000	384:770$000	65:803$326	20	17
1852	354:122$000	397:730$000	73:119$475	21	18
1853	480:184$000	205:206$000	78:963$310	16	38
1854	357:600$000*	XXXX	83:753$310	23	XXXX
1855	841:267$441	853:664$306	117:776$620	14	14
1856	1.014:026$685	852:481$656	104:629$976	10	12
1857	991:667$121	1.087:294$081	116:699$855	12	11
1858	1.038:275$210	1.352:495$640	128:799$980	12	12
1859	1.184:991$441	1.039:637$205	138:754$000	12	13
1860	XXXX	XXXX	114:589$697	XXXX	XXXX
1861	1.288:373$881	1.150:508$177	125:117$010	10	11
1862	1.090:365$073	1.039:310$269	155:000$000	14	15
1863	968:848$404	XXXX	144:143$030	15	XXXX
1864	1.205:030$055	XXXX	177:322$000	15	XXXX
1865	1.173:385$099	1.287:823$704	172:573$530	14	13
1866	1.205:381$908	1.074:245$481	177:562$000	15	16
1867	1.582:408$680	1.185:193$313	155:531$615	10	13
1868	1.653:761$856	1.156:753$889	230:310$180	14	20
1869	1.605:113$205	1.225:915$292	162:557$903	10	13
1870	1.420:097$635	1.579:226$061	207:086$970	14	13
1871	XXXX	3.636:595$553	433:237$420	XXXX	12
1872	2.110:787$000	1.870:594$491	344:592$660	16	18
1873	2.828:990$933	XXXX	380:199$330	13	XXXX
1874	2.475:778$745	XXXX	397:979$330	16	XXXX
1875	2.476:017$643	1.874:069$946	440:045$999	18	23
1876	2.079:721$661	XXXX	433:872$650	21	XXXX
1877	3.323:446$692	3.273:834$049	XXXX	XXXX	XXXX
1878	3.761:863$811	3.758:804$471	XXXX	XXXX	XXXX
1879	3.768:465$835	4.031:342$497	XXXX	XXXX	XXXX
1880	3.520:594$000	3.300:898$665	532:816$580	15	16
1881	4.014:688$361	3.500:769$476	470:460$000	12	13
1882	3.695:230$130	3.789:018$973	400:060$000	11	11
1883	3.785:791$485	3.407:923$629	425:940$000	11	12
1884	3.463:928$604	3.802:109$858	580:500$000	17	15
1885	3.802:109$858	4.072:782$589	600:800$000	14	15
1886	5.700:937$620	5.461:740$189	803:250$040	14	15
1887	3.825:933$163	4.081:035$274	758:100$000	20	19
1888	6.869:159$213	XXXX	875:500$000	13	XXXX
1889	6.013:424$591	5.439:398$596	XXXX	XXXX	XXXX

Fonte: Leis Orçamentárias da província de São Paulo, Relatórios de presidente da província de São Paulo e relatórios anuais (Anuários) da Inspetoria da Instrução Pública da província de São Paulo. *Previsão orçamentária.

Tabela 3: Receitas, despesas e gastos com Instrução Primária da província do Rio Grande do Sul, 1850-1889

Ano	Receitas (R)	Despesas (D)	Gastos com Instrução Primária	Gastos com Instrução sobre receita (%)	Gastos com Instrução sobre despesa (%)
1850	439:540$000	XXXX	XXXX	XXXX	XXXX
1851	509:540$000	XXXX	XXXX	XXXX	XXXX
1852	617:960$358	578:396$049	XXXX	XXXX	XXXX
1853	XXXX	XXXX	XXXX	XXXX	XXXX
1854	XXXX	XXXX	XXXX	XXXX	XXXX
1855	713:851$898	736:062$874	94:103$988	13	13
1856	837:726$768	760:857$447	85:211$504	10	11
1857	1.048:717$413	1.306:318$368	101:069$982	10	8
1858	901:134$976	1.201:146$783	113:370$484	12	9
1859	1.007:605$446	1.000:605$446	117:524$776	12	12
1860	865:828$850	843:703$753	101:692$566	12	12
1861	1.016:716$069	960:4324$31	113:710$817	11	12
1862	1.324:246$325	1.342:229$717	163:959$574	12	12
1863	1.287:942$188	1.285:309$635	176:285$685	14	14
1864	1.019:689$842	1.008:283$440	179:002$785	17	17
1865	1.075:399$022	1.070:628$546	173:658$387	16	16
1866	1.117:649$422	966:527$137	174:778$372	15	18
1867	1.198:964$948	1.141:527$406	192:033$359	16	17
1868	1.441:972$529	1.607:881$215	199:615$162	14	18
1869	1.514:233$388	1.742:629$208	229:584$424	15	17
1870	2.357:044$135	2.318:357$820	235:045$489	10	10
1871	2.235:508$865	2.150:573$769	261:968$674	12	12
1872	1.192:270$229	2.081:809$572	272:811$513	23	13
1873	1.782:450$979	1.770:111$403	287:077$114	16	16
1874	1.702:618$000	1.730:648$000	275:260$000	16	16
1875	2.608:165$727	2.571:445$056	392:689$201	15	15
1876	2.860:702$385	2.875:209$896	381:986$061	13	13
1877	3.771:880$121	3.752:682$529	452:918$900	12	12
1878	4.277:401$216	4.119:045$103	488:292$230	11	12
1879	3.173:930$439	3.214:059$163	500:896$057	16	16
1880	5.201:065$746	5.198:147$645	578:723$236	11	11
1881	4.935:551$131	5.110:281$397	538:756$952	11	11
1882	2.771:198$851	5.110:281$397	504:908$597	18	18
1883	2.974:395$289	2.959:969$314	518:779$851	17	17
1884	3.705:222$356	3.761:651$437	531:071$334	14	14
1885	2.901:154$467	3.048:429$774	523:346$628	18	17
1886	3.121:126$413	2.962:489$949	527:125$427	17	18
1887	2.969:740$129	2.981:812$043	569:764$019	19	19
1888	3.796:022$553	3.689:591$517	578:512$035	19	16
1889	3.694:799$165	3.730:463$294	642:533$760	17	17

Fonte: Livros da Contadoria da província do Rio Grande do Sul e Anuários da Inspetoria Geral da Instrução Pública da província do Rio Grande do Sul.

Anexo D

Tabela 1: Principais gastos do Rio Grande do Sul, 1861-1870

Ano	Gastos com Educação Básica	Gastos com Força Policial	Gastos com Aparato Fiscal
1861	113:710$817	108:838$372	122:527$795
1862	163:959$574	123:629$679	135:649$986
1863	176:285$685	125:982$705	141:841$124
1864	179:002$785	139:449$598	135:725$654
1865	173:658$387	102:731$988	137:894$399
1866	174:778$372	136:124$542	149:432$160
1867	192:033$359	136:591$457	159:881$794
1868	199:615$162	144:558$881	165:995$226
1869	229:584$424	163:058$050	165:995$226
1870	235:045$489	264:172$148	218:709$134

Fonte: Livros da Contadoria da província do Rio Grande do Sul.

Tabela 2: Despesas, despesas em Obras Públicas e em Educação no Rio Grande do Sul, 1860 - 1870

Exercício	Despesa	Despesa com Obras Públicas	Despesa com Obras Públicas (%) da despesa total	Despesa com Educação	Despesa com Educação (%) da despesa total
1860	843:703$753	68:032$846	8	101:692$566	12
1861	960:432$431	51:998$075	5	113:710$817	12
1862	1.342:229$717	44:720$958	3,5	163:959$574	12
1863	1.285:309$635	64:297$692	5	176:285$685	13,5
1864	1.008:283$440	28:201$384	2,5	179:002$785	17,5
1865	1.070:628$546	12:750$000	1	173:658$387	16
1866	966:527$137	92:427$452	9,5	174:778$372	18
1867	1.141:527$406	123:780$630	11	192:033$359	16
1868	1.607:881$215	69:253$566	4,5	199:615$162	12,5
1869	1.742:629$208	XXXXXXX	XXXXXXX	229:584$424	13
1870	2.318:357$820	28:523$599	1	235:045$489	10

Fonte: Livros da Contadoria da província do Rio Grande do Sul.

Tabela 3: Despesas, despesas em Obras Públicas e em Educação no Rio Grande do Sul, 1881 - 1889

Exercício	Despesa	Despesa com Obras Públicas	Despesa com Obras Públicas (%) da despesa total	Despesa com Educação	Despesa com Educação (%) da despesa total
1881	5.110:281$397	XXXX	XXXX	578:723$236	11
1882	2.872:802$233	53:945$995	2	504:908$597	18
1883	2.959:969$314	114:131$752	4	518:779$851	17
1884	3.761:651$437	38:631$191	1	531:071$334	14
1885	3.048:429$774	33:736$552	1	523:346$628	17
1886	2.962:489$949	148:181$959	5	527:125$427	18
1887	2.981:812$043	118:472$491	4	569:764$019	19
1888	3.689:591$517	27:125$272	1	578:512$035	16
1889	3.730:463$294	69:988$527	2	642:533$760	17

Fonte: Livros da Contadoria da província do Rio Grande do Sul

Tabela 4: Despesas, despesas em Obras Públicas e em Educação em Pernambuco, 1860 - 1870

Exercício	Despesa	Despesa com Obras Públicas	Despesa com Obras Públicas (%) da despesa total	Despesa com Educação	Despesa com Educação (%) da despesa total
1860	1.095:400$932	437:492$481	39	78:440$000	7
1861	1.328:519$771	254:386$387	18	82:137$000	6
1862	1.233:139$987	338:618$782	27	109:664$000	8
1863	1.401:295$005	404:004$121	28	111:149$675	7
1864	1.560:533$841	553:441$326	35	124:024$165	8
1865	1.831:731$180	527:063$009	28	167:280$000	9
1866	1.748:426$919	797:363$127	45	138:593$000	11
1867	1.682:381$169	636:141$897	37	228:400$000	13
1868	1.865:022$276	486:232$764	26	247:136$665	13
1869	2.068:662$709	525:726$266	25	268:880$000	13
1870	2.048:213$913	XXXX	XXXX	358:799$079	17

Fonte: Balanço exposto no relatório do presidente da província de Pernambuco, Frederico de Almeida e Albuquerque, em 01 de Abril de 1871.

Tabela 5: Despesas, despesas em Obras Públicas e em Educação em Pernambuco, 1881 - 1888.

Exercício	Despesa	Despesa com Obras Públicas	Despesa com Obras Públicas (%) da despesa total	Despesa com Educação	Despesa com Educação (%) da despesa total
1881	3.493:639$010	462:736$619	13	759:068$734	22
1882	3.143:588$832	232:062$093	7	782:776$054	25
1883	3.096:155$948	159:590$651	5	803:689$628	26
1884	3.433:611$458	XXXX	XXXX	XXXX	XXXX
1885	3.462:436$668	227:353$993	7	883:725$474	25
1886	2.826:725$827	XXXX	XXXX	XXXX	XXXX
1887	3.020:688$231	184:065$900	6	900:665$752	30
1888	3.437:481$329	163:202$540	5	825:436$030	24

Fonte: Livros da Tesouraria da província de Pernambuco e Relatórios de presidente da província de Pernambuco.

Anexo E

Tabela 1: Comportamento das despesas gerais e das despesas em Instrução Pública Primária em Pernambuco, 1850-1929

Ano	Despesa geral	Despesa Instrução	%
1850	1.066:577$807	39:449$995	3,5
1860	1.665:998$986	78:440$100	4,7
1870	2.048:213$913	295:216$382	14
1880	3.251:237$855	500:406$000	15
1890	10.718:016$093	683:700$000	6,3
1900	10.800:000$000	500:000$000	4,6
1910	10.694:404$160	488:820$670	4,5
1920	19.748:701$920	796:232$000	4
1929	54.624:242$820	2.587:509$840	4,7

Fonte: Livros da Tesouraria da província de Pernambuco e mensagens de presidentes do estado.

Tabela 2: Comportamento das despesas gerais e das despesas em Instrução Pública Primária em São Paulo, 1850-1929

Ano	Despesa geral	Despesa Instrução	%
1850	428:356$293	68:822$658	16
1860	968:848$404	126:583$026	13
1870	2.435:209$252	221:871$837	9
1880	3.654:101$000	532:816$580	14,5
1890	5.130:173$960	855:940$000*	16,5
1900	38.192:462$685	4.057:600$000*	10,5
1910	52.118:962$468	8.291:720$000*	16
1920	177.976:662$845	21.564:958$000	12
1929	453.606:980$000	48.193:232$500	10,5

*estimativas retiradas das Leis Orçamentárias de São Paulo. Para os anos de 1850 e 1880, os dados foram retirados dos relatórios anuais (Anuários) da Instrução Pública de São Paulo, assim como para os anos de 1920 e 1929. Para os anos de 1860 e 1870, os dados foram retirados de um balanço apresentado pelo presidente da província paulista em seu relatório de 02 de fevereiro de 1872.

Tabela 3: Comportamento das despesas gerais e das despesas em Instrução Pública Primária no Rio Grande do Sul, 1850-1927

Ano	Despesa geral	Despesa Instrução	%
1850	398:194$227	48:383$793	12
1860	843:703$753	95:400$000*	11,5
1870	2.318:357$820	225:000$000*	10
1880	5.198:147$645	578:723$236	11
1890	3.730:463$294	642:533$760	17
1900	8.744:240$770	2.054:813$000	24
1910	11.574:464$838	2.395:096$070	20
1920	31.608:503$113	4.097:624$000	13
1927	120.725:833$065	8.610:201$150	7

*estimativa. Fonte: Livros da Tesouraria da província do Rio Grande do Sul e mensagens dos presidentes do estado.

Anexo F

Tabela 1: Principais gastos de Pernambuco em % das despesas totais, 1896 – 1929

Ano	Instrução Pública	Obras	Força Pública	Judiciário*
1896	9,0	28	15	XXXX
1897	6,0	23	15	XXXX
1898	5,5	19	12	XXXX
1899	5,5	18	12	XXXX
1900	5,5	16	13	XXXX
1901	5,5	14	14	11,5
1902	6,0	10	16	12
1903	5,5	8,5	17	11,5
1904	5,5	4,0	8,0	9,0
1905	4,0	5,0	9,0	8,5
1906	4,0	6,0	19	8,0
1907	4,0	7,0	13	7,5
1908	5,5	7,0	16	7,5
1909	4,5	6,0	9,0	7,5
1910	4,5	5,0	12	7,5
1911	4,0	6,0	12	7,5
1912	4,0	10	14	XXXX
1913	5,0	11,5	12	6,0
1914	3,5	11	15	6,0
1915	3,5	10	17	5,5
1916	5,0	9,0	17	5,5
1917	5,0	7,0	9,0	XXXX
1918	5,0	11	13	XXXX
1919	3,5	7,5	14	5,0
1920	4,0	18	20	5,5
1921	3,0	16	14	3,5
1922	6,5	10	12	5,5
1923	5,5	9,0	14	5,5
1924	5,0	9,0	14	5,0
1925	5,0	17	15	4,5
1926	6,0	25	21	3,5
1927	4,5	14	18	XXXX
1928	4,5	19	19	XXXX
1929	XXXX	20	15	XXXX

Fonte: Relatório Anual do Ensino do Estado de Pernambuco, 1923, sob a responsabilidade do Diretor da Instrução Pública, Sr. Aníbal Gonçalves Fernandes. Para os anos a partir de 1923, Leis e Decretos do Congresso Legislativo do Estado de Pernambuco.

*Os gastos com o Judiciário são na verdade os gastos com os salários dos funcionários do Judiciário estadual. Para os anos de 1925 e 1926 apenas os salários de Juízes, Desembargadores e Promotores.

Tabela 2: Principais gastos de São Paulo, em % das despesas totais, 1896-1929

Ano	Instrução Pública	Força Pública e Polícia	Obras e Ferrovias
1896	9,5	13	34,5
1897	9,0	XXXX	XXXX
1898	10	16	26
1899	15	20	11
1900	15	21	10,5
1901	13,5	18	15
1902	16,5	20	14,5
1903	16,5	19	11
1904	17	20	11,5
1905	13	14	25
1906	12	13	33
1907	11,5	12	32
1908	12,5	13	23
1909	13,5	13	16
1910	15,5	14	13
1911	15	12	20
1912	17	13	16
1913	17,5	13	15
1914	18	16	16
1915	18,5	15	16
1916	21	16	9
1917	19	17	9
1918	18	17	8,5
1919	18	19	9,5
1920	11,5	10	30
1921	14,5	12	26
1922	14	11	25
1923	12,5	11	27,5
1924	13	10	27
1925	11	10	10
1926	10	10	42
1927	9,0	9,0	51
1928	11,5	10	39
1929	11	9,0	37

Fonte: Love, Joseph. (1982). Anexos.

Tabela 3: Principais gastos do Rio Grande do Sul, em % das despesas totais, 1896-1929

Ano	Instrução Pública	Brigada Militar	Judiciário
1896	14	20	8,5
1897	14	19	9,0
1898	15,7	19,5	9,0
1899	17	19	9,0
1900	20	17,5	9,0
1901	20	19	10
1902	22,5	17,5	9,5
1903	23	18	9,0
1904	24	18,5	9,0
1905	21,5	17	9,0
1906	21,5	15,5	9,0
1907	17	13	8,0
1908	22	17	12
1909	21,5	17	12
1910	20,5	17	11,5
1911	20,5	16,5	11
1912	19	16	10
1913	19,5	21,5	12,5
1914	19,5	18,5	10,5
1915	17	19	10
1916	17,5	17,5	11
1917	16	17	10
1918	17,5	19,5	11
1919	18	19	10
1920	14	16,5	9,0
1921	11	14	7,5
1922	10,5	14	7,5
1923	5,5	6,5	4,0
1924	5,0	7,0	2,0
1925	4,5	3,5	2,0
1926	5,0	4,5	2,0
1927	4,5	6,5	2,0
1928	4,5	6,5	2,0
1929	4,5	7,5	2,0

Fonte: Corsetti, Berenice. Controle e Ufanismo. (1988). p. 261.

Notas sobre a apresentação dos documentos e fontes

A variedade de documentos consultados torna necessárias algumas explicações acerca da apresentação dos dados sobre orçamentos, despesas e receitas efetivadas e relacionados à educação e escolarização, como número de escolas e matrículas, assim como referentes aos documentos produzidos pela burocracia pública das respectivas regiões responsáveis pela administração da Instrução Pública. São elas:

- As receitas e despesas das três regiões apresentadas são referentes aos balanços da arrecadação (receitas) e dos gastos (despesas) efetivados, e não os orçados. Em alguns poucos casos nos quais não foram descobertos os balanços (em geral, por falta de documentação), foram usados os números acerca dos orçamentos projetados. Esses casos estão especialmente assinalados;
- Os balanços de receitas e despesas entre os anos de 1850 e 1890 são referentes ao ano fiscal que vigorava entre os dias 01 de julho do ano anterior e 30 de junho do ano posterior. Dessa forma, os dados sobre receitas e despesas do ano de 1850 são referentes ao balanço do ano fiscal que começou em 01 de julho de 1850 e se encerrou em 30 de junho de 1851, e assim sucessivamente. A partir dos balanços do ano de 1891, os dados correspondem ao ano fiscal que coincide com o calendário, ou seja, de 01 de janeiro a 31 de dezembro;
- Os órgãos da administração pública das regiões responsáveis pela Educação mudaram de nome ao longo do período. No caso do Rio Grande do Sul, entre 1850 e 1930, seis órgãos com nomes diferentes foram responsáveis por esse ramo do serviço público: Diretoria da Instrução Primária; Diretoria da Instrução Pública; Diretoria Geral da Instrução Pública; Conselho Diretor da Instrução Pública; Secretaria da Instrução Pública e Secretaria de Estado dos Negócios da Educação e Saúde Pública. Em Pernambuco, a Diretoria da Instrução Pública foi incorporada, após a Proclamação da República, à Secretaria Geral, órgão que cuidava de vários itens do serviço

público, entre eles a Instrução; Já em São Paulo, a Secretaria Geral tinha sob sua responsabilidade a Inspetoria Geral da Instrução Pública. Após 1889, o órgão responsável pela instrução pública de São Paulo passou a ser a Diretoria Geral da Instrução Pública. Todos estes órgãos burocráticos responsáveis pela administração da Instrução Pública produziam relatórios anuais (Anuários) sobre o estado da instrução em suas respectivas regiões. Esses relatórios foram os principais documentos consultados e estão assinalados no texto com seus respectivos anos e períodos.

- A Moeda Brasileira, o mil-réis, existiu até 1942. 1$000 era lido como um mil réis. $200 era lido como duzentos réis. Para quantias maiores usava-se conto: 1:000$000 era lido um conto de réis e equivalia a 1.000 mil réis.

Fontes

Relatórios de presidente de províncias
Mensagens dos presidentes de estados
Relatórios da Inspetoria da Instrução Pública da província de São Paulo
Relatórios Diretoria Geral da Instrução Pública do estado de São Paulo
Relatórios da Inspetoria da Instrução Pública da província de Pernambuco
Relatórios da Inspetoria Geral da Instrução Pública da província de Pernambuco
Relatórios da Secretaria Geral do estado de Pernambuco
Relatórios da Inspetoria Geral da Instrução Pública da província do Rio Grande do Sul
Relatórios da Diretoria da Instrução Primária do Rio Grande do Sul
Relatórios da Diretoria da Instrução Pública do Rio Grande do Sul
Relatórios da Diretoria Geral da Instrução Pública do Rio Grande do Sul
Relatórios do Conselho Diretor da Instrução Pública do Rio Grande do Sul
Relatórios da Secretaria de Estado dos Negócios da Educação e Saúde Pública do Rio Grande do Sul
Livros da Tesouraria da província de Pernambuco
Livros da Contadoria da província do Rio Grande do Sul
Balanço das Receitas e Despesas do Império
Censos Gerais de 1872, 1890, 1900, 1920
Séries Estatísticas IBGE

Bibliografia

ABRÚCIO, Fernando Luiz. *Os Barões da Federação. Os governadores e a redemocratização brasileira*. São Paulo: Hucitec/Depto. de Ciência Política da USP, 1988.

ACEMOGLU, Daren. e ANGRIST, John. How large are the social returns to education? Evidence from compulsory schooling laws. NBER (working paper, n. 7444), Dezembro de 1999

ADUCCI, Cassia Chrispiniano. *A Pátria Paulista: o separatismo como resposta à crise final do Império*. São Paulo: Imprensa Oficial, 2000.

ALMEIDA, Paulo Roberto de. *Formação da Diplomacia Econômica no Brasil*. São Paulo: Ed. Senac, 2001.

ANDERSON, James D. *The Education of Blacks in the South, 1860–1935*. University of North Carolina Press, 1988.

ANTUNHA, Heládio César Gonçalves. *A Instrução Pública no Estado de São Paulo: A Reforma de 1920*. São Paulo: Universidade de São Paulo, 1976 (série Estudos e Documentos)

ARAÚJO, Cristina. *A Escola Nova em Pernambuco: educação e modernidade*. Recife: Fundação da Cultura Cidade do Recife, 2002

ARRIADA, Eduardo e TAMBARA, Elomar (orgs.). *Coletânea de Leis sobre o ensino primário e secundário no período imperial brasileiro: Lei de 1827; Reforma Couto Ferraz - 1854; Reforma Leôncio de Carvalho - 1879*. Pelotas: Ed. Seiva, 2005.

ASCOLANI, Adrián, Vidal, Diana Gonçalves (orgs.). *Reformas educativas no Brasil e na Argentina - ensaios de História Comparada da Educação (1820-2000)*. São Paulo: Cortez, 2009.

AXT, Gunter. *Gênese do estado moderno no Rio Grande do Sul, 1889-1930*. Porto Alegre: Zaffari, 2011.

AZEVEDO, Fernando de. *A Transmissão da Cultura*. Brasília: Ed. UNB, 5ª Edição, 1976.

BARBOSA, Rui. *Obras Completas*. Ministério da Educação e Saúde. Rio de Janeiro, 1947(Texto original de 1883).

BARROS, J.F. de. *A Pátria Paulista*. São Paulo: Tipografia da Província, 1887.

BASILE, Marcello. *O laboratório da Nação: a era regencial (1831 – 1840). Em: GRIMBERG, Keila e SALLES Ricardo. O Brasil Imperial. Volume II (1831-1870)*. Rio de Janeiro: Civilização Brasileira, 2010.

BECKER, S., Hornung E. & WOESSMANN, L. Being the educational world leader helped Prussia catch up in the Industrial Revolution? 2010, May, 09. In: http: //www.voxeu.org

BOBONIS, G. *Endowments, coercion and the historical containment of education*. University of Toronto, 2008

BOSI, Alfredo. *Dialética da Colonização*. São Paulo: Cia. Das Letras, 1992.

BREA, Jorge. Population Dynamics in Latin America. Em: Population Bulletin, vol. 58, nº 1, março de 2003. Publicado por *Population Reference Bureau*. Disponível em: http: //www.prb.org/Source/58.1PopulDynamicsLatinAmer.pdf.

BUTCHART, Ronald E. *Schooling the Freed People: Teaching, Learning, and the Struggle for Black Freedom, 1861-1876*. University of North Carolina Press, 2010.

CAMPOS SALES, Manuel do. *Da Propaganda à Presidência*. Brasília: Ed.UNB, 1983.

CANABRAVA, Alice. *A grande lavoura*. Em: HOLANDA, Sérgio Buarque de (org.) *História Geral da Civilização Brasileira*. Tomo II (*O Brasil Monárquico)*, volume 4 (*Declínio e queda do Império*) Rio de Janeiro: Bertrand Brasil, 1995.

CARDOSO, Fernando Henrique. *Dos Governos Militares a Prudente-Campos Sales*. Em: FAUSTO, *Boris (org.) História Geral da Civilização Brasileira*. Tomo III (*O Brasil Republicano)*, vol. I (*Estrutura de Poder e Economia*, 1889-1930). Rio de Janeiro: Bertrand Brasil, 1997.

______________________. *Rio Grande do Sul e Santa Catarina*. Em: HOLANDA, Sérgio Buarque de (org.) História Geral da Civilização Brasileira. Tomo II (O Brasil Monárquico), volume 2 (Dispersão e Unidade). Rio de Janeiro: Bertrand Brasil, 1997.

CARONE, Edgard. *A Primeira República. Instituições e classes sociais (1889 – 1930)*. Rio de Janeiro: Bertrand Brasil, 1988.

CARVALHO FILHO, Irineu e COLISTETE, Renato Perim. *Education Performance: Was it all determined 100 years ago?* Evidence from São Paulo, Brazil. MPRA (Munich Personal REPEC Archive), Paper nº 24494, agosto de 2010.

CARVALHO, José Murilo de. *A Monarquia Brasileira*. Rio de Janeiro: Ao Livro Técnico, 1993.

____________________. *A Construção da Ordem: A elite política imperial; Teatro de Sombras: A política imperial*. Rio de Janeiro: Editora UFRJ/RelumeDumará, 1996.

____________________. Os três povos da República. *Revista USP*, São Paulo, n. 59, p. 96-115, setembro/novembro 2003.

____________________. A vida política. Em: SCHWARCZ, Lilia Moritz (org.) História do Brasil Nação: 1808-2010. Volume 2: A Construção Nacional (1830 - 1889), 2012.

CASTANHA, A.P. e Guarnieri, M.C. da Silva. A organização da educação no Paraná provincial. 1853 - 1889. Em: *Educere & Educare. Revista de Educação*. Vol. 1, nº 2, jul/dez. 2006.

CASTANHA, André Paulo. *O Ato Adicional de 1834 e a instrução elementar no Império: descentralização ou centralização? (tese de doutoramento)* Universidade Federal de São Carlos (UFSCAR), Programa de pós-graduação em Educação. 2008.

CASTRO, Paulo Pereira de. A "experiência republicana", 1831-1840. Em: HOLANDA, Sérgio Buarque de (org.). *História Geral da Civilização Brasileira*. Tomo II (*O Brasil Monárquico*). Volume 2 (*Dispersão e Unidade*). Rio de Janeiro: Bertrand Brasil, 1995.

CHAIA, Josephina. *Financiamento escolar no segundo Império*. Marília: Faculdade de Filosofia, Ciências e Letras, 1965.

CHIZZOTTI, Antônio. *A Constituinte de 1823 e a Educação*. Em: FÁVERO, Osmar (org.). *A educação nas constituições brasileiras*. 1823 - 1889. Campinas: Editores Associados, 2001.

CLARK, Jorge Uilson. *A Imigração Norte Americana para a região de Campinas: análise da educação liberal no contexto histórico e educacional brasileiro*. Dissertação de mestrado apresentada a Faculdade de Educação da Unicamp (Universidade de Campinas), Campinas, 1988;

CONRAD, Robert. *Os últimos dias da escravatura no Brasil*. Rio de Janeiro: Civilização Brasileira, 1975

CORSETTI, Berenice. *Controle e Ufanismo. A Escola Pública no Rio Grande do Sul,* 1988.Tese de Doutoramento. UFSM, 1988.

COSTA, Emília Viotti da. *Da Monarquia à República: Momentos Decisivos.* São Paulo: Ed. Unesp, 1998.

COSTA, Hernani Maia. *As barreiras de São Paulo.: estudo histórico das barreiras paulistas no século XIX.* Dissertação de Mestrado. FFLCH-USP, 1984

____________________. *O triângulo das barreiras.* Tese de Doutorado, Faculdade de-Filosofia, Letras e Ciências Humanas da Universidade de São Paulo (FFLCH--USP), 2001.

COSTA, Rovílio e DE BONI, Luis Alberto. *Os Italianos no Rio Grande do Sul. Revista Insieme,* nº 144, dezembro de 2010.

COSTA, Wilma Peres e MIRANDA, Márcia Eckert. *Entre os senhores e o Império: transformações fiscais na formação do Estado Brasileiro (1808 - 1840).* Publicado em Revista Illes i Imperis. Universidade Pompeu Fabra, Barcelona, nº 13, 2010.

COSTA, Wilma Peres. *A Espada de Dâmocles. O Exército, a Guerra do Paraguai e a Crise do Império.* São Paulo: Ed. Hucitec/Ed. Unicamp, 1995

CUBBERLEY, Ellwood P. *The History of Education. Educational practice and progress considered as a phase of the development and spread of western civilization.* Cambridge University Press, 1920 (1ªedição).

CURY, Carlos Roberto Jamil. *Cidadania republicana e educação: governo provisório do mal. Deodoro e Congresso Constituinte de 1890-1891.* Rio de Janeiro: DP & A, 2001.

________________________. *A educação na Revisão Constitucional de 1925-1926.* Bragança Paulista: EDUSF, 2003

DABAT, Christine Rufino. *Moradores de Engenho. Relações de Trabalho e condições de vida dos trabalhadores rurais na zona canavieira de Pernambuco segundo a literatura,a academia e os próprios atores sociais.* Recife: Ed. Universitária da UFPE, 2007

DANIELI, Maria Isabel Basilisco Celia. *Economia mercantil de abastecimento e rede tributária: São Paulo, séculos XVIII e XIX.* 2006. (Tese de doutorado) – Instituto de Economia da Unicamp, Campinas, 2006.

DEAN, Warren. *A Industrialização de São Paulo.* Rio de Janeiro: Bertrand Brasil, 1991(4ª edição)

DEVEZA, Guilherme. *Política tributária no período imperial.* Em: HOLANDA, Sérgio Buarque de e CAMPOS, Pedro Moacyr (orgs.) *História Geral da Civilização Brasileira.* Tomo II. (*O Brasil Monárquico*). Volume 4 (*Declínio e queda do Império*). Rio de Janeiro: Bertrand Brasil, 1995.

DIAS, Maria Odila Leite da Silva. *A Interiorização da metrópole e outros estudos.* São-Paulo: Ed. Alameda, 2009, segunda edição.

DINIZ, Adalton Franciozo. *Centralização política e a propriação de riqueza: Análise das finanças do Império Brasileiro (1821 - 1889).* São Paulo, 2002. FFLCH/USP (tese de doutoramento)

________________________. *Centralização política e concentração de riqueza. As finanças do Império Brasileiro no período de 1830 a 1889. Revista História e Economia.* São Paulo: Brazilian Business School, vol. 1, nº 1, 2º semestre de 2005.

DOHLNIKOFF, Miriam. (org.). *José Bonifácio de Andrada e Silva. Projetos para o Brasil.* São Paulo: Cia. das Letras/Publifolha, 2000 (coleção: Grandes nomes do pensamento brasileiro).

________________________. *O Pacto Imperial: Origens do federalismo no Brasil.* São-Paulo: Ed. Globo, 2005.

DORATIOTO, Francisco. *Maldita Guerra. Nova história da Guerra do Paraguai.* São Paulo: Editora Companhia das Letras, 2002.

EASTERLIN, R. Why isn´t the whole world developed? T*he Journal of Economic History.* Vol. 41, nº 01, 1981.

EISENBERG, Peter. *Modernização sem mudança. A Indústria açucareira em Pernambuco. 1840-1910.* Rio de Janeiro: Paz e Terra, 1977

ENGERMAN, Stanley, MARISCAL, Elisa. & SOKOLOFF, Kenneth. *The evolution of schooling institutions in the Americas, 1800-1925.* Cambridge University Press, 2009.

ENGERMAN, Stanley. & SOKOLOFF, Kenneth. *History Lessons: Institutions, Factor endowments and paths of development in the New World.* Em: Journal of economic perspectives, vol. 14, n. 3, 2000

___________________________. *Economic development in the Americas since 1500: endowments and institutions.* Cambridge University Press, 2002.

________________________. *Factor Endowments, Inequality, and paths of development among new world economies.* NBER Papers, 9259, october 2002.

FAUSTO, Boris. *Expansão do café e política cafeeira.* Em: FAUSTO, Boris (org.) *História Geral da Civilização Brasileira.* Tomo III (O Brasil Republicano). Volume 1 (Estrutura de Poder e Economia: 1889-1930). Rio de Janeiro: Bertrand Brasil, 1997.

FERREIRA, Gabriela Nunes. *Centralização e descentralização. O debate entre Tavares Bastos e visconde de Uruguai.* São Paulo: Ed. 34, 1999.

FERRONATO, Cristiano de Jesus. *Construindo uma nova ordem: o debate educacional na Assembleia Constituinte de 1823.* (dissertação de Mestrado, UFPB, 2006).

FRANKEL, Jeffrey E. *The natural resource curse: a survey.* Disponível em NBER (working paper n.15.836, Março de 2010)

FREITAS, Ana Paula Ribeiro. *Diversidade econômica e interesses econômicos: as políticas públicas do Governo provincial mineiro (1870 - 1889).* São Paulo, 2009. Dissertação de Mestrado. Faculdade de Filosofia, Letras e Ciências Humanas da Universidade de São Paulo (FFLCH-USP).

FURTADO, Celso. *Formação Econômica do Brasil.* São Paulo: Cia. Editora Nacional, 1984, (19ª edição).

GIOLO, Jaime. *A Instrução no Rio Grande do Sul: Império e Primeira República.* Dissertação de Mestrado. PUC-SP, 1993

GORENDER, Jacob. *A Burguesia Brasileira.* São Paulo: Brasiliense, 2004.

GRANDI, Guilherme. *Estado e capital ferroviário em São Paulo: a Companhia Paulista de Estradas de Ferro entre 1930 e 1961.* São Paulo: FFLCH-USP, tese de doutoramento (série Produção Acadêmica premiada), 2013

GREW, Raymond; HARRIGAN, Patrick & WHITNEY, James. *The availability of schooling in nineteenth-century France.* The Journal of Interdisciplinary History, vol. 14, nº 1 (summer, 1983).

GREW, Raymond & HARRIGAN, Patrick. *The catholic contribution to universal schooling in France, 1850-1906.* The Journal of Modern History, vol. 57, nº 2, (jun. 1985).

HAIDAR, Maria de Lourdes M. *O ensino secundário no Império brasileiro.* São Paulo: Grijalbo/EDUSP, 1972.

HANUSHEK, E. & WOESSMANN, L. *The role of school improvement in economic development.* Working Paper 12832, 2007

HERÉDIA, Vania. *A Imigração européia no século passado: o programa de colonização no Rio Grande do Sul.* Em: Scripa Nova. Revista Electrónica de Geografia y Ciencias Sociales. Universidade de Barcelona, nº 94, 1º agosto de 2001.

HILSDORF, Maria Lucia Spedo. *História da Educação Brasileira: Leituras.* São Paulo: Thomson Learning, 2007

HINSDALE, Burke Aaron. *Horace Mann and the common school revival in the United States.*C. Scribner's sons, 1898.

HOLANDA, Sérgio Buarque de. *Raízes do Brasil.* São Paulo: Cia. das Letras, 1995 (1ª edição de 1936).

________________________. *São Paulo.* Em: HOLANDA, Sérgio Buarque de e CAMPOS, Pedro Moacyr (orgs.). *História Geral da Civilização Brasileira.* Tomo II *(O Brasil Monárquico)*, Volume 2 (*Dispersão e Unidade*). Rio de Janeiro: Bertrand Brasil, 1997.

HOLLOWAY, Thomas H. *Imigrantes para o café: café e sociedade em São Paulo (1886-1934).* Rio de Janeiro: Paz e Terra, 1984

LAMBERTI, Marjorie. *State, society & the elementary school in imperial Germany.* Oxford University Press, 1989.

LAMOUNIER, Maria Lúcia. *Formas de Transição da Escravidão ao Trabalho Livre: a Lei de Locação de Serviços de 1879.* Dissertação de Mestrado, Unicamp, 1986

LAZARINI, Ademir Quintilho; MURASSE, Cecília Midori e SILVA, Silvia Mara da. *A contribuição de Bernardo Pereira de Vasconcelos (1795-1850) para a história da educação brasileira.* Em: *Revista Histdebronline,* v. 10, 2003. Campinas. Disponível em: www.histdbr.fae.unicamp.br/revis/revis10/rev10.html.

LEAL, Vitor Nunes. *Coronelismo, Enxada e Voto.* São Paulo: Ed. Alfa-ômega, 1986.

LEFF, Nathaniel. *Subdesenvolvimento e Desenvolvimento no Brasil.* Rio de Janeiro: Expressão e Cultura, 1991.

LESSA, Renato. *A invenção Republicana. Campos Sales, as bases e a decadência da Primeira República Brasileira.* São Paulo/Rio de Janeiro: Vértice/IUPERJ, 1988.

__________. *A invenção da República no Brasil: da aventura à rotina.* Em: CARVALHO, Maria Alice Rezende (org.). *República no Catete.* Rio de Janeiro: Museu da República, 2001.

LEVINE, Robert. *A velha usina. Pernambuco na federação brasileira.* Rio de Janeiro: Paz e Terra, 1980

__________. *Pernambuco e a federação brasileira.* Em: FAUSTO, Boris (org.). *História Geral da Civilização Brasileira.* Tomo III (*O Brasil Republicano*) Volume 1 (*Estrutura de poder e economia, 1889-1930*). Rio de Janeiro: Bertrand Brasil, 1997.

LINDERT, Peter. *Growing public: social spending and economic growth since eighteenth century.* Cambridge University Press, 2004

LISBOA, J. da S.(Visconde de Cairu). *Observações sobre a franqueza da indústria e estabelecimento de fábricas no Brasil.* Brasília: Senado Federal, 1999 (texto original de1810).

LOVE, Joseph L. *Rio Grande do Sul and Brazilian regionalism, 1882-1930.* Stanford University Press, 1971

__________. *A Locomotiva: São Paulo na Federação Brasileira, 1889-1937.* Rio de Janeiro: Paz e Terra, 1982.

__________.*O Rio Grande do Sul como fator de instabilidade na República Velha.* Em: FAUSTO, Boris (org.) *História Geral da Civilização Brasileira.* Tomo III (O Brasil Republicano), vol. 1 (Estrutura de Poder e Economia, 1889-1930). Rio de Janeiro: Bertrand Brasil, 1997

__________. *Autonomia e Interdependência: São Paulo e a federação brasileira, 1889-1937.* Em: FAUSTO, Boris (org.) História Geral da Civilização Brasileira. Tomo III (O Brasil Republicano), Volume 1 (Estrutura de Poder e Economia, 1889 - 1930). Rio de Janeiro: Bertrand Brasil, 1997.

LUSTOSA, Isabel. *D. Pedro I.* São Paulo: Cia das Letras, 2007.

MAGALHÃES, Maria Carmem Cortes. *O mecanismo das comissões verificadoras de poderes (estabilidade e dominação política, 1894-1930).* 1987. Dissertação (Mestrado em História) - Instituto de Ciências Humanas, Universidade de Brasília, 1986.

MARCÍLIO, Maria Luiza. *Crescimento demográfico e evolução agrária paulista. 1700-1836.* São Paulo: Hucitec/Edusp, 2000

____________________. *História da Escola em São Paulo e no Brasil*. São Paulo: Instituto Fernand Braudel/Imprensa Oficial, 2005

MARSHALL, Alfred. *Princípio de Economia*. Volume I. São Paulo: Ed. Nova Cultural. Coleção os Economistas, 1996. (texto original publicado em 1890).

MARTINEZ-FRITSCHER, André; MUSSACHIO, Aldo e VIARENGO, Martina. *The great leapforward: The Political Economy of Education in Brazil, 1889-1930*. Banco de México. Documentos de investigación nº 2010-18, dezembro de 2010.

MARTINS, José de Souza. *A imigração e a crise do Brasil agrário*. São Paulo: Pioneira, 1973

MATOS, Ilmar Rohloff. *O Tempo Saquarema*. São Paulo: Ed. Hucitec, 2004.

MATTOS, Odilon Nogueira de. *Café e ferrovias: a evolução ferroviária de São Paulo e o desenvolvimento da cultura cafeeira*. 2 ed. São Paulo: Alfa-Omega, 1974.

MELLO, Evaldo Cabral de. O *Norte agrário e o Império. 1871-1889*. Rio de Janeiro: Topbooks, 1999.

____________________. *A outra independência: O federalismo pernambucano de 1817 a 1824*. São Paulo: Ed. 34, 2006.

MELO, José Evando Vieira de. *O açúcar no café. Agromanufatura açucareira e modernização em São Paulo (1850-1910)*. Tese de Doutorado. Programa de Pós Graduação em História Econômica. FFLCH-USP, 2009.

MELO, Josemir Camilo. *Escravos e moradores na transição para o trabalho assalariado em ferrovias em Pernambuco*. Seaculum Revista de História, (25), João Pessoa, jul/dez.2011.

MÉRGAR, Eucélia Maria Agrizzi. *Repartição da competência tributária no Império e seus efeitos na província do Espírito Santo (1836 - 1850)*. Vitoria, 2011. Dissertação de Mestrado, Centro de Ciências Humanas e Naturais da Universidade Federal do Espírito Santo (UFES).

MESSIAS, Rosane Carvalho. *O cultivo do café nas bocas do sertão paulista. Mercado interno e mão de obra no período de transição - 1830-1888*. São Paulo: Ed. Unesp, 2003.

MILL, J. S. *Princípios de Economia Política*. São Paulo: Nova Cultural, 1986. (Texto originalmente publicado em 1848).

MILLIET, Sérgio. *Roteiro do café: análise histórico-demográfica da expansão cafeeira no estado de São Paulo.* São Paulo, Estados Paulistas, 1938

MINCER, J. *Human capital and economic growth.* NBER, working paper nº 803, 1981

MIRANDA, Marcia Eckert. *Rio Grande do Sul: Tributação e Economia (1699 – 1945).* Dissertação de Mestrado. Faculdade de Ciências Econômicas. Universidade Federal do Rio Grande do Sul (UFRGS), Porto Alegre, 1998.

MITCH, David. *Education and economic growth in historical perspective. EH.* Net Encyclopedia, Whaples R. (org). 2005

MOACYR, Primitivo. *A Instrução e o Império: subsídios para a história da educação no Brasil.* São Paulo: Ed. Nacional, 1936.

MORMUL, Najla Mehanna e MACHADO, Maria Cristina Gomes. *Rui Barbosa e a Educação Brasileira: os pareceres de 1882.* Em: Cadernos da História da Educação, vol. 12, nº 1(2013). Disponível em www.seer.ufu.br/index.php/che/article/view/22909

MOTA, Carlos Guilherme da. *Nordeste 1817.* São Paulo: Ed. Perspectiva, 1972.

____________________. (org.) *1822 – Dimensões.* São Paulo: Ed. Perspectiva, 1972.

MURASSE, Celina Midori. *A Educação no processo de organização e consolidação do Império do Brasil: O pensamento de Bernardo Pereira de Vasconcelos (1795 – 1850) e de Zacarias de Góes e Vasconcellos (1815–1877).* Em: Revista Histdebronline(http: //www.histedbr.fae.unicamp.br/acer_histedbr/seminario/seminario7/TRABALHOS/C/Celina%20Midori%20Murasse.pdf)

NABUCO, Joaquim. *Um Estadista no Império.* Rio de Janeiro: Topbooks, 1997 (5ªEdição).

NAGLE, Jorge. *Educação e sociedade na Primeira República.* São Paulo: Editora Pedagógica e Universitária, 1974.

NATIONAL CENTER FOR EDUCATION STATISTICS. *120 years of American Education: a Statistical Portrait.* Disponível em: http: //nces.ed.gov/pubs93/93442.pdf

NEVES, Lúcia M. Bastos P. *Estado e Política na independência.* Em: GRINBERG, Keila e SALLES, Ricardo (orgs.) *O Brasil Imperial. Volume I (1808-1831).* Rio de Janeiro: Civilização Brasileira, 2009

NISKIER, Arnaldo. *Educação Brasileira: 500 anos de História, 1500-2000*. Rio de Janeiro: Consultor, 1996, 2ª edição.

OLIVEIRA, Fábio Lucas Pimentel de. *Frações de capital em Pernambuco: do isolamento relativo ao limiar da integração produtiva*. Artigo apresentado no Fórum BNB (Banco Nacional do Nordeste), 2011.

OLIVEIRA, Vinícius De Bragança Müller e. *Centralização e Descentralização: mudanças institucionais e seus impactos na província de São Paulo (1835-1850)*. Dissertação de Mestrado. Faculdade de Ciências e Letras de Araraquara (FCLAr) UNESP, 2006.

OZTURK, I. *The role of education in economic development. A theoretical perspective*. Journal of Rural Development and Administration, Volume XXXIII, No. 1, Winter 2001

PAMUK, S. & ZANDEN, J.L. Standards of living 1700-1870. CPER (Center of Political Economic Research), 2009. In: http: //www.cper.org.

PAULA, João Antônio de. *O processo econômico*. Em: SCHWARCZ, Lilia Moritz (org.). *História do Brasil Nação: 1808-2010*. Vol. 2 (A Construção Nacional, 1830-1889). Madri/Rio deJaneiro: Fundação Mapfre/Ed. Objetiva, 2012.

PERES, Tirsa Regazzini. *Educação Brasileira no Império*. Em: PALMA FILHO, J.C. *Pedagogia Cidadã - Cadernos de Formação - História da Educação*. 3ª ed. São Paulo: Prograd/Unesp/Santa Clara Editora, 2005.

PESAVENTO, Sandra Jatahy. *Pecuária e Indústria: formas de realização do capitalismo na sociedade sul rio-grandense no século XIX*. Porto Alegre: Movimento, 1986

PETRONE, Maria Teresa Schorer. *A lavoura canavieira em São Paulo: expansão e declínio, 1765-1851*. São Paulo: Difusão Europeia do Livro, 1968

PONTES, Carlos. *Tavares Bastos*. Rio de Janeiro: Civilização Brasileira, 1967.

PRADO JR, Caio. *História Econômica do Brasil*. São Paulo: Ed. Brasiliense, 1980 (25ª edição).

PSACHAROPOULOS, G. *The contribution of education to economic growth: international comparisons*. Em: KENDRICK, John W. (ed.) *International comparisons of productivity and causes of slowdown*. American Enterprise Institute/Ballinger, 1984.

QUEIRÓS, Maria Isaura Pereira de. *O mandonismo local na vida política brasileira.* São Paulo: IEB, 1969

________________________________. *O Coronelismo numa interpretação sociológica.* Em: FAUSTO, Boris (org.) *História Geral da Civilização Brasileira.* Tomo III (O Brasil Republicano), Volume 1 (Estrutura de Poder e Economia, 1889 – 1930). Rio de Janeiro: Bertrand Brasil, 1997

RAMIREZ, Maria Teresa e SALAZAR, Irene. *The emergence of education in the republic of Colombia in the nineteenth century: where did we go wrong?* Texto não publicado. Disponível em: www.international.ucla.edu/.../ramirezsalazar.pdf

REGO, Walquíria Leão. *A utopia federalista: Estudo sobre o pensamento político de Tavares Bastos.* Maceió: Edufal, 2002.

RESENDE, Maria Eugênia Lage de. *O processo político na Primeira República e o liberalismo oligárquico.* Em: FERREIRA, Jorge e DELGADO, Lucília de Almeida Neves. *O Brasil Republicano. O tempo do liberalismo excludente. Da Proclamação da República à Revolução de 1930.* Livro 1. Rio de Janeiro: Civilização Brasileira, 2011.

RIBEIRO, Gladys Sabina Ribeiro e PEREIRA, Vantuil. *O Primeiro Reinado em revisão.* Em: GRINBERG, Keila e SALLES, Ricardo. O Brasil Imperial. *Vol. 1 (1808-1830).* Rio de Janeiro: Civilização Brasileira, 2009

RIBEIRO, Maria Luisa Santos. *História da Educação Brasileira: a organização escolar.* 17ª edição. Campinas: Autores Associados, 2001.

ROCHA, Antônio Penalves. *Economia e política no período Joanino.* Em: LAPA, J. R. do A. e SZMRECSÁNYI, T. *História Econômica da Independência e do Império.* São Paulo: Edusp/Imprensa Oficial/Hucitec/ABPHE, 1996.

SAES, Décio Azevedo Marques de. *A Participação das massas brasileiras na revoluçãoanti-escravista e anti-monárquica (1888-1891).* Revista Brasileira de História (ANPUH), v.1, n. 1, 1981

SAES, Flávio Azevedo Marques de. *As ferrovias de São Paulo, 1870-1940.* São Paulo: Hucitec, 1981.

SALES, Z.E.S. de, *Educação em Bernardo Pereira de Vasconcelos: plano de estudos para a província de Minas Gerais.* Texto apresentado no IV Congresso de Pesquisa e Ensino de História da Educação em Minas Gerais. Juiz de Fora, 2007.

SALLES, Alberto. *A Pátria Paulista.* Campinas: Tipografia da Gazeta, 1887.

SANTOS, Ivison Poleto dos. *A Sociedade Promotora de Imigração e o financiamento público do serviço de imigração (1886-1895)*. 2007. Dissertação (Mestrado em História). Departamento de História, FFLCH/USP, São Paulo, 2007.

SAVIANI, Dermeval (org.). *O Legado Educacional do século XX no Brasil*. Campinas: Autores Associados, 2004

____________________. *O legado educacional do 'breve século XIX' brasileiro*. Em: SAVIANI, ALMEIDA, SOUZA e VALDEMARIN. *O legado educacional do século XIX*. Campinas: Autores Associados, 2006.

SCHULTZ, John. *O Exército e o Império*. Em: HOLANDA, Sérgio Buarque de (org.) *História Geral da Civilização Brasileira*. Tomo II (O Brasil Império), Volume 4 (Declínio e queda do Império). Rio de Janeiro: Bertrand Brasil, 1995.

SCHULTZ, T. W. *Investment in human capital*. Em: The American Economic Review, vol.LI, March 1961.

SCHWARTZ, Stuart. *Segredos Internos*. São Paulo: Cia. das Letras, 1988.

SILVA, Geraldo Bastos. *A ideia de uma educação brasileira e a lei de 15 de outubro de 1827*. Em: Revista Educação. Brasília, v.6, nº 24, abril/setembro de 1977.

SILVA, Sérgio. *Expansão Cafeeira e origens da Indústria no Brasil*. São Paulo: Alfa-ômega,1995.

SMITH, Adam. *The Wealth of Nations*. Oxford Press, 1993 (texto original de 1776).

SODRÉ, Nelson Werneck. *Formação Histórica do Brasil*. São Paulo: Graphia, 2007.

BASBAUN, Leôncio. História Sincera da República. São Paulo: Alfa-ômega, 1976.

SOIFER, Hillel David. T*he sources of infrastructural power. Evidence from nineteenth century chilean education*. Em: Latin American research review, vol. 44, nº 2, 2009. Disponível em: lasa.international.pitt.edu/larr/prot/.../soifer_44-2.pdf

SOUZA, Otávio Tarquinio de. *Bernardo Pereira de Vasconcelos*. São Paulo: Edusp, 1988.

SOUZA, Eliezer Felix e CAMPOS, Névio. *História comparada: Uma possibilidade de escrita da história da educação brasileira e argentina*. Em: Imagens da Educação, v.1,nº 3, 2011. Em: www.periodicos.uem.br/ojs/index.php/ImagensEduc/article/.../7964

SOUZA, José Antônio Soares de. *A vida de Visconde de Uruguai*. São Paulo: Cia Editora Nacional, 1944.

SOYSAL, Yasemin N. & STRANG, David. *Construction of the first mass education systems in nineteenth century Europe*. Em: Sociology of education. Vol. 62 (outubro de 1989).

STEVENS, P. & WEALE, *M. Education and economic growth*. Em JOHNES & JOHNES (orgs). *International handbook of economics of education*. Northhampton: Edward Elgar Publishing, 2004.

STOLCKE, Teresa. *Cafeicultura: Homens, Mulheres e Capital (1850-1980)*. São Paulo: Brasiliense, 1986

SUCUPIRA, Newton. *O Ato Adicional de 1834 e a descentralização da Educação*. Em: FÁVERO, Osmar (org.) *Educação nas constituintes brasileiras: 1823-1988*. Campinas: Autores Associados, 1996.

SUMMERHILL, William R. *Institutional determinants of railroad subsidy and regulation in Imperial Brazil*. Em: HABER, Stephen (org.) *Political Institutions and Economic Growth in Latin America*. Essays in Policy, History and Political Economy. Hoover InstitutionPress/Stanford University, 2000.

SUPRINYAK, Carlos Eduardo. *Tropas em marcha. O mercado de animais de carga no centro-sul do Brasil imperial*. São Paulo: Fapesp/Annablume, 2008.

TEIXEIRA, Anísio. *Educação no Brasil*. Rio de Janeiro: Companhia Editora do Brasil, 1969

TEIXEIRA, Maria Cristina. *O Direito à Educação nas Constituições Brasileiras*. Revistado Curso de Direito. Universidade Metodista, vol. 5, nº 5 (2008)

TESSITORE, Viviane. *As fontes da riqueza pública: tributos e administração tributária na província de São Paulo (1832 - 1892)*. São Paulo, 1995. Dissertação de Mestrado. Faculdade de Filosofia, Letras e Ciências Humanas da Universidade de São Paulo (FFLCH-USP)

VIDAL, Diana Gonçalves (org.). *Grupos Escolares: Cultura Escolar e Escolarização da Infância no Brasil (1893-1971)*. São Paulo: Mercado de Letras, 2009

VILELA, André. *Distribuição regional das receitas e despesas do Governo Central no II Reinado, 1844-1889*. Estudos Econômicos. São Paulo, v. 37, nº 2, abril-junho de 2007

VINOVSKIS, M. *The role of educaction in the economic transformation of nineteenth century America*. Columbia University Institute on Education and Economy, 1989

VISCARDI, Cláudia Maria Ribeiro. *O teatro das oligarquias: uma revisão da política do 'café com leite'*. Belo Horizonte: C/Arte, 2001.

WEGENAST, T. *Of Latifundia and Coronéis: agrarian structure and educational inequalities in Brazil.* Paper apresentado na Mini-Conferência "A Comparative Approach to Inequality and Development: Latin America and Europe" Fundación Ramón Areces and Instituto Figuerola. Madrid, 8-9. Maio de 2009.

WEREBE, Maria José Garcia. *Educação.* Em: BUARQUE, Sérgio Buarque de e CAMPOS, Pedro Moacyr (orgs). *História Geral da Civilização Brasileira.* Tomo II (O Brasil Monárquico), Volume 4 (Declínio e queda do Império). Rio de Janeiro: Bertrand Brasil, 1995.

WERLE, Flávia Obino Corrêa. *Políticas de instrução pública no século XIX como eco de experiências internacionais.* Revista Educação (PUC-RS). Porto Alegre, vol. 31, n. 2 maio/agosto de 2008.

WEST, E.G. *The role of education in Nineteenth-century doctrines of political economy.* Em: British Journal of Educational Studies, Vol. 12, nº 2 (maio de 1964). Disponível em: http: //www.jstor.org/stable/3119086

WIRTH, John. *O fiel da balança: Minas Gerais na federação brasileira (1889-1937).* Rio de Janeiro: Paz e Terra, 1982.

__________*Minas e a Nação. Um estudo de poder e dependência regional, 1889 -1937.* Em: FAUSTO, Boris (org.) *História Geral da Civilização Brasileira.* Tomo II (O Brasil Republicano), Volume 1 (Estrutura de Poder e Economia, 1889 - 1930). Rio de Janeiro: Bertrand Brasil, 1997.

WITTER, José Sebastião. *Ibicaba, uma Experiência Pioneira.* São Paulo: Arquivo do Estado de São Paulo, 1982. Coleção Teses e Monografias, vol. 5

WRIGHT, Antônia F. de Almeida. *Brasil - Estados Unidos.* Em: HOLANDA, Sérgio Buarque de e CAMPOS, Pedro Moacyr (orgs.). *História Geral da Civilização Brasileira.* Tomo II (O Brasil Monárquico) Volume 4 (Declínio e Queda do Império). Rio de Janeiro: Bertrand Brasil, 1995.

Agradecimentos

Os agradecimentos, em geral, seguem a diferenciação entre aqueles relacionados à vida pessoal e outros vinculados às questões intelectuais e profissionais. Além disso, como a obra é oriunda de minha tese de doutoramento defendida junto ao Programa de Pós- Graduação em História Econômica do Departamento de História da Faculdade de Filosofia, Letras e Ciências Humanas da Universidade de São Paulo, também incluo os agradecimentos àqueles que estiveram relacionados à preparação da tese, assim como àqueles ligados à publicação no formato ora apresentado.

No primeiro caso, minhas dívidas com Cristina Stersi são sempre renovadas, independentemente de trabalharmos juntos ou não.

Do mesmo modo dedico agradecimentos especiais a Mariana Ribeiro, Ana Amélia Erthal, Alexandre Sobral e Luciana Boaro, pela amizade e pelo abrigo emocional.

No segundo caso, não obstante a intersecção entre eles, impossível não reconhecer e agradecer a Carlos Eduardo Suprinyak, pela amizade e pelas longas conversas sobre temas, abordagens e literatura, e a Rodrigo Toniol e Fernanda Heberle, pela carinhosa e proveitosa recepção em Porto Alegre. Ainda pelas primeiras leituras e ajustes de formatação agradeço à saudosa Lilia Vianna (in memorian).

Pelos preciosos comentários e sugestões, ao professor Carlos Gabriel Guimarães. Pela revisão, ao professor Edison Freitas, e pela paciência, determinação e sabedoria, ao professor Rodrigo Ricupero. Ainda nessa parte do trabalho, agradeço à Renata Neiva pela revisão final do trabalho pouco antes da publicação.

Agradecimentos mais do que especiais devem ser ainda feitos à Andressa Miranda Dias, pela companhia durante a fase final da escrita da tese e pela inestimável ajuda na formatação dos gráficos e tabelas. Também à professora Juliana Inhasz e ao professor Glauco Peres da Silva, amigos queridos com quem, juntamente com Frederico Lanzoni, dividi por dois anos o prazer de manter o blog Entrementes.

Por fim, mas não menos importantes, sinceros agradecimentos ao professor Nelson Mendes Cantarino, grande amigo, professor de talento e intelectual de primeira grandeza, e ao professor Alexandre Rands pelo cuidado e dedicação à escrita do prefácio. Ao professor e amigo Carlos Melo, pelo incentivo e companheirismo.

Agradecimentos especiais à Nathália Weber, companheira de toda hora.

E o agradecimento mais importante: ao professor Alexandre Machione Saes, principal incentivador da publicação, amigo e orientador. Se houve algum acerto no caminho e se há alguma contribuição no trabalho, os méritos são mais deles do que meus.

Alameda nas redes sociais:
Site: www.alamedaeditorial.com.br
Facebook.com/alamedaeditorial/
Twitter.com/editoraalameda
Instagram.com/editora_alameda/

Esta obra foi impressa em São Paulo no inverno de 2018. No texto foi utilizada a fonte Minion Pro em corpo 10,25 e entrelinha de 15 pontos.